3・11と私
東日本大震災で考えたこと

藤原書店編集部◎編

藤原書店

ただ滅亡の世せまるを待つのみか
ここにおいて　われらなお
地上にひらく
一輪の花の力を念じて合掌す

石牟礼道子

Photo by Ichige Minoru

＊　＊　＊

＊＊＊

Photo by Ichige Minoru

Photo by Ichige Minoru

花を奉る

石牟礼道子　作家

春風萠《きざ》すといえども　われら人類の劫塵《ごうじん》いまや累《かさ》なりて　三界いわん方なく昏《くら》し
まなこを沈めてわずかに日々を忍ぶに　なにに誘《いざな》わるるにや　虚空はるかに　一連の花　まさに咲《ひら》かんとするを聴く
ひとひらの花弁　彼方に身じろぐを　まぼろしの如くに視《み》れば　常世なる仄明りを　花その懐に抱けり
常世の仄明りとは　あかつきの蓮沼にゆるる蕾《つぼみ》のごとくして　世々の悲願をあらわせり　かの一輪を拝受して　寄る辺なき今日《こんにち》の魂に奉らんとす
花や何　ひとそれぞれの　涙のしずくに洗われて咲きいずるなり
花やまた何　亡き人を偲ぶよすがを探さんとするに　声に出《いだ》せぬ胸底の想いあり　そをとりて花となし　み灯りにせんとや願う
灯らんとして消ゆる言の葉といえども　いずれ冥途の風の中にて　おのおのひとりゆくときの花

あかりなるを　この世のえにしといい　無縁ともいう
その境界にありて　ただ夢のごとくなるも　花
かえりみれば　まなうらにあるものたちの御形《おんかたち》　かりそめの姿なれども　おろそかならず
ゆえにわれら　この空しきを礼拝す
然《しか》して空しとは云わず　現世はいよいよ地獄とやいわん　虚無とやいわん
ただ滅亡の世せまるを待つのみか　ここにおいて　われらなお　地上にひらく　一輪の花の力を
念じて合掌す

二〇一一年四月二十日

原発の炉の底が溶け、人類が今まで体験したことのない毒素がどんどん出ている。危険な汚染水を容れるタンクを、福島原発近くに数多く建て並べているが、限りなく増えてゆくことになろう。人びとの不安に対し、政府は言う。「大丈夫です。研究しますから」と。だが、いつその成果が出るのだろうか。

現実的に、日本人は日々人体実験にさらされている。食べ物から、皮膚から、環境から。こうした事態から、今や各地の原発所在地の市長たちも、一生懸命にあれこれ考え直している最中である。市民たちも、政府が都合よく制度化しようとする仕組みを見破る力を身に付け出している。これは心強いことである。

昨年、写真家の藤原新也さんと語る機会があった。そのおり、氏が被災地で撮られた一人の少年の顔を見た。その目つきに向き合っていると、こちらの心が読み取られてしまうような感じを覚えた。それにどう応えれば良いのか。私たちが問われていると感じた。

水俣にも、そういう患者さんたちがたくさんおられる。この数十年間、根本的な解決策は何一つとられてこなかった。政府はまだ諸々のことを隠し続けている。

このたびの東北のことで、幾つか切に感じ入ることがある。あの大震災の中、体一本残った多くの人びとが言われた。「自分が生きていて、死者たちに申し訳ない」と。極限的な災難に遭われて、なおひとのことに思いを致し、心配しておられる。尊い心根である。

また、東北の方がたが、農産物、海産物その他諸々で、大都会を大きく養ってくれていたことを、私は深く実感しえた。身近なところでは、私の病の薬である。製薬会社が津波で流され、別の薬に変わった。関東以北だけでなく、日本全体の一番基礎の生活ラインの部分を、東北が支えてくれていたことを痛感した。

今後、時代はどういう方向に進みゆくのか。私の思うには、もっと厳しい混沌とした状態に陥ってゆくのではないかと。だが、その混沌はある意味無駄ではないとも思う。これを潜《くぐ》って、そこから何かを見つけ出すのではないか。今後、文明は明らかにこれまでと異質なものになっていくと思う。

一国の文明の解体と創世が同時に来るような。それがいまという時ではなかろうか。解体、そして絶滅に向かうかもしれない。そうだとしても、他者を思いやる心を抱きながら、心の手を取り合って亡びたいと思う。

都市文明ではない何か。この頃、念頭に来るのは、とある像である。草の露で深々と浄められたような野原である。幽かな道も見える。

非暴力の潮

小沢信男 作家

三月十日は東京大空襲の日で、昨年も両国の慰霊堂へ詣った。参拝者は依然多数ながら爾来六十余年、年々に減る気配はある。

翌十一日午後二時四十六分には、たまたま根岸商店街の路上にいた。電柱がゆさゆさ揺れて、人々が飛びだしてきた。いそいでもどると築四十年の小宅は意外にぶじで、転倒防止の箪笥の上の立雛がケースからころげでていた。谷中墓地で倒れた石灯籠をいくつかみた。屋根瓦の落ちた家も諸処にあった。古い町場は、震度5ではその程度とみえます。

それからはテレビをみつづけた。押す津波、引く津波。佇ちつくす人影。福島原発がみるみる崩壊して、消防隊は必死なのに、学者さんたちは平然と心配ないような口ぶりでいる。圧倒的な映像と、空疎な言辞がないまぜの時期がありましたなぁ。

現場へ馳せ参じたい。映像は、三陸から北関東への惨状をありありと現前させて、とりわけメールやインターネットの効力に打たれた。すごい時勢になったものだ。くらべて現場は一部の目撃ではあろうが、音も匂いもナマだからな。肌身にひびいて、千載一遇、映像とはやはり決定的にちがうはずだ。

とはおもえども。八十すぎた老輩が足手まといに被災地へ近づく場合か。この地震列島に、かくも危険な原子力発電所が「五十四基とは知らぬアホーのおれおまえ」おくればせに学習すべきことが多々あろう。

やがて「さようなら原発1000万人アクション」の運動がおこり、呼びかけ人のなかに、畏友の鎌田慧もいる。これに微力参加ときめて、脱原発の署名集めと、デモにでる。

九月十九日の明治公園の集会は、六万人も雲集してものすごかった。千駄ヶ谷駅のホームが満杯で、一時は昇降不能になった由。老幼まじえた個人参加と、諸団体の旗また旗。官公労の旗もけっこう翻っていて、これに刮目する。

じつは某組合機関紙の、川柳の選者を私は多年うけもち、さきに左の句を天に選んだ。「四度目は自己責任の放射能」広島、長崎、第五福竜丸のあとに自前の福島ですものね。選評を「原爆も原発も反対」と結んだ。

すると本部から電話があり、この結語を控えてくれという。さては原発推進なのかとたずねると、目下検討中ですと。震災から数カ月もたちながら。つまり連合などの大幹部連は経団連と仲よしとみえる。してみればここに旗を翻すのは、各単産、支部、分会ごとの積極行動でしょう。地方分権の時勢なんだ。

川柳選評は署名記事で私の責任ですよ、と抗議したが、それ以上にはねばらない。その後も大震災がらみの句を選びだす。「原発の悪魔に追われ生き地獄」福島からの投句でした。「身近すぎてもうこわくない放射能」反語、ひらきなおり。やたらな忌避よりも正確な認識の共有を。選評に「脱原発」と記すと、こんどはそのまま載りました。

たとえば経済産業省まえの角地の「脱原発テントひろば」は、坐りこんで百八十日（二〇一二年三月現在）を越える。林立する応援の幟《のぼり》は、かくも非暴力のたたかいが各地に蜂起している証でしょう。

十代のころ、空襲下の東京にいて、地平線までの焼跡をみた。焼死体もみた。かえりみればあのあたりに、生涯の課題が根ざしたとおもいます。全国的に同世代の同憂だったはずです。世直し。星霜六十余年、あげくのはてが原発五十四基とは。われらは高度成長という世直しを、効率的な中央集権でまっしぐら。そこらをけちらかして地平線までニュータウンにしてのけた。近代自我の確立のこれが到達点かい？

科学万能。人間が全知全能のつもりでいいのかね。この思いあがった近代をどうにか致さねば、という反省をちかごろ諸処でうけたまわり、傾聴する。こんにちの同憂。世直しのやり直し。

いやそれも、ほどなく風化するさ。という危惧も期待も、いちおうご尤もです。忘れっぽくて後生楽なわれら日本人だものねぇ。とはいえ、どっこいそうとはかぎるまい。

「流されていった命を見た命」マグニチュード9にゆすぶられ、津波の飛沫を浴びた東日本の若者たちに、生涯の課題とならないはずがあろうか。映像を介して目撃した全国の諸君にも。右は大分からの投句でした。

空襲の焼跡からの世直しが、つい手つかずにきた官僚的中央集権は、もうはや制度疲労でしょう。つみあげた既得権益に身動きもならぬほどに。中央の安泰のためにはなるべく遠方を踏みつけて、カネで横っ面はたけばなんとかなった来し方にせよ。

歴代の愚民政策が、かくもあからさまになった3・11以降だぞ。三陸から北関東の若者たちと、沖縄の若者たちと、それからあっちこっちが呼応して。めざましい非暴力のたたかいの潮が、このどうしようもない近代を、ひたひたとのりこえてゆくでしょう。

魯迅にとっての近代人

詩人・作家
辻井　喬

東日本を大きな地震と津波、それに誘発された原子力発電の事故が襲った時、私は死に至るかもしれない病のために、病院のベッドにいた。

個人的な死への恐れと、従来の文明観の挫折が平仄を合わせて私の前に現れたのである。敗戦以来、従来の富国強兵という国家目標は、兵を失ってもっぱら富を目指す価値観に導かれてきた。その結果、国全体と一人当りのＧＤＰで見る限り、世界有数の〝富める国〟になったのだが、国民一人一人が「自分たちは幸せになった」と思えるようになったのだろうか。

今までの努力を振り返って、富国のみを目標とすることの正当性に疑問を抱くようになった。まさにその時点で、大震災が起ったのであった。またそれは、強硬に進められてきたグローバリゼーションの結果、世界経済が完全に行き詰まり、東西冷戦の消滅という条件の変化もあって、アメリカ一国の世界への権力を本質とするブレトン・ウッズ体制の転換の時期とも重なっていた。

一九七一年の、後にニクソンショックと呼ばれるようになったドル防衛策＝ドルの金との交換停止、アメリカにおける一〇%の輸入課徴金賦課以後、軍需関連製品と原子力発電以外、アメリカ製品の国際競争力は年々弱くなり、信用経済の膨張によって支えられるという形が生まれた。これは世界の経済が実態経済から離れるという結果をもたらした。わが国の災害はまさにそういう時期に発生したのである。

これまで世界経済の行き詰まりは、部分的なバブルの発生とその崩壊によって調整を行うという形をとってきたが、今回の災害は一時的にであれ日本がその調整の当該国から抜けることを意味していた。復興需要はバブルに替わって世界経済に良い影響をもたらすことが可能なのだろうか。

病院のベッドで災害のことをそんなふうに考えていると、私の頭には諸外国のメディアや指導者が、災害時に示した日本人の対応の見事さに驚きと賞賛を寄せていることが蘇ってきた。なぜならそれは私にとって意外であったからである。

私は今まで政治思想史家の丸山真男から強い影響を受けて、日本社会の近代化は自らの意見の提示とそれに基づいて行動する大衆が生まれた時、完成へ大きく近付くと考えてきた。

しかし、いつまで経ってもそのような大衆は生まれず、逆に不安定な大衆社会的要素が大きくなり、容易に大衆操作に長じたデマゴーグの影響を受け、ヒットラーが出現したドイツのワイマール共和国末期に共通する危うさが拡がっているという不安を持っていた。そしてそのような大衆社会の根は、権力には極めて従順で、隣近所と言われる共同体的環境から抜け出ようとはしない〝遅れた民衆〟のなかにあると考え、だから日本では根本的な変革は無理なのだと内心では思っていたのである。諸外国のメディアが評価するわが国の共同体意識のなかには前近代的要素が根強く見られるのではないか。私は第二次世界大戦後の思想家たちが、サルトル、カミュ、レヴィ＝ストロースをはじめジャン＝リュック・ナンシーに至るまで、新しい共同体の可能性の発見に四苦八苦していることを知っている。今回の大地震に際して諸外国のメディアなどが評価している共同体は本当に欧米の思想家たちが追い求めている共同体なのだろうか。

そう思った時、私は欧米、ことにフランス大革命を範とし、思想的にはデカルトに流れを汲む〝近代〟という物差しで現状を計測する、「だから日本は駄目なんだ」という考え方に落とし穴があったのだと気付いた。権力に対してもわが国の大衆は「限りなく従順」と言い切ってしまっていいのだろうか。

そのように思い惑う私の記憶のなかに、ふと中国の作家魯迅が描いた小説『阿Q正伝』の主人公阿Qの名前が浮んできた。

彼は自分の家も耕地も持たない農業プロレタリアートだが、胸の中にははっきりした自尊心と狡猾と反抗心と冒険心を抱いている。魯迅の視野のなかには、そうした当時の中国の大衆の姿があったに違いない。

私は魯迅が、中国人社会とそこに生きる人々を、あたかも自分の身体の一部であるかのように感じ、その感じを形象化することによって近代文学の扉を開くことができたのだと考えた。その時私は、孫歌という評論家がわが国でもっともよく魯迅を理解していたと思われる竹内好について、彼（竹内好）

が評伝『魯迅』を書きあげた時、「なぜか喜びの感情が湧かぬ」と言っていたことを紹介していたのを思い出した。この言葉は竹内好が魯迅に触れて、それまで自分のなかにあった近代的自我の姿が変わっていく現場に立ち会ってしまったからではないかと私は思った。

わが日常をかえりみつつ

詩人
森崎和江

三月十一日の東日本大震災は眼に見えない放射線への不安と共に、私に天災・人災の彼方へと日本社会は方向性を変転するほかにないと考えさせた。豊かな自然資源を使った再生可能エネルギーの利用を、多くの庶民は考えただろう。もとより、それが短期間で原発にとってかわることはできなくとも、と。やがてその動きが次々に発表される。そして二〇一二年二月二十一日には環境省の中央環境審議会が、東日本大震災の被災地は、地熱やバイオマス資源に恵まれ、風力や太陽光発電に適した地域も多いと指摘。これらの資源を有効活用し、低炭素型、循環型社会として復興を進めることが重要とした。震災がれきは広域処理の促進と併せ、建設資材や木質バイオマス発電に活用すると。

私は心の底から息を吐くように、安堵した。これまで何よりも心がかりだったのは、昨年の『現代思想』十月号に掲載されていた橋爪健郎「風車の問い――民衆と生きる科学へ」に出ていた「温排水調査」だった。要約して記す。「原発の発電効率は発生エネルギーの約三分の一で、三分の二は温排水として海に捨てられる。温排水排水口は、外海水より七度上昇し、平均八度、最高一〇度高温化したものを放出。原発周辺海域の藻場の消失、磯焼け現象は顕著になっており、漁業者の間では温排水との関連が確信されてきた。磯焼けは、魚類の産卵場、餌場、隠れ場所になるなど重要な役割を果たす藻場が消えることを言う。海水温の調査は二〇〇七年二月より毎月一回実施、現在も継続している」と。

原発は地球温暖化現象を抑えると宣伝されていたが、実状は全く異なっていたのだ。私が暮らしている宗像市の、玄海町にある漁業協同組合は地球温暖化でワカメ畠もなくなった、とのことで、大きな岩を船で運んで沿岸の沖に沈める作業を始められた。私は組合長に作業について尋ねた。彼が言ったのは、温暖化のために藻場がなくなったので、沖合に岩を沈めて岩と岩の間に砂が溜り岩がかくれると、やがてそこに藻がつく。ついたら魚も群れる。アワビやサザエも育つようになる。が、資金はかかるし、一進三退。福岡県の各漁協は、ひびき灘の松林の中に建っている県立栽培センターで稚魚を中間育成している。自活能力がつくまで各漁協が餌代を受け持って育成している。が、鐘崎の中間育成は隣町の津屋崎水産高校が担当。ここでトラフグ、アワビ、クルマエビ、ヒラメを中間育成して、トラックで受け取りに行き、自らの漁区の海へ放流している、とのことだった。

この鐘崎漁港は海女漁発祥の地で、私は日本海沿いに鐘崎の分村を訪ね歩いた。青森まで鐘崎海女の分村があった。私が初めて海女舟に乗せられたのは、まだ炭坑町にいた一九七〇年のこと。遠賀川沿いに玄界灘の沿岸へ出て、海辺を西へと歩き出会ったのが宗像市玄海町の海女の本田力江さん。当時は海女漁で栄えていた。海女さん達は襦袢と腰巻、頭をきりりと手拭いで縛り、相方の男性と舟に乗り、潜水。男性は舟を漕ぎつつ長い竹竿を手にして、潜水した海女を見つめる。そして息がつづかなくなったなと感じる頃、竹竿を海中の相方の手元に突きさした。女性はその竹竿を握りしめて、相方が海面へと引き上げると、大きく呼吸をしつつ、アワビやサザエなどを舟へと投げ入れていた。十余年後にウエットスーツができて男達も潜水漁へ。私が宗像へ移って、漁業協同組合長高崎弘美氏の船に息子さん家族と共に乗せていただいた二〇〇五年の夏は、朝早く沖へ出てかなり経ってから陽が昇った。その頃は沖合いの藻場は回復、一同は海釣りを楽しんだ。

こうした体験のおかげで地球温暖化による藻場の消失と、やがて原発による磯焼け現象と藻場の消失を知り、私に再生可能エネルギーの利用への思いが深まっていった。

何よりも心にかかっているのは、原発作業員のこと。現場は複雑な仕組で、元請けから下請け、孫請け、曾孫請けと五〇〇社ほどが異なった会社で、暴力団が他町村から派遣している社もあるよ、と聞いたこともある。現場は冷房なし、熱中症がふえているとＮＨＫテレビが二〇一二年一月二十一日と二十二日に福岡産業医科大学の教授達の現地での活動を放映。翌二月二十五日事故後の過労死が認定。

ところで核のゴミの最終処分場も決まっていない。再処理でガラス固化体として地下三〇〇メートル以上の地中に埋めて最終処分すると決定とのことだが十万年以上も隔離しなければならない。なぜ現代人類は必要としたのかと、わが日常をふりかえる。私個人用のミニ・キッチンのすべては電力利用。ルームエアコンは設置しているが節電のため使わず、冬は掘りごたつと灯油ストーヴ。ぜひとも自然エネの開発を願っている。

かよわき葦

日本近代史家
渡辺京二

このたびの東北の大災害で、もっとも意外だったのは、これで日本という国の進路が変るだろうとか、幕末以来の国難で日本は立ち直るのが難しいだろうといった言説が、メディアに溢れたことである。これは私が鈍感なのだといえばそれまでだが、その自分の鈍感について、この際思いを新たにしないわけにはいかなかった。

自分には一種の無感動が身についているのではないかとも思った。だとすれば、それは少年の日、敗戦後異郷で苛酷な生活を嘗め、焼野原の日本に無一物で帰国した経験のせいに違いない。

姉と二人で最後の引揚船に乗る前、私は発熱して、当時間借りしていた友人の家の二階にひとり寝ていた。父と母は先に帰国していたし、大連にはもう残っている日本人はほとんどいなかった。窓から隣りのビルの壁が見えた。陽はすでにかげって、壁は冷たい灰色である。これが終末の風景なのだと思った。ちょうどエレンブルグの『トラストＤＥ』を読んだばかりで、主人公が飛行機で廃墟と化したヨーロッパに降り立った情景が思い合わされた。私は一六歳だった。

でも、それは病気で心が弱っていたからで、石炭がなくてストーブも焚けない氷点下の生活を送りながら、ひとつもつらいと感じた記憶はない。大日本帝国が滅んで、心はうきうきしていた。

熊本へ引き揚げてくると、街中には焼跡がいたるところに残っていたが、人びとは活気に溢れていた。両親は頼りにしていた親戚が焼け出され、お寺に寄寓していたので、そこに転りこんでいた。そこに姉と私がさらに転りこんで、六畳一間に七人で暮した。あとで姉の勤め先の職員寮へ移ったが、それはバラック兵舎の内部をベニヤ板で仕切った一間きりで、戦時中焼夷弾がひっかからぬように天井板はとりはずされていた。隣りとは話が筒抜けである。水道はなく、数十メートル離れたところにある蛇口までバケツで水を汲みに行った。そういうところに、私たちは昭和三五年、つまり戦後一五年になるまで暮した。不便だともつらいとも思わなかった。あとでつれあいになる人が遊びに来ても、こんなところに住んでと恥じる思いはなかった。後年母は、あの職員寮のころが一番楽しかったと述懐した。

私は何が言いたいのだろうか。人間が文明の進歩、具体的に言えば経済の成長や科学技術の発展によって、安全で便利で快適な暮しができるようになったのはよいことである。政府や自治体が災難や困窮に見舞われた住民に対して、ひと昔よりずっと保護の責任を果そうとしているのも、同様によいことである。だが、経済成長には当然限度があるべきだし、科学は夢物語ではなく、人間に実現もしくは制御不可能なことを明らかにするものであるはずだ。

いや、そんなことよりも、人間がこの地球上で生存するのは、災害や疫病とつねに共存することを意味するのであって、そういうものを排除した絶対安全な人工カプセルなど不可能だし、万一可能だとしても、そんなカプセルの中で生存するのは、人間が人間でなくなることなのだという厳然たる事実を、この際想い出すことが必要なのだ。だからパスカルは人間はかよわい葦だと言った。かよわい葦だとしたら、一陣の烈風にも折れるだろう。だがその葦は地球の生み出すあらゆるゆたかさと可能性を感受できるのだ。人間の生が稔りあるものだとすれば、いつ悲惨に見舞われても不思議ではない生存条件とひき換えにそうであるのだ。

人間が安全・便利・快適な生活を求めるのは当然である。物質的幸福を求めずに精神的幸福を求めよなどとは、生活の何たるかを知らぬ者の言うことである。上手にいれられた一杯の上等な紅茶は、それがそのまま精神的な幸福であるからだ。ただ、私たちに必要なのは、安全で心地よい生活など、自然の災害や人間自身が作り出す災禍によって、いつ失われてもこれまた当然だという常識なのだ。人間はもともとそんなに脆弱なものではない。カプセルめいた人工的文化環境に保護されなくても、よろこびをもって生きてゆける生きものなのだ。人工の災禍という点でも、人間の知恵でそれから完全に免れるという訳にはいかぬと私は思っている。人間はそれほどかしこい生きものではない。争いつつ非命に倒れる。それでもつねに希望はあるのだと思っている。

このたびの災害で、日本という国の進路は見直されるのだという。よきに計らってくれ。私には日本とか日本人という発想はない。それは指導者の理念で、私は指導者ではない。私にはただ身の廻りの世の中と、そこで生きる人びとがあるばかりだ。その世の中が一種のクライマクス（極相）に達していて、転換がのぞまれるとは、むろん私も感じている。だがそれは、いわゆる3・11がやって来ようと来まいと、そうだったのである。しかしこの転換は容易な課題ではない。それについては今のところ、人びとの合意も難しい。残余はすべて当座の政策の問題である。災害からの復興の仕方もそうである。口を出そうとも思わないし、またその能力もない。

「ラッキー・ドラゴン」と福島

市民運動家
吉川勇一

東日本大震災から一年となった。その十日前、三月一日は、ビキニ記念日だった。一九五四年のこの日、ビキニ諸島で米水爆実験が行なわれ、焼津港の第五福竜丸をはじめとする日本漁船と、マーシャル諸島の多数住民が被爆した日である。

東電第一福島原発の放射能加害の問題は、私にはこのビキニ事件とすぐに重なった。当時、毎日、何百、何十万カウントと放射能影響力の結果が報道され、雨の日には親たちが必死に子供に傘を持たせようとした。魚市場では膨大な魚が毎日廃棄され、寿司屋は休業、魚屋さんのデモが行なわれる。そして年の秋には、第五福竜丸の無線長、久保山愛吉さんが放射能で死去することになる。

実験を行なったアメリカ政府は、責任をとらないどころか、日本の漁船は実験へのスパイ活動ではなかったかという発表さえ出た（コール米上下院合同原子力委員長発言）。一方、日本の政府も実験批判どころか、安保条約を持つ日本としては、この実験を支持すると発表した（岡崎勝男外務大臣。最近出された丸浜江里子『原水禁署名運動の誕生』(凱風社)はこれらも詳しく記述した優れた労作だった)。反原水爆禁止の民衆運動が全国各地で拡大し、翌五五年に原水爆禁止世界大会も開催される。その年三十四歳だった私は、以後十年間、毎年のこの大会の事務局で活動することになる。

現在の3・11、とりわけ原発問題では、政府の無能や原子力輸出推進政策、あるいは東電の無責任、そして原子力被害などは、五八年前の状況とほとんど違うことがないと思え、私にはどうしてもビキニ被害の思いと重なってくるのだ。

今年の一月、私は横須賀の神奈川県立近代美術館で「ベン・シャーン展」にでかけた(現在は名古屋で、このあと岡山と福島の予定)。有名な絵だからご承知の方が多いだろうが、シャーンには久保山愛吉さんの肖像をはじめ、多数の原水爆批判の作品がある。実際に現物で見たのは初めてだったが、衝撃的な迫力をもつ絵であった。この絵には「Lucky Dragon」というタイトルがついてある。もともとは、アメリカの原子力物理学者ラルフ・E・ラップの訳だそうだが、「福竜丸」の直訳であると同時に皮肉にもなっている。

福島市の県立美術館長の酒井哲朗は、こう書いている。

——第五福竜丸は、アメリカでは「ラッキードラゴン」と訳された。福島を英訳すれば、「ラッキーアイランド」である。どちらも放射能汚染というアンラッキーな運命を共有することになった。さらに《ラッキードラゴン》という作品を福島県立美術館が所蔵するという不思議な偶然が重なっている。

（『ベン・シャーン　クロスメディア・アーティスト』）

ところがだ。さらにもう一つの皮肉が重なることになった。つい数日前の報道は、米国の美術館七館が所蔵作品の貸し出しを福島市にはやめることになったというのだ。「原発事故による放射能への不安などが理由」という（『朝日』二月二六日号）。この報道には、もう言葉も出ないような思いになった。出品がやめられる作品の中には、有名な一九四五年に描かれたパリでの「解放」も入っている。この作品は、解放後のパリの瓦礫のなかで三人の子供がブランコで遊ぶ光景だが、これも福島との重なりがあるのだ。この展示会の公式カタログだった先の本には、「瓦礫の中に住んでいるぼくたちに、この地球の向こうがわの風景を送りつけてきた共感が、いまも鮮やかに残っている」という野見山暁二の言葉を引用した上で、こうあった。

――この感覚は、奇しくも東日本大震災の余波の中にある現在の日本にも共有される。「この光景はいまの被災地そのものです。どんなことがあっても日常はある。『日常』の強さを感じるのです」と、この作品について語ってくれた福島の友人の言葉が胸に響く。

（『ベン・シャーン　クロスメディア・アーティスト』）

この絵も、福島の展示会では出品されないことになった。象徴的ともいえる出来事だとしても、出来過ぎなほどひどい話ではないか。

五八年前のビキニ事件の後の状況と、今回の3・11の状況が重なるとはいえ、まったく同じではない。原水爆禁止運動では、最初は核兵器と核実験への批判だったが、原発を含む原子力の平和利用については、批判よりもどちらかと言えば好意的な姿勢をもった運動だった。

今回の運動は、原子力そのものからの脱却の社会への主張となっており、それは次第に強くなって、世論の半数を超えている。これが日本という国のあり方を根本から変えてゆくような姿勢になってゆくように私は期待している。

一九八九年に故小田実さんらと始めた市民運動「市民の意見30の会」は、出発に際し日本を変える三〇の提言を発表したが、その第一項に、「自然破壊はもうたくさん。この社会を『核』のない社会にしよう。そのための手だてをつくそう。核兵器も原発も、核燃料再処理工場もいらない……」とあった。同時に、「憲法第九条の実現をめざせ。まず日米安保条約をやめ、米軍基地を撤去し、軍事予算を削減し、自衛隊をなくせ」という主張もあった（第二六項）。原発問題と安保条約との関連も非常に基本的なことなのだが、枚数を超えた。この点では、最近出た武藤一羊の『潜在的核保有と戦後国家』（社会評論社）の主張に強く賛同したい。

地震の被害、津波の惨事に関連した大問題もたくさんあるのはもちろんだが、本稿は原発事故のみに限った。

ある隣人の衷心

高《コ》銀《ウン》　詩人

川端康成の暮れゆく目には、日本の本然としての美が映った。それはもしかしたら仏教の浄土をそのまま現地化した美が、中世的心性を通して深くなった当代の美学に至った表現だったのかも知れない。

このような美の敷かれた話とは違って、日本の古くからの生存と文化の環境は、冷酷な二次元の不安の上に持続した。毎年、自然の儀式として行われる日本での台風通過儀礼は、ほとんど欠かされた事がない。これに加えて不意不仁に訪れる地震による破壊体験は、日本列島の原初的遺伝子として刻み込まれているに違いない。すでに禅が「ＺＥＮ」という国際用語になり、高麗人参が「ジンセン」という国際語に定まったように、陸地に対する海の暴力である津波が、「ＴＳＵＮＡＭＩ」という世界語になった日本の自然条件が日本人の心理深くに位置を占めてからすでに長い歳月が経ったことだろう。

たぶん日本人の一般的性向と言われる全体意識や総和の美徳は、このような自然への順応と対応によって形成された集団的自己防御と共に形づくられたのではないか。

それが万世一系という一元中心の国家体制として押し固められて、日本人の克明な生死観と、怨念と哀悼の情操を伝統にしたのであろう。

例えば、日本の天皇は中国の天子と違い、対外的というより対内的である島の生態と無関係ではない。中国と違って日本の王朝歴史観は、易姓革命の対象になり得ない。

このような徹底的な防御性は、時に攻撃性の先制転換として、ひいては大陸侵略や海洋進出の欲求を現わす。これには古来の渡来勢力の遺産である大陸への郷愁と敵意が入り混じった他者への不和が加えられているのであろう。

日本の近代は、世界史としての近代を最短期間で急速に体得した一つの驚異である。明治維新から百数十年経った現代の日本は、西欧の元祖としての近代から決して辺境化されない自発性も充分に発揮してきた。

ところで現在は、このような近代の優越性に対する深い懐疑なくして、近代以降の展望を担保にできない時期に至っている。この不可避な省察の前で、極端な発言もあり得る。「近代は悪である！」という発言がそれである。

ところで近代の物理的表象という原子力は、近代が悪である場合、その悪の絶頂に位置する。

太平洋戦争は人類最初の戦術核、原子爆弾の投下で終わった。それも広島でだめだったとなるや、長崎で玉音放送を導き出したのだった。

その後、戦争の廃墟から立ち上がった日本は、経済的栄光の座に昇り詰めたが、現在の挫折期に東日本大震災とその影響で発生した原発危機に直面している。これは今までの成長が作り出した風船たちの墜落にもつながる。

そのため福島の緊急事態は、明治維新以降の体制の限界と言われる場合もあり、それは太平洋戦争の敗戦以来の敗北として記録される。

非国家的な言行に出会うのが難しい世界的な模範社会である日本は、もしかしたらこのような古い礼節の地には適さない核のカルマを持っているのかもしれない。初めは広島・長崎の業であり、もう一つは福島原発の業である。

極東の先駆的文明とされる日本の近代文明の、とある本能の表出としての核時代の悲劇。私は日本にこれ以上の悲劇が訪れないように切に願う。これは隣人への憐憫の情を越えた情である。

なぜなら、韓国と日本は葛藤の未解決状態にもかかわらず、宿命の位置から一歩も離れることができないからである。玄海灘は断絶という意味では日韓の過去には存在しなかったのであり、さらに未来にそのようなニュアンスは完全に消え去るだろう。玄界灘は、千年万年海峡として横たわっていると言っても、日韓という地上の関係からは、断絶の意味が見つけられなくなるだろう。このような両国の関係は、中国と台湾の「両岸」という言葉にも劣らぬ今後の日韓の通史的基盤となっている。

日本列島が苦痛を受けるなら韓半島も共にその苦痛を分かち合う日々こそが、私たちの生きて行く今日以降の現在なのである。誰かの幸せが誰かの不幸の隣で享受されるのなら、そのような幸せは、幸せの小児病以外の何物でもない。

昨年のある春の日、日本東部の極限状態をリアルタイムの画面で目の当りに見ながら、私の胸の病は簡単には収まらなかった。その事件は、北東アジアの一事件であるだけでなく、人類の文明生活全体に対する根本的な覚醒を促した。

私はまず韓国メディアの緊急依頼に応え、「日本への礼儀」という慰問の詩と災難を堪え抜く日本人への激励を添えた散文を発表したが、それらが日本のメディアでも転載紹介された。また福島原発事故以来、私は日本で起きている脱原発運動へ同志として連帯的支持を送っている。さらに福島の原発事故を最も近くに見た韓国が、少しの教訓も得ることなく原発施設の海外発注に夢中になり、国内の既存施設の老朽化を隠蔽しつつ新施設増設を公然と推進する状況への市民抵抗運動にも参加している。

今、韓半島は、一〇年間蓄積された分断体制の相即化が廃棄され、北朝鮮の核体制が表面化する時期が、南韓の原発施設拡張の時期と重なっている。

ここに中国東海岸一帯に乱立する不透明な原発施設も、日本の原発に対する執着が生み出した一国の問題ではない地域の多国的な問題としての難題となっている。まさに東アジアの生存に対する深刻な危機の最終局面を私たちは迎えているのだ。

古代東洋の聖賢たちの知恵やそこに基礎を置く天人合一の自然思想などは、アジア近代の賤民的膨脹論理の前ではみすぼらしく色褪せていっている。かえってこのようなアジアの自画像は、西欧の二元的社会が自然と環境を自浄的に管理する人為的先進性に対して一つの羞恥となってしまうだろう。

日本の美は、日本の近代化の標本でもあった原発の破局の前で、その最初の犠牲であるしかないのではないか。韓国の春夏秋冬、その青春・朱夏・白秋・玄冬の天然色のある自然秩序は、韓国の原子力にたいする自慢心によって死んだ季節になってしまうのだろうか。

「ウォール街を占領しよう！」と言う掛け声の時代である。共に「原発を占領しよう！ 共にそれを廃棄しよう！」原発こそが最高善の正反対、まさに最高悪であるからだ。死であるからだ。

（韓成禮《ハンソンレ》訳）

露出した日本の課題

さわやか福祉財団理事長
堀田 力

人の生き方には「自助」と「共助」があり、社会の仕組みとしては、この二つのほかに「公助」がある。

東日本大震災、特にこれによる津波と放射能汚染は、かなりの地域を零以下にする壊滅的打撃を与えた。そこからの復興は、日本人にとって、第二次世界大戦以来の経験であり、自助、共助、公助のすべての力を最大限に発揮しなければ、かなわないことである。

そして、そこでの課題のすべては、平時における課題を拡大したものである。

復興支援活動を続けながら感じたことを並べてみる。

「自助」の関係では、まず、「津波てんでんこ」。津波が来る時は、自助に徹すべしとの教えである。共助の思いに駆られ、命を失った人を思うと、このつらいルールを教えるほかない。しかし、南三陸町志津川高校の生徒たちのように、平素サポートしていた認知症者を救った美談も、少なからずある。こういう危ない共助を避けるには、復興に当たっては、津波の可能性のある地域には、避難に人手を要する人たちは絶対に置かない町づくりが必要であろう。

自助の根幹は就業であるが、被災地はままならない。もともと、第一次産業の就業創出に自治体は苦労してきた。解決策の方向はいくつかある。第一次産業の高度化、個別化。近隣アジア諸国が市場として発展してくるだろう。ふるさと産業の創出。大分の一村一品運動が参考になろう。ＩＴの発展に乗ったＳＯＨＯ。この試みはうまくいっていないが、諦めるのは早いだろう。そして、現実的には、介護や教育など、人を直接の対象とするサービス事業。これは当面の切り札であり、政府は本腰を入れるべきであろう。そして、これらすべて、日本全体の課題である。

自助のあり方で難しいのは、共助、公助との関係。

先ごろＪリーグチェアマン大東和美さんが、「被災地支援も難しくなってきましたねぇ。この間サッカーボールをまとめて寄贈しようとしたら、現地の自立意欲を損なうからやめて下さいと言われました」とのお話。

確かに、現地の住民リーダーや復興に従事する行政マンで心ある人々は、無償の物品贈与やサービス提供の申し出に対し、「そこまでされると被災者が『やってもらうのが当たり前』と思うようになって、自立心を失いますから」と断る例が増えている。その心意気には打たれるし、私たちNPOとして支援する側も、「この地域の被災者は貰い慣れしちゃって、これからが心配だな」と感じることも、しばしばあることは間違いない。それと同時に、多くの被災者が、経済的自立がままならない社会、経済情勢の中で困窮し、支援を必要としておられるのも、厳然たる事実である。

支援する側は、どこまで支援の手を差し伸べ、どこから心を鬼にして自助努力を促すか。これも、平時から共助の活動をするボランティアや公助の業務に従事する公務員が日々直面する問題である。その人が、その状況の中で、どのように生きていくのが、トータルな目で見てもっとも幸せかということを、その人に対する人間愛を基本にして個別に判断していくほかない。

共助の活動は、「かわいそうな人たちだから、助ければよい」という単純な慈善の域を卒業し、「尊厳の保持」のための最適な方法を選ぶという、微妙な判断を求められる域に入りつつある。善意にあふれたボランティアは、人の尊厳について考えを深めなければならないだろう。

ただ、共助の基盤は、NPOやボランティアなどから、地域、近隣における助け合いに移りつつある。被災地における共助の活動も、被災者たちが地域の絆を結び、自発的に助け合うのを促す方向で進めている。この点東北は、平時から絆がしっかり残っており、外部からの支援活動も、リードする形から黒子にまわる形に移り、やがて姿を消すという工程表に沿って進めればよいから、やりやすい。

これに対し、たとえば東京都の、特に山手線の内側の地域。この「東京砂漠」で大震災が起きたらどうなるかを思うと、慄然とする。自助のみ、つまり、エゴとエゴのぶつかり合いの中で、悲惨な目に合う人が続出するのではなかろうか。平素の絆、助け合いの復活に心を砕かなければならない。

公助については紙数がないが、あまりにお粗末である。政府も東電も、危機管理能力がなさ過ぎる。対策があきれるほど遅く、不十分で、そのためどれほど多くの人が、不当に不幸な状態に放置されたままでいることか。日本の政治の無能力さが如実に出ている。それぞれの地方自治体の力もはっきり形に現れていて、復興ぶりにも大きな格差が出ている。そして、優秀な首長も、国から権限を不当に抑制されているため、力を十分には発揮できていない。ここにも日本全体の課題が明確に現れている。

価値観を変えなければ

有機農家、詩人
星　寛治

陽はまた昇る

3・11の想像を絶する大震災から一年が経った。被災者と共に、日本人がみな茫然自失の状態に陥った日々を反芻しながら、受苦は未だ続いていることをかみしめている。

思うに、いのちの極限状態にあって、人々は自然に対する畏敬の念をとり戻し、ごくあたりまえに生きたいと願った。求めたのは生命をつなぐ水と食べ物、寒さをしのぐ衣料と居場所、そして家族や隣人の安否だった。

私は遅ればせながら、南三陸町、釜石市、名取市、仙台市若林区に足を運び、その災禍に息を呑みながらも、人々と接し、語り合ううちに、「東北に陽はまた昇る」という確信を抱くに至った。震災直後から全土に湧き上った人間愛と救援活動の手が、被災者に生きる力を呼び覚まし、再起する勇気をもたらした。ただ、その後の経過の中で、住民と自治体の主体的な力量や、共働の関係によって、復興の質と進捗に格差が生じているように見える。

ボランティアが退いた後に、復興特区の設定などを契機に、特需をねらう資本の動きが活発だ。塩害と瓦礫に襲われた仙南の美田地帯を、メガソーラーの基地にしようという構想や、水耕栽培の野菜団地造成のプランなどが動き出した。住宅の土台しか残らない市街地跡と、除塩すれば美田に復元できる農地を同様に取り扱う発想はおかしいのではないか。豊饒の土と海こそ、食料基地東北の母胎であり、その底力は、いまも縄文の系譜に脈打ち続けている。

沈黙の春をのり超える

巨大地震と津波が引き金になったとはいえ、東電福島原発の重大事故は、明らかに人災である。虚構の安全神話をつくり上げ、国策として推進してきた国家責任と、東電の危機管理能力欠如は、厳しく糺されねばならない。唯一の原爆被爆国でありながら、地震列島に五四基もの原発を造営してきた不条理をどう釈明するのだろうか。平和利用という大義をかざしつつ、制御不能に陥った福島原発は広島型原爆二九発分の放射能を撒き散らしたといわれる。その巨大公害の責任を誰がとったのか。

ドイツ「倫理委員会」が導き出した、自然と人間との関わりの倫理的立場は、政治経済の事由よりも優先するという結論は、メルケル政権の脱原発を促した。けれど当事国日本の迷走と腰砕けは、恥ずかしい限りである。核エネルギーを人間の欲望のために利用することの反自然性と底知れぬリスクを知った以上、全ての原発を廃炉にすべきである。それでも残るぼう大な負の遺産をどうするのか。子どもたちの未来に責任を負うために、いま何を為すべきか、英知を傾ける場面だと思う。

核のもたらした沈黙の春をのり超えて、ふるさとの大地を耕すために、福島の農民たちは起ち上った。NPOふくしま復興プロジェクトを組織し、広く情報と科学的知見を吸収し、除染や作物への移行を低減させる方法を試みた。二本松市東和地区の菅野正寿さんによれば、田畑を耕すことで土壌中のセシウムの線量を大幅に縮減させる成果を得たという。草を刈り、深耕や反転耕を行うだけでも半減でき、更に堆肥や粘土鉱物のゼオライトなどを施用する有機農業においては、腐植土の持つ吸着機能(キレート効果)によって、移行係数を画期的に抑えられることを立証した。

ただ、それだけ必死の努力をし、放射能の検定・分析データを提示しても、東日本一円をグレイゾーンとみなし、その産物に拒否反応を示す市民も少くない。長年、提携の絆を結んできた消費者も例外ではなく、受注が半減する現実がある。自然と一体となって、営々として安全な食べ物づくりにいそしんできた有機農業に、最も鋭くふりかかってきたのが放射能汚染である。その見えざる脅威によって、生産の現場と共に、提携の関係性も危機にさらされている。

いま高畠で考えていること

昨春、3・11後の地域再生を視野に、早稲田環境塾(原剛塾長)が世に問うた『高畠学』(藤原書店)においては、〝農からの地域自治〟の筋道を鮮明に打ち出した。七〇年代の初頭、二〇代の若い農民たちが、近代化を超えるもう一つの道を求めて立ち上って四〇年、その試行錯誤の実践は、地域社会を食と農と文化が融合する生命共同体に蘇生させた。町内農家二〇〇〇戸の内、一〇〇〇戸は環境農業に取組み、町は「食と農のまちづくり条例」を制定し、地域自給力の向上と有機農業の推進をうたう。また、食農教育の充実や、都市と農村との交流も大事な柱を成す。

ただ、私たちが、脱原発をテーゼとするなら、直面する課題は、再生可能なエネルギーの地産地消である。等身大の技術を駆使して、地域産業と生活の変革に一歩踏み込めるかどうかが問われている。地味豊かな最上川支流域に展開する生命地域主義の可能性を探り、小さな共生社会を創りたい。

また、自分自身の生き方については、3・11を転換軸として、使い捨ての消費文明から足を抜き、できるだけ簡素で心ゆたかにくらすことを、自己実現のめあてとしたい。

私は農を事として五八年、自然の恵みをいただきながら、ときとして荒ぶる自然に曝され、それでも身をたて直し、他からの力で生かされてきた。これからもいのちの危機から目をそらさず、生の意味を考え続けたい。

東日本大震災で考えたこと

『納棺夫日記』著者
青木新門

昨年の六月、東日本大震災の支援活動を子守唄を通じて積極的に行っておられる西舘好子さんに誘われ南相馬へ出向いた。

福島駅に着くと迎えの車に分乗して会場である南相馬市の寺へ向かった。車は福島第一原子力発電所から三十キロ圏内を出たり入ったりしながら走っていた。運転するのは地元の消防団長をしておられる方で、田んぼのあちこちに漁船が転がる被災地に入ると、三月十一日当時の状況や瓦礫の中から遺体を収容した体験などを、時々車を止めて現場を指差しながら話された。そして運転しながら「原発事故さえなければ……」とため息のようにつぶやかれた。これだけの大被害をもたらした地震や津波に対して恨む言葉でなく「原発事故さえなければ……」の一言は、重い言葉に聞えた。私は目を閉じて、平成十二（二〇〇〇）年に亡くなった物理学者高木仁三郎博士を思い出していた。博士は生前、この度の大震災による原発事故を予見したような発言をしておられた。地震とともに大津波に襲われた際、大事故に発展する危険性を平成七年に『日本物理学会誌』に寄稿しておられる。その高木博士の講義録『科学の原理と人間の原理』と題された冊子に次のような文がある。「星が光って見えるのは、原子核反応によって光っているのです。太陽が光っているのは水素爆弾と同じ原理の核反応です。放射能の塊のような星屑が集まって太陽系ができ、地球ができたのです。それが四十六億年かけて冷めてきて、ようやく人間が住めるくらいにまでに放射能が減ったから住むことができるようになったのです。にもかかわらず、せっかく地球上の生物が生きていける環境が何十億年もの歳月をかけて整えられた所へ、再び人間がギリシャ神話に出てくるプロメテウスのように、天の火を盗んで持ち込んだのが原子力です」

私はふと、わが国の『古事記』が浮かんだ。イザナミが火の神（迦具土）を産んだために陰部に火傷を負って死んだとある神話も、そんな国造りをしてはいけないという警鐘に思えるのだった。

先の消防団長の「原発事故さえなければ……」という言葉には、今頃我々は復興に邁進していたことだろうという思いが込められている。それとも自然を征服して生きることが神に選ばれた人間の特権であると思う慢心に対する怒りだったのだろうか。

私はこの度の津波で人間以外の生物も多く死んだに違いないと思った。たとえば多くの蟻も命を落としたことだろう。一億年前の琥珀の中の蟻は、人類が誕生する前から今日の比ではない地殻変動や津波に遇いながら生き抜いてきたことを物語っている。蟻塚をアリクイや熊に壊されても、鍬やブルドーザーで人間に巣を破壊されても、生き残った蟻たちは即座に巣の復興にとりかかる。「復興」など叫ばなくとも、人間以外の生物は大地と共に〈今を生きる〉ことが身についている。

日本人、特に東北人の精神構造は重層的といっていい。表面的には近代ヨーロッパ思想のヒューマニズム（人間中心主義）を基盤とした物質文明の思想で覆われているが、地殻変動や津波でその表層が剥ぎ取られた時、そこに見られるのは自然の摂理に遵って今を生きる思想である。それは柳田國男のいう常民（土着の庶民）が自然をありのまま体（感性）で考える思想であり、自然を対象化して頭（理性）で考える思想とは本質的に異なる。だから頭で考える外国人は、どうして日本人はあれだけの大災害の中で暴動も起こさないで蟻のように黙々と復興に立ち向かうことができるのだろうかと不思議に思ったりする。

被災者の前での公演は、女優の藤村志保さんによる私の童話「つららの坊や」の朗読があって、次に私の出番となった。私は納棺の現場の体験を話そうと思っていたのだが、公演が始まる前に一人の老婦人が「嫁いだ娘を亡くしたが、家も墓も流され葬式も出せない」と会場の入り口で私に語りかけられた。私はその方を意識して内容を少し変えて話した。

「東北の詩人宮沢賢治に『目にて云ふ』という詩があります。それは賢治の臨死体験の詩といっていい作品です。死の床にあって賢治は〈あなた方からみたらずいぶんさんたんたるけしきでせうが、わたしから見えるのは、やはりきれいな青空と、すきとおった風ばかりです〉と云っています。さんたんたる瓦礫を見ているのは生き残ったみなさんです。亡くなった人は、三陸の美しい空や青い海しか見ていません。みなさんに「ありがとう」と感謝して、すきとおった風に乗って往かれたのです。このことは私が納棺の現場で死者たちから教わった真実です。だからみなさんも、そう信じてあげて下さい」
と云った。するとさっきの老婦人が目に涙を浮かべて手を差し出された。私はその手をいつまでも握っていた。

核抜きエネルギー政策へ

ルポライター
鎌田　慧

この雑誌が発行されるころには、日本の原発五四基のうち、稼働しているのは一基だけ、という信じがたい状態になっている。五月初めに定期検査にはいる、北海道電力の泊原発三号炉のストップで、すべての原発が停まる。さわやかな朝が現出する。

その日を恐怖してか、東日本大震災から一年目の二〇一二年三月一一日、野田佳彦首相は官邸で記者会見し、「(再稼働にむけて)政府を挙げて(地元に)説明し、理解を得る。私も先頭に立たなければならない」と発言した。なんとおバカさんなんだろう。

沖縄の辺野古の米軍新基地建設でも、沖縄県知事以下、県内全自治体の首長をはじめ、ほとんどの県民が嫌だ、といっているのに、みずからのこのこ乗り込み、説得できると考えたようだ。沖縄の憤りを感じる心ができない愚鈍を、全国に明らかにした行為だった。

日本の政治がいままでのようには進まなくなっている、という時代認識がない。変化した主権者の心を理解できない。相変わらず、カネと力でなんとかなる、という自民党時代の悪しき手法に染まりきっている。時代とむきあい、時代を変えようとする清新の志がない。政治家としてもはや失格なのだ。

民主党が、民主ではなく、自民党と同様の利権泥沼状態だから、橋下大阪市長のような、時代錯誤の政治家が新しい装いで登場する場を許している。いま遮二無二原発の再稼働を謀ろうとする、自分の行為の恐ろしさに、野田首相は無痛覚である。この鈍感さは救い難く、犯罪的だ。

福島第一原発三基首をそろえたメルトダウンが、伝えられているように、電源喪失によったものなのか、それともパイプなどの破断が原因だったのか、いまだに解明されていない。原子炉内に入れないからだ。世紀末的な過酷事故の重大性を、ただちに全国に伝えなかった政府の罪は、いまだに国民にむかって謝っていない東電経営者の罪と並びたっている。

原発の運転を監督できず、事故の危険を防げなかった、原子力安全・保安院と経産省との癒着を思えば、国の罪はなお深い。もう一度、あのような大地震がくれば、いま辛うじて崩落を防いでいる、四号炉の使用済み核燃料プールがどうなるかわからない。いま停止しているとはいえ、活断層に限りなくちかい浜岡原発、老朽化した各地の原発のどこが事故を起こすかわからない。

そのような恐怖を感じることなく、「原発再開の先頭にたつ」「命を賭ける」と口走っている、無知、無謀、無神経、無責任男に、最大の政治権力をあたえているのは、クルマの運転免許がない男を運転席に座らせているような恐怖である。

沖縄・辺野古への基地建設を、沖縄のほとんどのひとたちが拒絶しているように、3・11以降、ほとんどのひとたちが、原発にNOをいうようになった。3・11以前は、たいがいのひとたちが原発に無関心だったことを思えば、ようやくまともな社会と時代になったのか、を理解できる。

暴発から一年がたって、脱原発の意見と感情とは収束にむかうことなく、ますます強まっている。放射能汚染は福島ばかりか各地にひろがっている、というデータがふえ、子どもの甲状腺に影響があらわれはじめた、とする悲劇の予兆がつたえられるようになった。

それでも、とにかく、日本経団連や電事連（電気事業連合会）の要求に従って、原発を再稼働させようとするのは、政治権力の放棄である。政治はひとびとの健康と生命を守るためにこそ行われるべきものなのだ。

原発が全炉停止となっても、電力不足とはならず、パニックも起きていない。原発推進派は、「電力不足」を言い募って、消費者を脅かす作戦を切り替え、日本経済が駄目になると宣伝している。

いのちと健康を犠牲にする経済など本末転倒、人間の生活のために経済があるのだ。「原発のコストは安い」というのは虚言である。廃炉や使用済み核燃料の最終処分、事故の損害賠償費などを低く見積もった、極めて恣意的な計算にもとづいている。

それでもなお、原発稼働を「メリット」と強弁するなら、軍事上の安保体制、核兵器製造のポテンシャルを保持する、という六〇年代佐藤政権の狙い通りになる。それはいま、この状況でなお「核抑止力」などと主張する、超タカ派の石波茂自民党政調会長の誇り程度のものでしかない。

六〇年安保当時の岸信介首相以来、自民党の歴代首相は、中曽根康弘氏のように、明確に「核武装の研究」を主張する者を筆頭にして、核武装を明確に否定した者はいない。

民主党政権になっても、未だ核武装の「物質的、技術的基盤」を主張、平和利用を謳う「原子力基本法」に「安全保障に資する」を秘かにつけ加えた。ウラン濃縮工場やプルトニウム生産の核再処理工場や高速増殖炉（もんじゅ）の稼働を、どんな無駄なカネがかかっても、廃棄するといわないのは、軍事的必要性を考えてのことである。原発の早期再開を目指す野田首相は、一体だれの利益を代弁しているのか。

3・11からはじまった原発メルトダウンは、七〇年代はじめから、原発反対闘争のルポルタージュを書きつづけてきた自分の非力さを思い知らさせた。書くだけだった。本気で反対運動をつくる努力をしていなかった、との痛恨の想いに苛ませた。それでわたしは、大江健三郎、内橋克人、落合恵子、坂本龍一、澤地久枝、瀬戸内寂聴、辻井喬、鶴見俊輔さんなどと、「さよなら原発」運動をはじめた。昨年九月一九日の東京・明治公園での六万人大集会を成功させ、一〇〇〇万署名をはじめた。それから各地で集会をひらき、今年七月一六日には、代々木公園での十万人集会をかならず成功させる（十七万人の市民を集めた）。

さまざまな地域の運動と手を結んで、野田政権を追い詰め、核から脱却したエネルギー政策へ転換させる。それが未来にたいするわたしたちの責任であり、義務である。

永六輔さんとの一日

俳人／藍生俳句会主宰
黒田杏子

二〇一二年三月一一日（日）。私は六時に起きて、入浴、身仕度をして、七時すぎにつれあいと家を出て東京駅に向った。ＪＲ総武線市川駅から快速電車に乗れば一八分で東京に着く。八時五六分発の「はやて」の発車時刻までたっぷり時間があるので、駅構内の中国料理店で、泡飯というモーニングサービスの朝食をとり、昼ごはん用の弁当その他を四人分買い揃える。三五年前、博報堂のテレビ・

ラジオ局プランナーの私は永六輔さんの担当者だった。

宮城県亘理郡山元町の徳本寺で午後一時三〇分からとり行われる「東日本大震災物故者一周忌法要」の場で話される永六輔さんの特別講演会に行くのである。私達二人と同行の岩波書店ＯＢの高村幸治さん。仙台駅には徳本寺まで私達を乗せて走ってくれる「藍生宮城《あおい》」の句友西澤勝さんが待ってくれている筈。

はやて号の発着ホーム二二番線にゆくと、グリーン車輌の乗降口に車椅子に乗った永六輔さんの静かな表情に出合う。

「昨日のうちに宮城に向っておられたとばかり思ってました。永さん、昨日のＴＢＳラジオ『土曜ワイド』ずっと聴いてましたけど、大泣きなさってましたね。でもたちまちリスナーからの永さん支持のメールやＦＡＸどっときてましたね」

「みっともないと思うんだけど、すっかり涙もろくなっちゃって。でもね。本当は僕は今日、実家の浅草の寺で、東京大空襲で亡くなられたお檀家の人たちの集まりの方に出てなきゃいけないんだけどね。去年、徳本寺の早坂ご住職と約束してしまってたしね。そのときはまさか大腿部骨折なんて予想もしてなかった。あなたは仙台駅からの足はどうなってんの。迎えの車があるのね。高速に乗ると早いけど、状況は見えないよ。下の道をゆくとガレキの中を走るんだけど、時間に遅れちゃう。じゃあまたお寺で」

何という偶然。九号車の永さんの席が10のＡ。私は９のＡ席でグリーン車の前後だった。

同行のテレビマンユニオンのスタッフ達と朝日新聞編集委員の隈本信一さんなどが永さんの着席を確認されると、「じゃ、黒田さんお願いします。何かあれば隣の車輌に僕らいますから」と。定刻通りに発車、私は立上って後ろから永さんの様子を窺った。なんとパーキンソン患者はいつものノートをひろげて何かを書きはじめておられる。進行方向右窓側のA席はお日様がまぶしい。

「永さんブラインド下げましょう」「ありがとう。助かる」この人は近ごろ感謝のかたまり。

「永さん洗面所は」「ありがとう。ひとりで大丈夫。ちょっとゆっくり行ってくる」

「はやて」は上野・大宮のつぎはもう仙台。永さんはスタッフに囲まれてホームに降り立つと同時に駅員の押してきた車椅子に。私達も西澤ドライバーの車に。

道は空いていて、雨も雪もない。徳本寺の仮設駐車場に着くと、「六丁目オフィス」の永良昭氏より高村さんの携帯に電話。「庫裏の応接間に永がいます。どうぞ」。ここで曹洞宗徳本寺ご住職早坂文明さんにお目にかかる。颯爽としたお坊さん。まだお若い。

「この寺はコンサートとかいろいろやっていたので、中村八大さんと二人で来ようねって言ってて八大さんが亡くなっちゃった。その頃からのおつき合い。徳本寺さんでは一四〇人、徳泉寺さんでは七四人、合わせて二一四人の方が犠牲にね。僕も何とか今日来られてよかった。本番ではきちんとやります」。永さんの決意表明を享けて、私達は車の中でお弁当をとり、早目に本堂に坐った。喪服の老若男女で一時間以上前から空席なし。境内のテント席は椅子なので杖を引いたご老人などがぎっしり。月輪まり子さんのアイリッシュ・ハープ演奏ののち、二時一〇分から永六輔氏講演会。小学五年生で白石温泉の桂旅館に浅草の小学生は学童疎開。六年生が卒業と同時に学徒動員に参加すべく、昭和二〇年三月九日、東京に向けて発った。「バンザイ」などと叫んで見送った六年生は翌日三月一〇日の東京大空襲にまきこまれた。六七年忌である。自分はこれまでそのことをほとんど語ってこなかった。災害と戦争は人の命と心を奪う。キリスト教・イスラム教などでは故人は天に還るけれど、仏教では人は亡くなっても草葉の蔭にいます。忘れてはならない。戦火の中で死んでしまった上級生や大勢の人々の無念、無惨を忘れてはならない。昨年亡くなった方々はあなた方の心の中に。必ず身の廻りの草葉の蔭に。戦争はあってはならない。津波で命を落とされた方々は皆さんとともに生きておられます。哀しさ、辛さは言葉にして下さい。我まんしないで俳句や川柳、短歌など言葉にして下さい。

永さんはこののち、昨年の大震災の後に地元に誕生した山元町災害臨時ＦＭ放送局「りんごラジオ」に向うので「行きませんか」と。小学校の校庭の一角のバラックがその放送局。永さん、隈元さん、私それに元東北放送の「りんごラジオ」代表の高橋厚さんと四人で七五分ほど3・11をめぐる話し合いをして仙台駅に。二〇時〇一分のやまびこに乗り、二三時に自宅着。七三歳の俳句作者として俳句選者として、もちろん一人の市民として生きてゆく方向と勇気を、天皇と同じ年の兄貴、パーキンソン永六輔さんから授けられた一日だった。

首都圏の夜の異様な明るさ

エッセイスト
中野利子

戦争ちゅう疎開していてね、と口にすると「ソカイ？」と怪訝そうに問い返されていたのが、3・11以後、ぴたりと止んだ。「ああ、災害からの避難――」。

だいぶ前から疎開の時期をふりかえる文の中で、私は福島と書かずフクシマと片仮名を使っていた。初めは当時六歳の子どもの心に、急に眼前に現われた非日常の場所、というニュアンスのカナ書き。やがて歳月がうつり、フクシマ（福島県北白河郡）での八カ月間が私にとって魂の揺籃期（少しおおげさ）という気づきが生まれ、思いをこめての「フクシマ」となった。まさか「私のフクシマ」が日本中、いや世界中から「フクシマ」とカナ文字で呼ばれる日がこようとは……。

スマトラ沖地震の大津波の映像を録画し、繰り返し観ては自然の力に畏怖を覚えていたのに、やはり対岸の火事だった。三月十一日、自宅近くの公民館地下室で異様に強く長い揺れを体験して急ぎ帰宅。すぐにスイッチを入れたテレビに映し出される地震と大津波の被害に言葉を失なった。万を超える犠牲者数、とわかるのは後日だが、たとえ一人でもそのかけがえのなさが思われ、圧倒され、カラダの緊張がとけない。

そこに全く違う種類のアンテナが立ち上がったのは、地震の翌日三月十二日夕刻の枝野官房長官の会見だった。東京電力福島第一原子力発電所で「なんらかの爆発的事象がおこりました」。翌朝には「炉心溶融が起きていることを前提に対処しております」。

あれから一年、シーベルト、ベクレル、それに格納容器、建屋《たてや》など、なんと多くの単語を覚えてきたことか。

まず最初の驚きと恥じ入りは、フクシマの原発で作っていたのはフクシマで使う電気ではなかったこと。毎日三時間の計画停電が規則的に実施されていた三月の終わり頃、NHKニュースで双葉町から避難中の若い女性の言葉をきいた。「爆発的事象」により拡散した放射能を逃れ、3・11以来の二〇日間に四回目の移動という。さいたまアリーナから同じ埼玉県加須町の旧高校校舎にバスで向かう寸前のインタビューだった。「私たちの町で東京の電力を作っていたわけで、その私たちがこんなふうな目に遭っているということを、東京の人たちはちょっと心においてほしい」。避難場所提供の感謝や生活の不便を語る他の人より、声は小さかったが、しっかり聞こえた。自分たちが使う東北電力の電気ではなく、東京の、また国のエネルギーのために絶対に安全な「東京電力」の場として、説得され、納得し、交付金や雇用の増加という恩恵にあずかり暮らしてきた引け目がこの人の声を小さくしていたのかもしれない。突然に避難命令が出て着の身着のままで家を離れた人たちにとって、首都圏の夜の明かりは異様にまぶしかったろう。

ノーモア・ヒロシマは語り継いできたつもりなのに、原爆と原発の間に心理的な遮蔽物をおき、「原子力の平和利用」という表現に疑問を抱かずにきた。ヒロシマで被爆した知人は、かつて東独を訪れたときに、東独の高校生たちは原子爆弾のことを自然科学の授業でも学んでいた、と感銘深げに語っていた。被爆体験を情緒的に語るだけではダメなのだ、原爆・水爆についての科学的認識をもたないと核時代の到来に対処できない、とも。

まず誘致があり、異論や反対運動を抑え、莫大な金額を注ぎ、原発が「過疎」地に強引に建設された過程を知るにつけ、「過疎地」というものをつくり出してきた戦後史全体も疑わねばならないと感じる。人口密度の少なさと「過疎地である」のはまったく別のことだ。

「使用済み」燃料という呼び方もうさんくさい。使用済みだから、お茶の出がらしかダシをとった後の鰹節のようなスカスカのものを考えて、軽いイメージになる。原子炉の中で核反応を起こした「使用済み燃料棒」は新品の燃料棒よりずっと不安定で危険、とこれも目からウロコの知識なのだった。

いったん原子炉から出てしまったら最後、人間の手のつけられない原子力エネルギー。五感に感じられず、除染も不可能（あの福島県の広い山野をどうやって洗浄するのだ？）。人間だけでなく、動物も植物も魚も海藻もミジンコも、すべての生命体と共存できない。六歳の足で踏みしめたフクシマの村の土の感触や、子供用の背負子《しょいこ》を背に茸採りに連れられたあの山道。福島県から県外に逃れた人の数は約六万人とか。廃棄物の最終処理方法のない原子力発電については、やわらかくトンガッて生きていく、と春浅い光を浴びながら東京の片すみで思う。

要請される新しい詩

中嶋鬼谷　俳人

「原発さえなければ」――そう書き遺して自ら命を絶ったひとりの酪農家がいる。

姉ちゃんには大変　おせわになりました
長い間　おせわになりました
私の□□をこしました

2011 6/10 PM 1:30

大工さんには保険で全て支払って下さい
原発さえなければと思います
残った酪農家は原発にまけないで頑張って下さい
先立つ不幸を　ごめんなさい

（□□は本人が消した言葉、「限界」と読める）

仕事をする気力をなくしました

○○さん（酪農家仲間）には　ことばで言えないくらいお世話になりました

（この言葉だけ枠で囲んである）

（この行に妻と子ども二人の名前がある）

ごめんなさい　なにもできない　父親でした

仏様の両親にも　もうしわけ　ございません

相馬市の酪農家Sさんが堆肥舎の板壁に白いチョークで遺した言葉である。西に峠三吉の「にんげんをかえせ」の詩があれば、いま、東に「原発さえなければ」の詩が遺されたのだ、と私は思う。

「3・11」以後、沢山の詩が作られ、今も作られつづけているけれど、Sさんの遺言があまりに深く心に響いてくるので、表現に技巧を凝らして作られたような詩は、私の記憶から次々に消えてゆく。「原発さえなければ」の遺言は、やがて、「千の風になって」のように、歌い継がれるだろう。

Sさんの遺言を「みちのくの詩」として認識してから、一人の俳人として、詩の在り方について考えざるを得なくなった。

古来、みちのくには京都を中心とする文化の象徴である歌枕を訪ねて多くの旅人が杖を曳き、紀行文や詩歌が書物や碑となっている。

芭蕉の目に映ったのも歌枕に浸された風景だったが、「3・11」は、中央文化に彩られた表層を剥ぎ取る結果となった。そこに現れたのは、いうなれば大和朝廷に侵略される以前の蝦夷の地層であり、この地層の上では、近世の芭蕉の風雅も、近代の虚子の花鳥諷詠も通用せず、それらを脱した新しい詩が要請されるだろう。

金子兜太氏は、自然を讃美するだけの虚子の花鳥諷詠の自然観を脱却し、受け身ではなく能動的に自然に畏れを抱いて対峙せよ、と説く。人知を超えた自然の不可思議さへ畏れを抱くという太古からの人々の生き方に、深く学ぶ時が来ているのだ。

小澤實氏は、原発事故による放射能汚染によって農業の季語は翳りを持つことになった、と語る。「3・11」によって私たちの自然観は変わらざるを得なくなった。同時に、詩もまた変わらざるを得ない。

いつ摘みし草かと子等に問われたり蓬だんごを作りて待てば

右は、永田和宏選、第二八回朝日歌壇賞作品である。作者はつくば市に住む野田珠子さん。

野田さんは、受賞の言葉で「娘らの問に窮してようやく放射能汚染の現実を思い知らされ、それでも捨てられず独り食べた団子は、苦く重いものでした」と語っている。

この歌は、すでに虚子の花鳥諷詠とは無縁である。一家団欒の場で香り立つはずの蓬団子は、いま、原発禍という現実の中で、影のように暗い存在として家族の前にある。

原発事故という国家犯罪は、家族の団欒を奪い、詩の言葉を翳らせた。しかし、詩が滅びることはない。蓬団子の輝きは消えたが、詩は静かに、そして確固として原発事故に対する怒りを起ち上がらせる。翳りを持った季語が、詩に新たな相貌をもたらしたのである。

野田首相は昨年十二月十六日の記者会見で福島第一原発の「収束」を内外に宣言した。

だが、この原発事故で海山に漏れ出た放射性物質は、これまで世界が経験したことのない一〇京ベクレル超。山も野も川も海も汚染され、東京湾でも河口付近に原発二〇キロメートル圏と同程度の高濃度ホットスポットが発見されている。

もはや課題は明白である。国民の運動によって、地震列島を囲む五十四基全ての原発を廃棄すること。この取り組みこそ、欺瞞に満ちた政治を変革し、この国を再生させる根本の道である。詩も、この闘いの中で輝きを増すだろう。

「真の文明ハ山を荒らさず、川を荒らさず、村を破らず、人を殺さゞるべし。」

田中正造（明治四十五年六月十七日「日記」）

劣化したマスコミ

ＮＰＯ法人　日本子守唄協会理事長
西舘好子

震災の当初に感じた連帯感や故郷への思いは、被災後一年という中で徐々に薄れていっていることに我ながら愕然とする。自然への驚異や畏敬の思いは何ら変わらないし、又いつかどこかで同じような災害が起こるだろうと、恐怖の方は意識して倍加していくのに、この醒めた感覚はどうしたことだろうと、自問自答を繰り返している。おそらく人様より多く被災地を訪れ、私が理事長を務める日本子守唄協会でも沢山の方に協力頂き、昼夜惜しまぬ支援活動に全力を挙げているのだが、心の方は寒くなっていく。

一つには危機や緊急時に何ら力を発揮出来ない国家への失望感がある。これは一年経った今も全く機能していないので更に絶望感に変わってきた。被災地の復旧などとても無理だと現地にいってみるとよく分かる、残骸は山となりそのまま廃墟のように放置されている場所がどれほど多いことか。支援物資は整理されないまま腐敗しはじめ、受領証も領収証もない義援金はどこにどういってしまったのか、疑問を持てば？？？だらけだ。

原発事故は除染どころか、原発を止めることさえ出来ないままだ。何十年かかるか解らない処理にかり出された人達はその危険性を知らされないまま現地に入り、あたりの町は復興特需の賑わいで、お決まりの飲み屋や風俗店の歓楽街は大繁盛だ。原発反対の波の中で、自治体の死活問題になるので、再稼働を容認せざるを得ないという方向に傾いている処さえ出てきている。経済優先で自然界を無視してきたら人間はいつかしっぺ返しを受けるだろう、と自戒してきたことなどすっかり忘れてしまっている。

又、学者や専門家、権威の中で信用を勝ち得ていた人たちの言葉の無力さに呆然とする。何ら根拠を持たないで、言葉を垂れ流していた人達が日本にこんなにいたというのも驚きだ。地震予知連や原子力委員会、ひいては全てをバラエティ化するマスコミなどの無意味な説明を、果たして当事者達は咀嚼し、自覚しているのだろうか、と首をかしげてしまうばかりだ。

目を覆いたいほどの「マスコミの劣化」だ。震災後口を酸っぱくしてあれほど「正しい情報」の大切さを説いていたマスコミは果たしてその現状をよしとしているのだろうか。

報道はいつも同じ場所で、同じ質問、オーバーな騒々しい口調に終始し、メディアの基本である公平で正義のある姿勢などはとてもとてもとても伝わっては来ない。

ひどいのはワイドショウ。政治も経済も、事件も芸能も、無論震災までも、一列同じ位置に並べ、その間に、スポンサーの広告をいれるだけの垂れ流しのオンパレード。スポンサーに金縛りにされた状態なのだろうか。

かつて大宅壮一は日本の国民を「一億総白痴」と称したが私に言わせれば震災で「絆」を打ち出したあとはもっとひどい「一億愚民化」になっていないだろうか。真摯な姿勢も努力や研究をしている様子もなく、生死さえ「話題の種」としているマスコミになぜきちんと批判が成されないのか、不思議でならない。

この間訪れた茨城水郷の地盤沈下はそれはひどいものだったが、取材に訪れたマスコミはいなかったという。死の町と化した町はもはや住む人もいない。報道されなければ支援物資も支援金ももらえないのだと残された住民がこぼしていた。報道が隅々まで行き届くはずはないのだが、多くの人はまだ報道を信じ、支援をしてもらいたいと躍起になっていた。

「人が死んでいないとニュースにならないからですよ」とあるテレビのディレクターはいった。ショッキングさがないとチャンネルを替えられてしまうというのが理由だった。視聴率というのは私たち観ている側の人間のことではなく、ＣＭのスポンサーのことを指しているのだと納得、つまり私たちには愚にもつかないことを見続けさせ、それが報道なのだと洗脳されているということがよく分かる。道理で毎日お笑いタレントの家賃未払いに食い下がり面白おかしく追いかけている訳だ。挙げ句に業界内部の慰撫のしあいを見せられている。

原発反対などしたら、広告に携わっているところからは広告料がこない、降板になる、死活問題だ。きちんとした意見をいい、本気で食い下がるようなジャーナリストがどこにいるのだろうか。原発反対のデモや集会などが報道されることもめったにない。

適当にはぐらかすがいい。未だになにが本当なのか、報道は信じられない、もはや信じてはいけないものと認識している。

かつてイギリスのＢＢＣが「マスコミとは国家をこえるもの」と言ったことを思いだした。より早く広く正確に伝える力は正義に裏付けされているからという確たる姿勢がかんじられた。

果たしてこの震災でどれほど本当のことが正確に報道されたのだろう。又、どれほど報道しようと戦ったのだろう。損得や利害関係が依然として優先し、私たちには嘘や隠蔽、あるいはお涙頂戴に訴えて時間をかせぐ、本当のことなど私たちは知らされていないと今も懸念の気持ちで一杯だ。劣化したマスメディアの中に人間の叡智も日本の明るい未来も、かけらも見えない。テレビからの情報を絶対視していた時代も終わった。ならばどこに明日を見いだしたらいいのだろう。

未来は子供達のなかにある。子供達が希望をもてるメディアの登場を切にねがうばかりだが、それは私たち大人にかかっていると肝に銘じたい。

私の「三月一一日」——「無言館」被災地展のこと

「信濃デッサン館」「無言館」館主・作家
窪島誠一郎

私は戦時中、養父母とともに石巻市渡波《わたのは》地区に疎開した。昭和一九年の秋から終戦直後の翌二〇年九月までの約一年間のことで、私は三歳だった。東京世田谷の明大和泉校舎前で靴の修理業をやっていた両親に、疎開する田舎などはなかったのだが、真向いの洋服店に奉公していた石巻出身のTさんが、私たちを自分の故郷に誘ってくれたのだ。疎開しているあいだに、東京大空襲で世田谷松原町一帯はいちめんの焼け野原となり、私たち親子にとって石巻は命を救ってくれた「恩人の町」となった。

Tさんは私の名の命名者でもあった。二歳半で他家から貰われてきた私に、三日三晩頭をしぼって「誠一郎」と名付けてくださったのだが、姓名易断上からも、この名は前途有望（?）な名だそうで、「マコトの心はすべてに通じる」というのが真意だとか。私たちが石巻への疎開によって戦災死をまぬがれたのも、ことによるとそんなTさん命名のご利益があったからかもしれない。

その石巻が、三月一一日の大津波で流失した。流失したというより消滅した。渡波地区の中心街にあった「T洋服店」は、辛うじて全壊はまぬがれたものの、すでに故人となられているTさんのご長男家族は、間一髪着のみ着のままで近くの小学校の避難所にのがれられたという。わが懐旧の「T洋服店」は、蝋《ロウ》細工をかためたようなズブ濡れ半壊の家屋を、今もガレキ平野の寒風にさらしたままでいるのである。

その渡波地区にほど近い、石巻市千石町の「石巻かほく」ビル一階（ここも半壊している）で、私の営む「無言館」の無料展覧会（二〇一一年三月一一日より）がひらかれることになり、今、信州からやってきた若い館員たちと展示準備で大忙しだ。

展覧会開催のきっかけは、かいつまんでいうとこんなふうである。

東日本大震災直後の何日間か、私の営む信州の二つの美術館「信濃デッサン館」と「無言館」（長野県上田市）は、未曾有の来館者減に見舞われた。大正昭和の夭折画家の絵をならべる「信濃デッサン館」の来館者ゼロには慣れていたが、隣接地に建つ戦没画学生慰霊美術館「無言館」のゼロはめったにない。都心における計画停電、新幹線運転見合せ、外出取りやめ等の「大津波」が、容赦なくわが館を直撃したのである。

「このような状況下で美術館をつづけていていいのか」

「真ッ暗ヤミの避難所で肩を寄せ合っている被災者のことを思うとき、無人の美術館に照明をともしていることじたいが不謹慎なのではないか」

当然ながら、震災の夜に若い館員たちと語り合ったのはそのことだった。

堂々めぐりの議論のなかで手をあげたのは、一〇人ほどいる館員の中では一番若いT青年である。

「やはり美術館はつづけるべきだと思う。どんな状況下にあっても、この世に絵が存在するかぎり、絵をみたいという人がいるかぎり、ぼくたちは不謹慎をつらぬくべき」

私たちはT君の言葉に顔を見合せて肯いたものだ。

「無言館」には、先の太平洋戦争、日中戦争に出征し戦死した画学生たちの遺作や遺品が展示されているが、応召直前に妻や恋人、敬愛する父や母、可愛がっていた妹や弟を描いて戦地に発ったかれらは、当時の世間からは「非国民」とよばれていた。「あと五分、あと一〇分この絵を描かせておいてほしい」「かならず生きて還《かえ》ってこの絵の続きを描きたい」「せめて出征はこの絵の具を使い切ってから」――どんなオクニの非常下にあっても、ただひたすら「描くこと」に没頭しつづけた画学生たちの作画への熱情は、文字通り「不謹慎」というしかない営みだったのである。

しかし、戦後六十余年をへた今、そうした「非国民」の若者たちがのこした絵が、どれだけ私たちに生きる指針をあたえ、勇気と希望の灯になってくれていることか。いかに不謹慎といわれようと、そうした画学生たちの「生の証《あかし》」を伝えてゆくことこそが、わが「無言館」の使命ではないのか。

じっさい、震災五日めのがらんとした館内で、熱心に作品を鑑賞されていた婦人が、受付のノートにこんな感想文をのこしていた。

「震災をテレビでみていて辛かったのですが、ここにきて画学生さんたちの絵をみて励まされました。志半ばで戦死された画学生さんに励まされるなんて、何だかとても不思議ですけれど」

そう、その「不思議さ」こそが、今私たちがいちばんもとめているものなのではなかろうか。

私にとっては特別の町である被災地石巻——あの六十余年前の東京明大前の焼け野原とも重なる東北の港町で、わが「無言館」展をひらくことはできないだろうかという思いがわきあがったのは、そのときだったのである。

今生き残っている私たちへの問い

エッセイスト
鶴田　静

その日の昼頃、拙著新刊の見本が届いた。桜の花の写真が施され、ピンク色に染まったカバーは、間もなく来る春の華やぎを醸し出している。私の心は喜びに震えた。と、突然目眩がして家ごと揺れた。大地震だ！　家族全員、大机の下に潜り込んだ。床は傾げて私たちはずり下がった。恐ろしさに耐えること数分間。

我に返ってテレビをつけた。そこに写し出された津波の映像に声も立てられず、ただ立ち尽くしたままだった。津波は私のからだの中にまで押し寄せ、全身が脱力し、心臓が激しく動悸している。涙が止めどなく流れている。もしかすると日本の破滅かも知れない。私はその後ずっと何も手に付けられず、映像だけを追い続けていた。そして、この新刊本の売り上げの一部を被災の義援金にしよう、と決心して、すぐにそれを読者にネットで宣言した。

数カ月後、金額はほんの些少だったが、それは確実に実行された。しかし、自ら欲する生活に甘んじ、今となっては夢物語と化したエッセイを書いて仕事としてきた私のこの後の情況は、いわば間接的な罹災であった。超現実的な現実は、もはや私にその種の作品を書く仕事を、多くはもたらさなかったのである。

翌日になって福島第一原発が爆発したことを知る。私はすぐに外国の電子版新聞を読み、フクシマがチェルノブイリ級の事故だと知った。だが政府は危機感を露わにしていない。私は、九二年から九四年に、わが家に保養ホームステイした二四人のチェルノブイリの子どもたちを、フクシマの子どもたちに重ねて思った。すると以心伝心、彼らの一家族から、お見舞いと心配の手紙が届いたのである。

広い地域の放射能汚染は明らかだ。被曝に晒されやすい子どもたちは、一刻も早く非汚染地帯へ逃れるべきだ、と私はチェルノブイリの子どもたちから学んだことをネットに載せた。そして幼い子どもを連れて日本の西方へ、沖縄へ、外国へと避難する親子が少なくないことを知った。

3・11の災害は単に「東日本」地域だけの災害ではない。日本だけのものでもない。様々なレベルの影響が世界に波及する。地震と津波は天災と言えるだろうが、原発事故は明らかに人災だ。しかし電力会社も政府もその責任を負おうとしない。詳しい事故の内容も国民に開示しない。被災地の救済活動は、多くの外国人を含むボランティアによって支えられた。為政者は「がんばろう、日本」の合い言葉をマスコミや著名人から吐き出させ、プロパガンダにしてお茶を濁している有様。私はこの言葉に、私自身は直接には知らないものの、戦時の言論統制のように感じた。「国民の皆さん、一致団結して自己責任でがんばって下さい」。生きるための迅速な救助もせずに、被災者を、国民を、世界市民を遺棄しているような政府に私は立腹した。翌年四月初め、私は東北被災地四カ所を廻ったが、その時点での未だ悲惨な情況に、怒りと同情は増幅した。

こんな政府に任せてはいられない。自分が立ち上がらなければ。誰もがそう思い、その思いはネットですぐに広がった。私もひたすらネットを使い、意見を述べ、署名をし、デモや集会に参加し始めた。たくさんの命、家族と住まい、仕事を奪われ、希望と未来を見失わされた人々に鎮魂を捧げるその一方で、さらなる命を奪うだろう原発を廃炉にしなければ、と思いは逸《はや》った。

八〇年代から反原発の運動をしてきた私たちにとっても、フクシマの大事故は青天の霹靂だった。そして、ああついに……と無念さに打ち拉《ひし》がれた。チェルノブイリの事故以来、想像を絶するほどだった危険な原発が、まさかこの地震国に増やされるはずはないと思っていたが、五四基にもなっている。しかし、定期検査で稼働基が次第に減り始め、二〇一二年五月五日、ついに稼働ゼロになった！「脱原発」への国民の思いは日毎に熱くなり、国民投票への期待も膨らんできた。

3・11後の日本はいわば戦後である、とよくいわれる。生きものの命と大地が奪われ、家族と社会、そして自然がずたずたに引き裂かれた戦後。昭和の戦後から、私たちは原水爆を背負ってきた。さらに原発を抱えてきた平成の戦後は、放射性物質と共に生きなくてはならなくなった。この戦後をどう生きるのか。それは政治の問題であると共に、各個人の課題でもある。

岩手県で地震・津波の被害に遭い、家族を失い、私の町に避難していた女性を介助したとき、彼女は絶望の溜め息の中で言った。「私だけが生き残っていいのか。こうして生きていて何の意味があるのか」と。これは被災者のみでなく、今生き残っている私たち一人一人が自問すべき設問である。私たちがこれまで依存し温存してきた、金権主義が作った危うさの隠された豊かな社会、という暖炉を、この大災害を機に廃炉にし、倫理すなわち愛に満ちた人道主義による新たな現在と未来を創出しなければならない。真の社会の復興は、利権性や技術文明のみでは達成しない。

ところが原発稼働ゼロは束の間の喜びだった。七月、新政権は大飯原発を再稼働させたのである。国民のほとんど総意とも言える脱原発の願いを無視したやり方に私たちは怒り、毎週金曜日に官邸前で抗議デモを行っている。日本全国各地、そして海外でも、この理不尽な政策批判へのデモは渦を巻いている。

日本に初めて来るチェルノブイリの子どもたちを迎える際、わが家に設置した太陽光発電機は、二〇一二年二月に二十歳になった。今後も世界に生まれるであろう「フクシマの子どもたち」が、二十歳以上、末永く生き残れることを祈ろう。

嵐のような革命の季節を生きている

加藤登紀子　歌手

私自身に帰る旅のはじまりだった、と思う。逃げも隠れもしない、言い訳もない、居るべき場所にちゃんと居て、やるべきことをやる。

私のいちばん私らしい私に帰る。

その想いがその後の私を引っ張って来た。

三月十一日午後、私は東京のオフィスでアルバム・レコーディングのミーティングをしていた。前夜、私が心に決めたコンセプトは「命結―ぬちゆい」。

目の前には「無縁社会」「孤族の国」「自殺が止まらない」など、二〇一一年初頭、新聞が盛んに取り上げていたテーマがあった。

この荒廃に向き合う歌は何か。

私は孤独を否定せず、「ひとりでも大丈夫、命は本質的につながっているんだから。」というすっくとした自立を支える歌として「命結―ぬちゆい」というタイトルにたどり着いた。あたたかな内なる響きを沖縄の方言に求めたのだ。

「ひとりでもひとりじゃない、命結にむすばれて」

このミーティングの時には『命結』という歌の主要なフレーズが決まり、ラフなメロディーも仕上がっていた。

私がギターでそれを聞かせていた二時四六分、地震は起こったのだった。

東京オリンピックの時に建った私のマンションの十階のオフィスは、ガタガタと揺れたが、「ここはこのくらいはよくあるのよ」と皆に言い、ミーティングを続けようとしたが、まわりの本棚から本やCDがテーブルにまで飛んできて「さすがにこれは」というので皆で廊下へ出た。

揺れが大きくて歩くのも怖いくらい。結局階段で階下へ降りたのは、揺れが収まってからだった。

もちろん、ギターはケースに入れて抱えていた。その時の私にとってお守りだった。

それから五日後、ひとりテレビのニュースと向き合いながら、私の頭の中は『命結』の詩を仕上げようと必死で言葉を探し続けていた。

テレビの画面からは行方不明の肉親を探す人、避難所で夜を明かす人、救助に向かう消防団や自衛隊、トラックで運ばれる食糧に群がる人……。

ギターを抱えたまま画面を見ていた私の中から『命結』という穏やかなメロディーをつき抜けて別のフレーズがあふれ出て来た。

「今どこにいますか、寒くはないですか、

お腹はすいてませんか、眠る場所はありますか」

『今どこにいますか』というこの歌は、十分くらいのうちに嵐のように生まれた。

届くはずもないけれど、とにかく届けたい想いを言葉にすることが出来て、やっとその夜は眠りにつけた。

被災した人たちへの言い知れぬ親しい気持ちは、多分、私が一歳八カ月で満州で終戦を迎え、難民収容所で過ごし、二歳八カ月の時に帰国した引き揚げ者だったことに深い繋がりがある。

何とかして被災地に行きたい、いっしょにいたい、抱いてあげたい！　その思いを実現出来たのは約一カ月後の四月十三日。はじめて羽田から花巻へ臨時便が飛んだ日だ。

遠野から釜石へ、そこから三陸を北上して山田町、大槌町、南へ下りて大船渡、陸前高田。まだ手付かずの瓦礫が残り、やっと道路の整理だけが終わったところだった。避難所では人々が大きな家族のように支え合いながら暮らしていた。

それからの詳しいことは近著『スマイル・レボリューション』で書いているので読んで頂ければ、と思うのだけれど、何より心に残ったのは、三陸で見た海の美しさ、東北の人々の心の深さ、と強さだった。

それから一カ月、五月二十五日には福島第一原発の事故で放射能汚染され計画避難地域に指定された飯舘村で歌うことになった。あの日の飯舘村の風景の美しさを忘れることは出来ない。山には緑があふれ、つつじ、桜草など花々が山にも家のまわりにも咲きあふれていた。その時私の胸に蘇ったのは『命結』のメロディーだった。この風景の優しさが、営みへのゆるぎない想いが、ずたずたにされていく人たちを支え続けるのだと私は思った。

これまでも故郷を奪われた人々が、その断腸の想いの中でふるさとを歌い続け、それを子に伝え、人々に伝えて来た。

飯舘村がシンボルとして来た「までえ」という言葉をこの歌のキーワードに『命結』の詩を書きあげ、この日のライブで歌った。

「ひとりでもひとりじゃない、命結にむすばれて
どこまでもいつまでも　までえの命咲かそ」

『命結』は人と人とをしっかりつなぎとめることであり、人の世の過去、現在、未来を結んでいくことだ。

これまでも惜しげもなく捨てて来たかけがえのない過去を、日本の未来にどうつなげていくのか。この大震災は私たちに大きな転換を迫っている。逃げも隠れも出来ない、決定的な時代を生きている。

命の未来を破壊する放射線との共存を余儀なくされた今もまだ、原発推進をすすめようとする勢力がその責任も問われずに力を持ったままでいる日本。その恐怖の体制をどう変えて行くのか。

嵐のような革命の季節を生きていると感じている。

「動くガレキ」!?

写真家
大石芳野

一年が過ぎ、見えてきたもの、見えにくくなってきたものがさまざまある。今回は宮城県、岩手県などの津波の災害を受けた人びとの地から離れて福島県の「東電フクシマ」の被害について考えてみたい。

原発問題は科学ばかりか、政治や経済、社会など複雑な構図が絡み合ううえ、放射能は計量しない限り認識できない性格を持っている。そのために私たちにはいつも不安がつきまとう。東電福島第一原発から遥かに離れていても、そちらの方向から風が吹けば空気に、雨が降れば雨水に、放射能が混じっていないかと疑心暗鬼を生じる。ましてや野菜や果物、米や肉などの食料品は大丈夫だろうかと気になりだすと止まらない。

東電も政府も学者も多くのメディアも、何が本当で何がそうでないのかなかなか明快でない。分らないこともあろうが、放射能は色も匂いも手触りもないから、その気になればいくらでも操作やごまかしができるだろう。何を信じていいのかさらに不安になり、その結果、疑いと恨みを募らせたまま流されていくことも少なくない。

その闇のような暗さが形となって現れた一つに、計画的避難区域や警戒区域での家畜の扱いがある。犬や猫などのペットはレスキュー隊が何度も立ち入って保護している。彼らもいのちある生き物だから当然のことだ。けれど、経済動物である牛や豚などにはいのちがないかのごとく、放射能に汚染されたから無用だという。確かに消費者からすれば放射能に汚染された肉やミルクは受け入れがたい。だからといって、国や県が積極的に推し進めている「殺処分」はこのままでいいのだろうか。

「動くガレキという扱いです」と、ある畜産農家の人は怒りを込めて言う。「飼い主としての誇りや意地を持ち続けたい」との願いが伝わってくるのだが、一方で牧場主たちが「殺処分」に応じ始めている。その理由は「疲れた」「もう、頑張りきれない」「とうとう折れてしまった」といった疲弊の声だ。

「食肉にするわけにはいかない。しかしせめて研究対象にはなる。放射能汚染の地で過ごした牛たちがどうなったのか、どうなっていくのか。経済動物だからこそ、その研究が必要なはずだ。研究をやってもらったりもしたが、まだほんのごく一部でしかない」

「立ち入り禁止になったから田畑が荒れている。牛たちが歩き回り草を食み、排出することで、土が荒れなくて済むかもしれない」

「でも、家の中に入り込んで汚したり壊したりの迷惑もかけているし、子どもも生まれているから、牡の扱いには注意が必要だ」

さまざまな意見が現地で聞かれるが、人びとがふと不安を漏らすのは、「動くガレキの先に自分たちがいるのではないか」ということだ。「殺処分」という恐ろしい言葉を平然と使う側にとっての牛は邪魔以外の何ものでもない。釈然としないなかにあっても、強い引力はやがてぐんぐんと人びとを引っ張っていく。反対するといかがわしい者といわんばかりの態度になるのはこれまでの歴史が、いえ、まだ歴史にもなっていない実態が示しているのではないだろうか。

今でこそ、はっきりと脱原発と声を挙げる人も多いが、「東電フクシマ」以前はどうだったろうか。むろん、反対の人は存在していたし、及ばずながらわたしもその一人だった。友だちや知人にも大勢いた。けれど、至らなかった。自戒を込めれば声は小さかった。チェルノブイリを伝えたりしながらも、日本の原発に対する「安全神話」や「原始時代に戻ってもいいのか」などの攻勢に太刀打ちできなかった。

その悔いもあってわたしは「東電フクシマ」に通い続けている。3・11直後は体調を崩していたが、医師から許可が出るなり福島駅に向かった。五月二日だった。大津波に被災した太平洋岸を北上もした。それからは毎月の旅を重ねている。けれど、ほとんど何も伝え切れていないということが取材をすればするほどわかる。かといって、大量の写真と取材ノートを引き出しの奥にしまい込むことはできない。被災者たちが伝えてもらいたいと切に願っているからだ。

被災者ばかりではなく、何をどう信じていいのか……という重たさは日本中に淀んでいる。淀みは海を越えて空を越えて、世界中に伝わった。それを最も強く感じているのは、福島県民の一人ひとりだろう。自分や家族、愛しい人の健康は大丈夫だろうか、放射能に見舞われた大地は戻るのだろうか、今後、われわれはどんな扱いをされることになるのか。

五四基もの原発の林立に反対を明確にしなかったわたしたちは、何を守り何をしなければならないのか。子どもたちの未来から放射能の不安を拭うにはどうすべきなのだろうか。人間や動物、生き物すべてにとって相容れられない核について、さらに真剣になること、そして、動植物を含む自然との付き合い方、そこでの人間の立ち位置を追求し見つめ直すこと。「東電フクシマ」は、いま、わたしたちにまずそれを突き付けているのではないだろうか。

大津波死ぬも生きるも朧かな

編集工学研究所所長
松岡正剛

一年がたっても3・11をまるごと振り返るという気になれないのは、亡くしたものが多すぎるのと、その喪失があの日に始まったものばかりではないからだ。

当初、ぼくを激しく揺さぶったのは、このひどい顛末は「みちのく」や「エミシ」への仕打ちなのかということだった。日本のガバナンスの歴史は古来このかた征夷大将軍の歴史であって、これは化《け》外《がい》の土地としての「道の奥」を討ち、中央の方針に王化した蝦夷《エミシ》たちならば服属させるという制圧と懐柔の制度の上に成り立ってきたものだった。けれども、こうしてアテルイやアザマロが倒れ、奥六郡を出入りした安倍一族が滅び、藤原四代もまた中央の歯牙にかかり、征夷大将軍をプレジデントとする武家社会が幕末まで続くことになったわけである。

それだけではなかった。近代化を迎えるにあたっても東北は官軍から国賊扱いされ、さらには札幌農学校が北海道に設置されたように、この地はまたまたインフラ外部の「道の奥」としてほったらかしにされたのである。そうしてその後に何がおこったか。説明なく書くことにするが、「2・26から3・11へ」なのだ。

以上のことが3・11から一年をへたいま、新たな意味をもてるかどうかは、ひとえに日本人における「奥六郡」の発動や「棄人」の思想の逆襲にかかっているように思う。内村鑑三やその思想の影響を深くうけた野口雨情は、3・11に似たことは明治大正昭和の日々のどこにもひそんでいて、それはラディカルな「棄人」という思想の逆襲によって回復すべきだと思ったわけであるが、そういう思想の逆上も、いまや必要なのである。

もうひとつ、ぼくが気になっているのは、このような歴史的打擲の地はネーションステート日本の地政学では東北と沖縄だったということだ。ぼくはあの日以来、まず「母国」という言葉でいろいろなことを考えるようになったのだが、この「母国」の再生には被災地の復旧や復興だけではなく、東北と沖縄をつなげて語るクニの思想が必要だと確信した。東北と沖縄は二つで一つのインタースコアをおこすべきなのだ。

3・11は巨大地震と大津波とともに、原発のメルトダウンをおこさせた。ここにいまや「フクシマ問題」と総称させる難問が生じることになった。難問は、原子力利用の是非から再生可能エネルギーの経済学まで、放射能汚染の回復日程から地域の経済文化のありかたにまで至っている。かなり深い難問である。どのくらいの深みなのか、覗いただけでもぞっとする。

まずは政治も技術プラントも、もはや本来のシステムではなくなってしまっている。当該システムを維持するためにのみシステム費用を浪費するしかなくなったのだ。これは事態が、これまでの人間社会がやっと発見した循環システムやフィードバック・システムからかなり遠のいたということをあらわしている。新たにダブル・コンティンジェントなシステムを考えるしかないだろうけれど、そういう議論があまりに少ない。

日本の「有事」に対する対策が国家の需給バランスの中になくなって、つねに刺激の強い外部性の導入に頼らざるをえなくなっていることも、すなわちこのままいけばどんどんグローバル・スタンダードを受け入れざるをえなくなったことも、明々白々になった。普天間基地問題やTPP問題など、その例だ。これはおそらく安保同盟になんらかの手を入れなければならないということだろうけれど、とうていそんな展望はない。

再生可能なグリーン電力によるエネルギー政策だけでは、事態は解決できないところまで来ていることもはっきりした。ところがエコだけでもエゴだけでもうまくいかないとしたときの、その次の手が見つかっていない。なぜなら中央と地域とが「合意」を形成するしくみを失ってしまっているからだ。そこで「熟議民主主義」などが提唱されているけれど、では合意が得られなかったときをどうするのかという方法が欠けている。福島や沖縄が突き付けた難問がそこにある。総じてはリスクに関する計算でしか事態が進まなくなっているというしかない。

こうした難問群を前にすると、ハンナ・アーレントの夫君であったギュンター・アンダースが『時代おくれの人間』で、またアーレントやジラールの思想を検討してきたジャン゠ピエール・デュピュイが『ツナミの小形而上学』で、あえて「未来の破局に属する問題」を持ち出して、われわれは最も危険な問題の渦中、たとえば核戦争、巨大地震・大津波、生態系の破壊、遺伝子操作などの問題の渦中で、新たな形而上学を打ち立てるしかないのではないかという提案が、じんじん胸に響くものになってくる。国家も地域も住民も、市場主義と健康主義にもとづいたリスク計算では新たな「生゠政治」をとりもどすことは不可能なのだ。

3・11の一年前、ハイチの首都ポルトープランスをマグニチュード7・0の大地震が襲い、三〇万人以上の命が失われた。その大災害前後のことを綴ったダニー・ラフェリエールの『ハイチ震災日記』(原題は『私のまわりのすべてが揺れる』)に、3・11後の日本人に贈る長詩が掲げられている。ハイチ人には誇りがあり、日本人には落ち着きがあるけれど、私の師匠の芭蕉がいみじくも言ったように「苦界に花」をこそ思い、その「花の気品」をこそ矜持とするしかないのではありませんか、日本人の諸君、ここで内破してはいけません……そういうメッセージになっている。

ぼくはこの詩にちょっと胸が詰まったけれど、のちに長谷川櫂の次の句を見て、これをラフェリエールに返してあげたくなった。「大津波死ぬも生きるも朧かな」。

フクシマ

詩人
鄭喜成

昨年三月一一日、大地震が起きたとき、大地があれほど大きく揺れても、人びとの心が揺らがないことに驚いた。

フクシマは福島にのみ、あるのではない。

これは、全地球村の問題だ。

これらを契機として、人類はエネルギー問題について深刻に苦悩しなければならないであろう。

二〇一二・三・一六
（牧瀬暁子訳）

3・11が残した物

画家、金沢美術工芸大学大学院教授
木下　晋

昨年三月十一日午後二時四六分、ベトナム取材準備の為町田市の書店に寄り関係本を取ろうとした瞬間、経験した事のない烈しい揺れが襲う。思わず店外に飛び出すも、目前のビルが左右振子の様に揺れて、恐怖の余り立竦む始末だった。交通網やライフラインは瞬時にストップ、自宅が同じ町田市内でも徒歩では二時間以上かかる事から、一時的にせよ帰宅難民状態に陥ったのである。だが我家は暖冷房やトイレ等は電気器具故に機能不全、果ては飲料水にも事欠く有様だった。

その上携帯ラジオも無く、今回の地震で何が起っているのか情報も入って来ない。ローソクの灯を頼りに、余震に怯えながらマンジリともしなかった。夜明け頃停電も解け、テレビニュース映像を見た瞬間息をのむ。高さ十数メートルはあろうかと想われる巨大津波は、まるで生き物の様に軽々と防波堤を乗越え、次々と建築物や車輌等を呑み込んで木端微塵に押し流して瓦礫と化して行く。然もそこには生身の人々が多数巻き込まれて居る事は想像にかたくない。正に阿鼻叫喚地獄絵図なのである。それは又一地域にあらず、数百キロメートルに及ぶ東北地方海岸線一帯に点在する漁村や都市を遍《あまね》く、津波で根刮《ねこそぎ》壊滅した事を報道は伝えていた。三万人以上に及ぶ死者行方不明者を始めとして、被災者は見当もつかない程の厖大な数であると言う。更に福島原発事故の人災も加わって、千年に一度と称される途方もない状況と言わねばならない。

電話が通じた頃を見計らって、私は東北在住の友人達に安否を問うた。不幸中の幸いにも被害を受けた者はいなかったのである。

だが友人の紹介で会う約束していた老婦人が震災で亡くなった事を知った。友人の話によると、ＮＨＫラジオ深夜便「母を語る」で私の存在を知り、是非作品を見て本人にも会って見たいと語っていたと言う。その約束も果されないまま、犠牲者となってしまったのである。或いは、ひょっとしてこの様な想いで震災犠牲者となった人々が他にもいたのかも知れない。それを考えると、すぐにでも被災地を訪れたい気持が逸る反面、被災者の状況に対し私に何が出来るのか……。感傷だけでは動かしがたい重い物を感じずにはいられなく、葛藤の日々が徒《いたずら》に過ぎて行った。だがそんな折しも吹雪の被災地に、薄い法衣姿で素足をゴム草履だけの若き僧が一心不乱にお経を唱え、犠牲者を悼む写真を新聞で見た時、もう私には迷いがなくなっていたのである。

被災地に踏み入れた時は、言わば通夜の様な心境だったろう。しかし実際は、テレビの映像とかなり違っていた。鼻を刺す様な悪臭には閉口する。石巻市中心地は思ったよりひどくはなかったが、海に面する街並は跡形もなく消え失せてゴミの集積所みたいな幾つかの巨大な瓦礫の山が空しく横たわり、その間を自衛隊の車輛だけが行き交う死の世界だろう。石巻市から女川町に至る、海岸線を車で案内してもらった。途中数カ所の漁村が点在していた筈が、家の礎石さえも残さず流され教えて貰わなければ気付かずに通り過ぎるだけである。遠くの防風林に昆虫でもいるかと思えば、松の枝に津波で運ばれた軽自動車が引っ掛かり、開いたドアのガラスが羽根の様にキラキラして見えたのだ。不謹慎を承知で言うなら、大自然が創造したシュールで美しい死の光景だろうか。東北から帰還早々、群馬県草津町の国立ハンセン療養所「栗生楽泉園」に、元患者で盲目詩人の桜井哲夫氏を訪ねた。六年前に出会い、桜井氏をモデルにライフワークとして幾つもの作品を描き続けて来たのである。しかしこの時は春先きから体調を崩して入院中故に見舞いだけのつもりで伺ったが、地震の被害や被災地での体験談を言うと「先生、俺の合掌図を描いて下さい」。

私はこれ迄十人以上のモデルを使って作品を制作したが、只の一度もポーズを要求した事は無い。なぜなら絵を描くと言うより、モデルの人生談を聴きその世界を知る事こそ大事なのである。寧ろ、絵を描く事等二の次で、極端に言えば描かなくても良いのだ。

モデルが語らい醸し出す世界こそ最高のポーズでありイメージなのだから……。私はそれを無の境地で表現すれば良いのである。故に桜井氏も例外ではなかった。しかし今度は違う、彼は青森出身の東北人故にこの震災は他人事ではなかったのだろう。正に以心伝心、実は桜井氏の方から頼まれる迄もなく私は合掌姿を描きたかったのである。被災地での体験は今も収拾が尽かない程のショックだった。ハンセン病の業病を背負い、八十七年を生き抜いた桜井氏の生涯こそが、大自然の威力と対峙するに相応しい存在なのである。

だが私には荷が勝ち過ぎるくらいに重かった。五月から構想に着手し、実際に描き始めたのが十一月、しかし桜井氏は待ってくれなく十二月二十八日昇天。翌二〇一二年一月二十九日完成、「無心」と題されたのだった。

どうしてこんなことに

津島佑子　作家

暗い家のなかに電気がはじめてともり、おお、まぶしい、なんて明るいんだ、これが近代文明というものなのか、と感嘆の声があがる。どこで刷り込まれたのかわからない、こんな近代文明の象徴としての電気のイメージが、私のなかにもあった。電気がその社会の文明度を測る尺度になるのかな、と今までなんとなく思っていたような気もする。

3・11の大震災から一年経った今、余震も含め、ほかの場所に誘発される地震がますますこわくなっているし、福島第一原子力発電所の爆発事故で放出された、眼に見えない放射性物質の被害は、実際にはどのように深刻なものなのか少しずつわかってきたように思う。つまり、少なくとも二年先にならないと影響がわからないという、つかみどころのない健康被害の不安、そこから生まれる精神的な苦痛と、ひとびとの意識のぶつかり合い。

もちろん、一年前の地震と津波のおそろしさだけを振り返っても、顔から血が引く思いになる。けれど惨事はそれだけでは済まされなかった。四基もの原発が驚いたことにつぎつぎ爆発し、放射性物質の雲が私たちの頭上に流れ、地上に降りそそいできた。日によって、その雲は朝鮮半島、ロシア、アラスカのほうにまで流れ、太平洋のほうにも流れていった。そして危険な放射性物質とともに、私たちは今後生きつづけなければならなくなった。いくら私たちが今までの時間を取り戻したいと願っても、それは不可能な事態になってしまったのだし、今までの時間のどこが狂って、このようにおそろしいことが起きたのか考えこまずにもいられない。

原発事故はふだん、なにげなく日常的に使ってきた電気にかかわるものだっただけに、まず電気とはなにか、電気を作るために、なぜ原子力にかくも依存しなければならなかったのか、原子力というものにどのような政治的な意味があるんだろう、と頭を悩ませることになった。かつてアメリカ軍によってふたつも原爆を落とされたこの地震列島に、いつの間にか五十四基もの原発が建てられていたとは、うかつにも気がつかずにいた。なんという無知！　と我ながらあきれ、恥じた。恥じたけれど、どうしてこんなことに？　という疑問は消えない。

私の思いは、日本がたどってきた戦後の時間に向かう。さらに明治維新からの流れもたどり直さないわけにはいかなくなる。日本が取りいれた近代文明について考えると、自然な流れで、イギリスの産業革命に至り着く。もとより、ひとりでこうした世界史レベルのことを考える能力を、私は持ち合わせていない。それでも考えずにいられなかった。あまりに悲惨なできごとに、私の住む日本が見舞われてしまったのだから。

産業革命から、イギリスの作家Ｄ・Ｈ・ロレンスを私は思いだしていた。有名な『チャタレー夫人の恋人』という小説の作者で、その作品はかなりわかりやすく図式化された、近代文明を批判する内容なのだ。炭鉱の持ち主である大金持ちの夫は性的に不能な男で、その夫に雇われている森の番人である男は、豊かな自然界と性の喜びを象徴している。主人公のチャタレー夫人はためらいなく、森の番人を選ぶ。当時のイギリスでは、石炭という資源エネルギーを得た産業革命に、猛反発しつづけるひとたちもいた。そのひとりがＤ・Ｈ・ロレンスで、小説以外に、産業革命のおそろしさを訴える文章も熱心に書いている。石炭を使って大量生産を目ざし、その産業に大資本を投じ、エネルギーを貪欲に求めつづけるのは、人間にとって自滅を意味するのではないか、と。

西欧では産業革命のあとになっても、こうした抵抗は根強くつづいていた。むろん大量生産を基本とする資本主義はふくらみつづけ、地下資源を際限なく欲しがる植民地主義の構造も強固になり、国際金融のネットワークも増大したにもかかわらず、一方では、その仕組みに与しない価値観もしっかり残され、社会的にもそれは広く認識されてきた。電気なんかに頼って生きたくない、ロウソクに薪の生活も守りつづけたい、というひとたちは今でもじつはとても多い。フランスなども国は国策として原子力産業に力を入れつづけるかたわら、一般のひとびとはそんなこととは無関係に、夏の長いバカンスを待ち望み、バカンスのあいだは窮屈な都会での生活を忘れ、ほとんど野生の世界に戻って、人間としてのバランスを取り戻そうとしている。

日本やほかのアジア諸国にとって不幸だったのは、西欧から突然ぶつけられた近代文明を表向きの面でしかとらえることができなかったところにあるのではないか、と私には思えてならない。蒸気船に蒸気機関車、そして電気なるものを見てびっくりし、急いで追いつかなければ、と焦ったし、そのショックは欧米文化に対する劣等感のもとにもなった。日本は「近代化」にはげみ、猛スピードで成功したものの、早速、富岡製糸工場の奴隷的労働の問題が起き、足尾銅山の鉱毒問題も起きてしまった。戦争に突入しても、原爆をふたつ落とされて無条件降伏に至っても、日本社会の基本的な「誤解」は変わらなかった。

今度の3・11で私たちの目の前に露わになったのは、そうした日本のゆがんだ「近代化」だったのではないか。社会の仕組みを変えるには、これまでの概念を根本から問い直さなければならない。それにはたぶん、かなりの痛みを覚悟する必要があるのだろう。どんな社会で、どのように生きたいのか、ひとりひとりが懸命に、3・11の経験から考えはじめなければならない。小説家だって、当然、例外ではない。今の日本では、作家がマスメディアに依存する要素が高くなっている問題をどう考えればよいのか。産業革命に少しでもブレーキをかけたくて『チャタレー夫人の恋人』を書いたD・H・ロレンスという作家、あるいは『死刑囚最後の日』を書いて死刑廃絶を訴えたヴィクトル・ユーゴーというフランスの作家の存在が、今、しきりに思いだされてならない。

芸能から問う現代の危機

演出家
笠井賢一

昨年の三月一一日は、私がプロデューサーを務める「銕仙会」の定期能公演の当日であった。東京の通信網と交通網は麻痺、夕刻の公演は中止を余儀なくされた。それ以降の原発事故による放射能汚染、計画停電や自粛で幾つかの公演が中止や延期となった。不急不用といわれる芸能の本当の力が試される時がきたと思った。

この震災で見せかけの繁栄の中で隠されてきた深い病巣があらわになってきた。想定外という思考停止、電力の垂れ流し的使用の習慣化、地球の存続の可能性が危機に陥っているという現実に対し、眩しさで眼がくらまされていたのだ。

この大震災と原発事故という天災と人災とが重なりあった事態のなかで、芸能に携わるものとしてなにが出来るかを考えた。私に出来ることは「言葉の力」を「声の力」に受肉させ「音楽の力」と共に表現することである。私は二〇〇八年に東京の国立能楽堂で上演した、多田富雄氏と石牟礼道子さんとの間で交わされた往復書簡『言魂』を舞台作品にした『言魂　詩・歌・舞――石牟礼道子・多田富雄深き魂の交歓』を、積年の念願であった熊本市と水俣市で上演することを決心した。

そのために、熊本に行って石牟礼さんにお目にかかった。奇しくも三月一一日生まれの石牟礼さんは「水俣にいると福島がよく見える、同じように国家的な規模で推進されて大きな被害を出し、同じように国家的な規模で隠蔽がされている」と話された。水俣の教訓を日本人は生かすことが出来なかった。過去の事として封印してきたに過ぎない。水俣病は利便性と経済効果を優先する社会に、科学技術が無批判に従属した結果起きた。これは現代が抱える危機的な病巣だ。そして、この構造が石牟礼さんがおっしゃったように同じように福島原発事故をもたらした。

まさに「終わりなき水俣」であり、水俣と福島はつながっている。『言魂』の対話は二〇〇六年から二〇〇八年にかけて交わされた往復書簡だが、二人の真摯で心を揺さぶる生き方と言葉の力が一体化したメッセージは、大震災・原発事故以降の混迷を深める日本の問題点を先取りしていた。一二月一四日熊本市、一五日水俣市での公演は地元の実行委員会の方々のご尽力によって、多くの方にご覧頂くことが出来、又新聞、TVなど多くのメディアにも取り上げられた。

もう一つは新作能『鎮魂――フクシマ・アウシュヴィッツの能』の立ち上げである。私は震災の一カ月前にワルシャワと日本で公演した、ヤドヴィカ・ロドヴィッチ・ポーランド大使作の新作能『調律師――ショパンの能』のプロデュースと演出をしていた。その制作過程で鎮魂の演劇である能の形式で、二〇世紀の負の遺産であるアウシュヴィッツと原子爆弾が描かれるべきだという思いを深くしていた。それをヤドヴィカ大使に話したところ、彼女自身の叔父さんがアウシュヴィッツで政治犯として一九歳で亡くなっていた。新作能が動きだした。そこに大震災と原発事故がおきた。ポーランドは震災の被害をうけた子供たちを夏休みに受けいれた。日本とポーランドは百年近い長い民間レベルでの交流の歴史が背後にあるし、福島の白河には「アウシュヴィッツ平和博物館」がある。

　福島で震災で息子を失い原発事故で土地を追われた男（ワキ）がアウシュヴィッツに旅をする設定で、新作能『鎮魂《カイ》――フクシマ・アウシュヴィッツの能』が書き直され、稿を重ねた。三月五日には両国のシアターXで〈フクシマ&ホロコースト犠牲者追悼の夕べ〉としてこの能本の朗読会をポーランド大使館主催で催し、来年度の一月のホロコースト記念日に能としてアウシュヴィッツに近い古都クラコフ、ワルシャワ、日本で上演するためのスタートをきった。この能のテーマは二〇世紀から今日まで戦争や災害で理不尽に死んだ人々の鎮魂と、ホロコーストによって名を奪われ番号とされてしまった人々の固有の名と物語の復権である。

　震災一年の三月一一日当日には、日本の災害史に詳しい作家高田宏氏の代表作『島焼け』という小説を四人の女優で語る。この小説は八丈島の枝島「青ヶ島」の天明の大噴火の悲劇と、八丈島に非難した島民が、数々の苦難の末五〇年後に島民全員が還り住むまでを描いている。高田氏から「荒ぶる自然」と人間がいかに付き合ってきたかを伺い、人間と自然との関係を見直す、水俣の言葉で言えば「もやいなおす」ことを考える集いである。震災復興に五階建ての高さの十数メートルのコンクリートの堤防を作り、海の見えない町が出来るような、人間と自然との関係性を全く配慮しない計画が進行していることは危険だ。また原発事故にしても場当たり的な対処しかなく、原発の是非を根本的に問う視点が欠如している。高田氏は雪博士中谷宇吉郎の言葉「科学によって人間はますます自然に感動し、自然を畏敬するようになるのが科学の役割であり、原子爆弾を作る科学はいらない」を引き、ご自身も遺伝子操作やクローンや臓器移植、そしてプルトニウムという自然状態にない処理不可能な物質を産み続けている原発に対して明快に否定している。

この震災によって私たちにこれまで見えてなかったものが露呈したいま、私達一人一人がこの危機的な日本の、地球の行く末に責任をもたなければならない。

琉球・沖縄と東日本大震災

詩人・批評家
高良 勉

昨年3・11の東日本大震災と大津波、東電福島第一原発の大爆発事故から、早一年が経とうとしている。この大災害で死亡された方々や被災者の皆さまへの、哀悼とお見舞い・支援の気持ちは変わることがない。東北は悲しい。

私は、3・11以後に考えたことを昨年『現代詩手帖』五月号特集「東日本大震災と向き合うために」

や、『けーし風』第七一号（六月）特集「放射能汚染時代に向き合う」に小文として発表した。また『ヒロシマ・ナガサキからフクシマへ――「核」時代を考える』（勉誠出版、一二月）に「琉球弧から視る核時代批判」を書いた。

その間、七月にはやっと大震災後初めて宮城県、福島県を訪問し、被災した友人たちとも交流してきた。そして、私たちの詩と批評同人誌『ＫＡＮＡ』第二〇号の巻頭言に「本気か」を書き、詩「東北連祷」も八連まで発表した。この詩「東北連祷」を書くのはとても困難だが、今後も「つづき」を書き継ぐつもりである。

この一年間で考えてきたことは多々ある。その主要な点だけを述べてみたい。まず、東日本大震災と東電福島原発の被災は、現在進行中という現実である。避難者は、沖縄にも滞在している。阪神大震災で被災した友人たちの経験では、最低三年以上の支援が必要だということだ。東北の被災地は、復興どころか「復旧」すらまだできてない。

いや、昨年一二月一六日の新聞一面トップには「福島原発　廃炉に四〇年」の大見出し記事が載っていた。あと四〇年というと、おそらく私などは生きていないだろう。少なくとも、私（たち）が生きている間は、人類は核エネルギーや原発の被害はコントロールできないことを実証している。私（たち）は、そのことを一九七〇年代から訴えてきたが、少数意見として抑圧されてきた。

本原稿を執筆している二月二八日の新聞やテレビは、民間の有識者でつくる「福島原発事故独立検証委員会」（北沢宏一委員長）の「調査・検証報告書」について報道した。その内容を見ると、日本政府が東電原発事故から国民を守る能力が欠けていたことが分かり、その対応のデタラメさに怒りを抑えることができない。

東日本大震災と東電原発事故からの最大の教訓は、国家は国民や国土を守らないという冷厳な事実だと思う。では、国家や政府は何を守ったのか。一言で言えば、「原発安全神話」をまき散らしてきた、東京電力や原発関連会社をはじめとする企業と政治家(原発建設を推進してきた自公政権の責任を忘れてはならない)、政府官僚、原子力村を中心とする御用学者、御用評論家、それらに追従するマスコミ産業等の利権を守ったのである。

私は、今まで「ウソと無恥の日本文化・思想」(『危機からの脱出』御茶の水書房)等で現代日本社会の精神文化を批判してきた。しかし、今回の東日本大震災と東電原発事故への対応ほどウソと無責任と無恥が露骨にまかり通ったことはない。私は、第二次世界大戦中の大本営発表と、それに追従した新聞やマスコミを連想している。

この東日本大震災と東電原発事故は、「日本の敗戦に匹敵する」と言われている。ならば、日本国民には戦後改革に匹敵する近・現代社会の変革と一人一人の生き方の変革が求められていると思う。今後、日本国民は「ウソと無責任と無恥」の社会・文化を克服することができるかどうか。少なくとも、東電原発事故に関して無責任なウソをついてきた東電幹部や政治家、政府官僚、御用学者、御用評論家、マスコミに社会的処罰を加えなければならない。ましてや、前官房長官の枝野幸男が経済産業大臣になって全国の「原発再稼働」を指揮することなど、許されてはならない。

一方、3・11以降多くの言論人から東北と沖縄に対する「植民地的差別構造」が指摘されてきた。その詳細な批判は、私も前述の「琉球弧から視る核時代批判」で展開した。「原発は東北・フクシマへ、米軍核基地はオキナワへ」に象徴される差別構造である。東京や大阪をはじめとする大都市の住民が嫌がる、原発やゴミ処理場は過疎化した東北や地方へ、米軍基地は沖縄へ押し付けようというのだ。これが、日本近代の〈中央と地方〉の関係であり、戦後も維持・強化されてきた地方差別の構造である。日本国民は、この差別構造を廃棄することができるか。

東北の復興とは、なによりも東北人の自己決定権に基づく復興予算の計画と執行により関東圏に対抗できるような東北圏の建設であって欲しいと願っている。沖縄県が拒否している米軍基地の辺野古建設費用や米軍への「思いやり予算」は、全て東北復興の予算へ回すべきである（防衛省関連の予算は、「仕分けの対象」にすらなってないのだ）。そして東北の復興と共に、沖縄も軍事植民地から解放されなければならない。

私は、3・11の教訓を考え様々な言説を読むたび、言葉の無力感に打たれ虚しくなる。ささやかな希望は、全国で若者を中心にした「脱原発運動」が拡大していることである。昨年9・19の「さよなら原発五万人集会」（明治公園）は主催者発表で約六万人が参加して大きな盛り上がりをみせた。私たちには、本気で原子核文明からの転換が求められている。沖縄も、核軍事基地からの解放の困難な闘いを一歩でも前進させるつもりである。

反原発運動が「ファシズム」にならないうちに

東京外国語大学教授／国際紛争・武装解除
伊勢﨑賢治

この文が掲載される時、僕は二度目の訪問になるインド、カシミールの州都スリナガルにいるであろう。ヒンドゥー・インドとムスリム・パキスタンとして一九四七年の分離独立からずっと領土紛争の最前線。駐留インド軍だけで六〇万人。たぶん地球上で最も軍事化された地域だ。

この敵対関係は、両国をして核兵器を保有させた。そして、印パともＮＰＴ（核兵器不拡散条約）レジームの外にいる。

国連安保理常任理事国五カ国（米、英、露、中、仏）以外は核兵器を持つなというＮＰＴを、バッサリ、不平等条約と切り捨てたインド。こういう姿勢は、ガンディー主義、徹底した「被抑圧者の不服従」による独立達成、その後の非同盟中立主義の主導と、筋金入りだ。インドはモラルの王様であり、世界最大の民主主義。「違法」に核兵器を保有しても、米がインドに「ならず者国家」の烙印を押す口実がない。そればかりか、せっせと「核の平和利用」の支援でインドに擦り寄り、核統制レジームの体裁を繕ってきた。

一方のパキスタン。一九七八年、隣国アフガニスタンへソ連が侵攻し米ソ冷戦の戦場になると、前哨基地としてパキスタンを懐柔。軍政が続き、民主主義からほど遠い、イスラム原理主義が蔓延る破綻国家であるが、核保有を黙認。ソ連崩壊後、アフガニスタンに親パ政権を置くことが国是のパキスタンは、タリバン政権の樹立を支援する。そして、タリバン政権に囲われていたアルカイダが9・11を起こすと、アフガニスタンは米の対テロ戦の標的に。米はタリバン政権を壊滅することに成功はしたが、それら残党との戦争は、パキスタン国境を主戦場に、現在でも出口がない。アフガン側から戦う米は、パキスタン軍の協力を得て、敵を挟み撃ちにしないと、戦略自体が成り立たない。敵を殲滅するにも、その敵をつくった張本人の協力なしでは戦えないというジレンマ。「核保有破綻国家」への米の依存は続く。

一方で、イスラム原理主義が蔓延る軍が直接的に核を管理するパキスタンにおいて、内政が更に破綻すれば、核がテロ組織に拡散するという、米にとって最大の悪夢を想定しなくてはならず、その後ろにイラン、北朝鮮という本命「ならず者国家」の影がちらつく。これが、不平等で、米の目先の国益に左右されるが、人類が持ちうる、唯一の、核を統制するレジームの実体である。

地球上の核を、全て、同時に封印できればいい。あたりまえだ。しかし、全人類が「反核レジーム」を共有する状況は、今のところ夢想に近い。なぜなら、我々は常に、一部の「ならず者」の存在を恐れるからだ。たとえ、そいつらが取るに足らない小さな存在でも、我々が放棄した核を手中にすれば、立場が大逆転する……。この恐怖。

この安全保障の現実を基盤に、原子力開発があるのだ。この安全保障上の、決別したくとも、決別できない恐怖を深層心理にする国家社会は、反原発思想を妄信できない。FUKUSHIMAが何回起ころうと、だ。

「ならず者」への恐怖の源泉となる人間が持つ「排他性」は、国家をして「抑止力」の強化に邁進させる。その最先端が、P5、そしてインドが保有する原子力潜水艦だ。原子炉事故に加えて、沈没、座礁、衝突（原潜同士のものもある）。事故後、相当数、沈んだまま放置されている。やっかいなのは、原潜は最大級の軍事機密のため、事故の全貌がほとんど表面に出ないことだ。しかし、「泳ぐ原発」への恐怖が、我々が排他する「ならず者」への恐怖を、凌駕する気配は、今のところ、ない。

この「排他性」の実体を出発点にしないと、FUKUSHIMA後、勢いを得たかに見える日本の反原発運動に、実効性は生まれない。いや、最もタチが悪いのは、運動への「妄信」である。そして、その「妄信」が生む、新たな「排他性」である。

FUKUSHIMA後、放射能という新たな恐怖は、「平和を希求してきた」日本人社会に、新たなレジームをつくりつつある。単純に、反原発か否かが、踏み絵になっている。それで人間の全人格が決まるような。かつて、九条護憲か否かがそうであったように。

ネット上で「御用学者狩り」も始まっている。発言のあら探し。そして、「原発推進派」のレッテル張り。バカらしい。

放射能への恐怖から、沖縄に避難する「母性」に罪は無い。自分の身を犠牲にしてまで子を護る「母性」は、非のうちどころのない人間の最強の良識である。しかし、「排他性」は、この「母性」をも利用する。いや、「母性」が集団化し、熱狂すると、「排他性」を先導さえするだろう。「ならず者」が原発を狙う近未来が現実味をもって夢想された時、日本の「母性」は、日本の「抑止力」の強化に熱狂するだろう。

放射能への恐怖を源泉とする「排他性」は、「ならず者」への「排他性」と同質のものである。このことに気づいて欲しい。

反原発運動が「ファシズム」にならないうちに。

海の見え方が変わった日

熊谷達也　作家

昨年の3・11以後、海の景色が変わった。海に対する私の心情が変わり、風景が異なって見える、ということではない。本当に違うのだ。海が膨らんで大きくなった。正確には、地盤が沈下して海岸線の形が微妙に変わり、海と陸の関係がちぐはぐなものになった。

三陸の海岸線や半島の道を、これまで私は何度となくオートバイで走ってきた。行く手の視界が開けて青い海が目に飛び込んでくる瞬間の気持ちよさが好きだった。その光景が、自分で意識していた以上に、正確に記憶にとどめられていたのだと思う。震災後、初めて三陸海岸に足を運んだとき、いつも見ていた海とは違うことに気づいた。海水の量そのものが、一割増しくらいになったような錯覚を覚えた。津波によって破壊され尽くした瓦礫の平原がそう思わせるのかと、最初は思った。しかし、その後、何度通っても抱く印象は同じで変わらない。

考えてみれば、私がこれまで目にしてきた三陸の海の光景は、そこに暮らす人々が長い年月をかけ、海とのあいだに築いてきた関係が形になったものだ。その関係が壊れ、海の側から変更を余儀なくされている。それが、ちぐはぐさの原因になっていたのである。

けれど、いまはちぐはぐに見える海の光景も、これからも海辺で暮らそうと決意した人々の、日々の営みの積み重ねによって、新たな関係が築かれ、違和感を抱かずに見られるようになる日が、いつかはやって来るはずだ。海辺で暮らす人々を信じて、彼らに海辺の未来を託し、そっと見守りながらその日が来るのを待っていればいい、はずであった。

ここで、はずであった、とどうしても付け加えなければならないのは、震災の発生からこれまでに起きたこと、あるいは、これから起きそうなことを考えると、我々自身の振る舞いが、悪しき部分であまりに日本人的すぎて歯がゆい、というより、腹立たしいからだ。

震災直後、大津波や原発事故にからんでさんざん口にされた「想定外」という言葉は、想定さえしなければ、つまり、言葉にさえしなければ悪いことは起こらない、という「言霊信仰」そのものだ。あるいは、三陸の沿岸部にいまだに累々と積まれている瓦礫の引き取り手がいないのは、「穢れ」の意識が人々の心の底にいまもしつこく居座っているからに違いない。

そして、「風評被害」という、実際には責任の所在がはっきりしない便利な言葉で片付けられようとしている現象は、新たな「差別」が生じていることと同義だろう。

これらはすべて、現代の日本においては、過去の悪しき慣習、または無意味なものとして葬り去ったはずのこと、あるいは、もう少しで根絶できかけていたことではなかったのか。それが、この震災をきっかけに、揺り戻しが起きているように、ゾンビのごとく甦っているような気がしてならない。

震災直後に被災地に寄せられたあたたかな支援の数々は何だったのだろう。被災地に生きる東北の人々は、そうした救いの手に心から感謝したし、素直に涙を流した。だが、そうした支援の本質は、中央の都合で東北の海辺や農村から無理やり人口を引き剥がして来た事実を、過疎という言葉で不可避な社会現象として扱い、困ったものだが仕方がない、と済ませてきたことへの罪悪感や贖罪意識によるものだったのかもしれない。

正直、このようなひねくれた見方はしたくない。しかし、そうならざるを得ないのは、今回の災害がこれまでのものとは本質的に違うことをわかっている人々がどれだけいるか、首を傾げざるを得ないからだ。震災以後、なにかにつけ比較されてきた、関東大震災や阪神淡路大震災、あるいは、戦時中の空襲による焼け野原も、すべては都市型のものだった。放っておいても元の場所に人が集まるタイプのものだった。しかし、今回の広大な被災地は、そのほとんどが、中央に労働力と頭脳を奪われ続け、疲弊しきっていた地域である。ここで未来のデザインを描き間違えたら、人はますますいなくなり、やがて死に絶える。「もういい加減、金も物も、そしてなにより人をこっちに返してくれ」と、少なくともそれくらいは言わせて欲しい。

この原稿を書いている二日前、あと一週間で震災後ちょうど一年を迎える日に、いつものように気仙沼を訪ねた私は、プレハブ造りの震災復興屋台村で昼飯を食べていた。各種のメディアは、この屋台村の光景を復興の象徴として切り取ることだろう。だが、私が以前、教員として三年間勤めた気仙沼中学校のグラウンドには、仮設住宅がびっしりと立ち並び、子どもたちは満足に部活や体育の授業もできない状態だ。そして、屋台村のすぐそばには、瓦礫が撤去されただけの、海水面がやけに高くてちぐはぐな、いったいこの先どうなるのかと途方に暮れるしかない荒涼とした光景が、いまだに広がっているのである。

地震によって

パンクロック歌手・詩人・小説家
町田　康

男が歳をとり段々に先が見えてくると生き物として不安になり、その不安を紛らわすために周囲にいろんなことを自慢したくなるらしい。先の知れたおっさんである自分もひとつ自慢をする。

自分は以前、松岡正剛氏の手引きにより林恭助さんという、曜変天目茶碗という世界に三つしかない茶碗を焼くのに成功した陶芸家と共同で茶碗を作ったことがある。どうでぇ。凄いだろう。

その際、銘といって茶碗に名前を付け、箱を作って箱書きを書いた。と言うと、なにを閑人の真似さらしとんねん。茶碗さえちゃんとしてりゃあ名前とか箱なんてどうでもええやないけ、という人が出てくるだろう。自分も最初はそう思った。ところがさにあらずこうした道具類にとっては名前や箱も重要で、しかるべき人が銘をつけて箱書きを書いた、ということになるとそれだけで何倍もの価値になるらしいのである。それは素晴らしきことだ。そう思って脳漿をふりしぼって銘を考え箱書きを書いたが、何倍になったかはわからない。まあ、出来映えから判断すれば、〇・八倍くらいにはなったただろう。

そしてさらにおもしろいことに、そうした名品が人から人に伝わるうち、その状態でひとつの価値であるから、それを入れるための箱がまた作られ、それにも箱書きがなされるので、そのまた箱が作られ、ということが繰り返され、どんどん価値が高まっていくらしいのである。

箱といえば贈答品の酒やなんかも立派な箱に入っている。酒が飲みたいのだけれども銭がないので飲めなくて苦悶しているところへ酒を贈答してくれる人があった、素晴らしきことだ、と思いつつ、早く飲みたいものだから、もどかしい手つきで、一番外側のエアークッションを外す。ところがまだ飲めないのは、百貨店の包装紙にくるんであるからで、それをべりべり破り、紙箱の蓋を開けて、やっととりだした酒瓶は薄い紙で包んであって、どこまで包装したら気ぃ済むんじゃ、ゴミの山、でけとるやないけ、と叫んだことのある人はないだろうか。まああまりないかも知れぬが自分は三回くらいある。まあ中身が壊れぬための要心でもあろうが、そうして大仰にくるんでおくと中身はそこそこのものでもこれだけ丁重にくるんであるということはなかなか大したものに違いない、という印象を受ける。

ガワ、という言葉はこうした箱や包装といった外見をさす。中身はいつもなんらかのガワにくるまれるのである。というとガワより中身が大事。いくらガワがよくても中身が粗末であればなんの意味もない、という御議論が出てくるのは当然の話である。しかーし。例えばいま言った、御議論という言葉の御という接頭語は、議論、という言葉のガワであると同時に、議論という言葉そのものが、意見、という言葉の、人をおちょくったようなガワである。

このように私たちの言葉すらいろんなガワにくるまれてなかなか中身にたどり着けないようになっている。いわんや人間においてをや。というもったいぶった言い回しもガワである。

社会の制度や仕組というものも何重にもガワに包まれている。えっ、うそ。そんなことにならないためにガチガチの理屈で作ってあるんじゃねぇの。と思うかも知れないが、いくら精緻に拵えてあったとしても、それを解釈して運用するのが人間である以上、その都度、都合のよいガワでくるんで剥き出しにならないように運用しないとは限らない。つまり、法というのも御簾の向こうのあるかなきかの幽玄の境でゆらゆらしている、ということである。そんな馬鹿な。法治国家じゃないすか。という人もあるかも知らんが、ガワが何重にもあるので報道されない部分でそんなことはいくらもある。特に地方とかはそうじゃないのか。よう知らんけど。というか実際に事故が起きた。いま壊れた建物を実際にガワで包んでいるらしいが。

なんでそんなにガワで包むのか。もちろんそれは右にもいうように、いい感じ、にしたかったしなりたかったからで、ひとつガワが増える度に、感、が増えていく。すなわち、いい感じ感、いい感じ感感。いい感じ感感感。いい感じ感感感感、といった具合に。

そして今般、ガワが何枚か押し流され、剥き出しの中身が顕れた。

それは多くの人にとって恐怖で、大慌てでボロ布をかき集めて間に合わせのガワをかぶせたが、それはいかにも間に合わせで、とてもじゃないが、いい感じ、とは言えない。なにかを信じて生きていたいが、なにか信じること自体がずっとガワだったから急には信じられない。というか、なにかを信じるということはガワを全部外して中身と向き合うことで、それこそ、いい感じ、とはほど遠い。新しい専修念仏のようなことが始まらないと無理である。しかし顕れたものは顕れたのだから仕方がない。人間は昔からいい感じが好きだからまたガワを作っていくのだろうけれども、以前と同じような、いい感じ感、は望めず、せめて、いい感じ観、みたいなことを目指さなければならない。嫌だなあ。嫌ですね。嫌ですなあ。嫌どすな。

3・11という　めざめ

アイヌアートプロジェクト代表、木版画家
結城幸司

これほどまでにこの国のことを考えた一年はなかったなと思っています

3・11から一年僕の気持ちは確実に変化しているように感じます
去年の3・11、二つのイベントをこなすために僕は京都にいました
その日の京都はいつもと変わらない日常であり

僕にはなんの予感もよぎることはなかった
午後になって慌ただしい情報のラッシュに包まれるまでは

恐ろしいものでこの時代、一度その情報を知るといろんな手段で速度を上げて情報を求める
携帯からパソコンからテレビから、何よりも発達した情報社会のこの国は
いち早く映像を次々と伝えてきた
波に飲まれる、車、建物、街　一体何が起きてるのか瞬間的な判断がつかなかった
本当にハリウッドのＣＧ画像を見ているような感覚だった
次に何も揺れのないこの京都の地で僕らを襲ったのは家族の安否
北海道も地震情報や津波情報が入っており、誰ともなく携帯電話から家族のもとへ電話をかけた
ところが繋がらなかった　そう、遠く離れたこの地で私たちは情報遮断という現代社会における
もっとも不安なパニックに陥った
予定していたイベントを取りやめて帰りのチケットを求めようとしてもやはり情報は遮断されていて
遠い京都の地で僕らはどうしていいのかわからなかったのを覚えてる
なんとかフェリーに乗り込み帰れる見込みも付いたのだが
余震や津波の恐怖は拭えない

フェリーに乗り込むと迷彩柄の自衛官が大勢いて
事の重大さを目で感じた
思わず自衛官に「がんばってください」と声をかけていた

北海道に戻って家族の無事を確認し安堵した、今度は冷静にテレビからの情報を見て
一体どうなってゆくであろう、東北にいる友人に電話をしたがつながらない
ただひたすらに無事を祈るしかなく、仕事も手につかない
そして福島の原発事故　僕はもう一つの不安を抱えていた
偶然知人の店で前から予定されていた泊原発の勉強会に参加した
そこで初めて原発の恐怖と向き合った、北海道にも原発があり地震も少なくない
今まで多くの友人が様々な地域でこの原発問題に取り組んでいた
表面上そのことを考えてるふりはしていても、それまでの自分は本気でそのことは考えておらず
知れば知るほどこれほどの恐怖はないということを知った
テレビとは別にネットの世界では、原発事故の恐怖に溢れている
静岡にいる浜岡原発の二〇キロ圏内に住む後輩が恐怖に震えて引きこもりになった
テレビから流れていた情報は当てにならない、ネットの中の情報は多くの予測をしていた
恐怖は蔓延していた、初めて日本はこの先どうなるんだろうと考えた

同じアイヌの先輩の家族が宮城県で亡くなったと情報が入った
先輩は漁師で宮城県に会社を持っていてそこの責任者であった家族が被災した
先輩は自ら被災地に行き家族を探し見つけ遺体を回収してきた
不眠不休の行動に北海道に帰ってきた先輩を気使い、周りのみんなが心配していた
僕は自分ができることならと先輩を迎えに行き毛布に包まれたご遺体に対面した
先輩の勇気と家族への思いを知り言葉が出なかった

動かなくては、自分のできることをしなくてはという思いが強くなり
原発と自分そして日本を深く考えた
心ある友人はいち早く東北へ飛んだ
日本全国から友人が東北へ向かっていった
僕はこの北海道から出来ることを探った
アート作品を売りカンパを募って、チャリティコンサートも何本もうった
原発の恐怖と自然環境に対する影響を訴えた
もともとオーストラリアのアボリジニーもカナダの先住民もネイティブアメリカンも
自分たちの居留地から出たウラン発掘を反対する動きは知っていたので、

それと世界中の先住民族は日本を心配していることも知ったので、
海外向けにメッセージを送った　原発という魔物を封じ込めたいというメッセージ
僕は原発と向き合った、「白いふくろう」という物語も発表した
人々が現実から賛否を述べている時、子供たちに伝える手段をさぐったのだ
アイヌである、マイノリティであるという特別枠で考えていた自分は吹っ飛んでいた
人間として何ができるのかという自分がそこに居た
経済依存で利益と損失に躍起になって、それにとらわれていた社会の構造も明確に見えてきた
この大災害に原発に学ばせてもらっていたのである
わかっていながらも経済依存の歯車を止めることができない
欧米に習ったのかこの国はクレーマー社会に変貌している
もちろんこのような大災害のとき日本人は心や行動を見せる
地震や津波だけならもう少し希望が被災地を救ったかも知れない
今回は生まれ育った故郷を離れざるを得ない状況がこの災害にはある
これは人間が作った経済活動の出した答えである、有史以来の状況である
その前までの社会の中心であったメディアも原発や東電に遠慮していた
ここはまとまりのない日本の現実が見え隠れする
この一年　本音を言えば情報を司るメディアに力があって政治に力の見えない状況が続く

メディアはクレーマー社会にネタを渡すために政治家の性格ごと切り崩し
それにクレームが群がるが如く更迭が続く、地方政治もまず安定を望むのか変化はなかった
たくさんの人々が反原発を訴えて行動にでてもメディアは乗らずムーブメントになりにくい
エコポイントだ家電ブームだと地球環境をたてに購買欲を煽ってエネルギー消費を促進させていた事も

一時はなりを潜めていたが今はもとに戻っている
被災地以外の地域で流れてゆく日常は変化をしているか、これが安定なのだろうか

夏を迎える頃被災地にボランティアで出かけていった
街ごと飲み込まれて行った現実を見た、とにかく言葉が出なかった
被災地の人々は思ったより生きる力に溢れていた
中でも石巻の渡波にいたおじいさんに出会っていろいろ考えさせられた
自力で家に入り込んだ砂を取り出したり、電気の無い状況だった自宅を改修したりしている人だった
災害後食べものがない状況のときその人は男鹿の山に入り春の山菜をとってきて
地域の人に配ったりした。
「こんなことになる前は山菜なんか配っても嫌がられたとこもあったけれど、店もどうなるかわからない状況でみんなに配ったら喜ばれたよ」と高笑いをしていた

「みんな携帯や貯金通帳を取りに戻って亡くなった人も多いんだよ、命さえあれば何とでもなるのにな」としみじみ語っていた

「もともとこの地域は津波が昔からあり津波避難は子供の頃から何度もあった、しかしここで産業がおきてお金になると砂地を埋め立て松林を伐採して住宅地を作ってしまった、先人から海の怖さは聞いて育ったけれど住宅地になると他所からもたくさん人が入ってきて地域伝承もあやふやになってしまったよ、黙って見過ごしていた俺たちにも考えるところは大きいね」と話してくれた

この意味が示すところは大きいなと思っている

そういえばアイヌ語地名にもその危険を示す地名もある

文字を持たなかった先人たちは地域伝承にそれを伝えていた

この日本には古の記憶を残す地名や伝承がある、科学万能と謳っていた近代も

自然の力であっという間に破壊される

経済優先の世の中が奪っていったモノはなんであろう、

その土地に残る記憶、人と人のコミュニケーション、地域性 etc.

止めることのできない経済社会ならば、ここでひとつ考えを足して地域伝承や言い伝えに意味を求めながら次代に進める考え方が必要になってくるのではと考える

年寄りの価値観は多くの資産を残すことではないはず、知恵や叡智の伝承、それを繋ぐことこそ役割なのではないか

しかし難しいことでもある、なんにでも経済活動に取り込まれてしまうこの社会において
どういった形での変化をすれば良いのか
行き過ぎた現代、社会は自然とどう向き合って行くべきかを探る必要性がある、そう考えます
一年間考えたことはここから延長している
被災者に会うたびに勇気をもらってる自分もいる
多くのひとが家族や知人を亡くし悲しみはそう簡単に癒えることは無いであろう
しかし命ひとつから人間は希望を胸に動き出している

一歩一歩

河瀬直美 映画作家

あの日、東京の赤坂で突然揺れた大地。ビルの、密閉された一室から飛び出し、非常口から眺めた空を忘れない。

「なぜわたしはここにいるのだろう」

家族の暮らす故郷奈良に、なぜわたしはこの瞬間にいることができなかったのだろう。その揺れはただごとではないという感覚を宿し、目の前でずるずると動く大地に目を見張り、大きく左右に揺れるビルを見上げ、わたしは考えていた。

「ああ、どうしようもない」

この自然の脅威にあって人間はどうしようもない生き物であった。それに気付き、「死」が脳裏をかすめる。そして、できることなら家族とその時を迎えたいと願う。一瞬の出来事なのに、それらの想いが瞬時に立ち上がり、そしてわたしは祈る。「祈り」は、信仰の対象に捧げるばかりのものではないとそのとき悟った。誰かを想う気持ち、何かを宿す心、その延長に「祈り」はある。古来より日本人はこうして自然に対する信仰を重ねてきたのだ。昇る太陽に、満ち欠けする月に、海に山に森に空に、その信仰の対象をもった。時に、脅威として命をも奪うその存在は、それを鎮めようとする人間に謙虚な気持ちを育んだ。人間だけが偉いのではない。すべての生き物と同様に「いのち」は等しい。そうして自然に淘汰される「いのち」のバランスはとられていた。近年、人類は自分たちの文明に奢り、できないことはないのだという錯覚とともに、様々なものを産み出しながら、快適で安全な暮らしを手に入れた。しかし、周りを見渡せば、あれほどまでにこの「いのち」を、大切に、先祖から子孫へ受け繋いできた心が病み、日本では年間三万人の自死が認められるようになった。幸せの実感を得ている日本人があまりに少なく唖然とする。なりたい自分になれる時代を切り開いた先人の想いは、数百年も経たないうちに自らを破滅させてしまう社会を創り上げた。いつから新聞紙上には、目を覆いたくなる事件が後を絶たなくなったのだろう。

震災以降、わたしにできることはなんだろうと考えながら暮らしていた。節電することか、家族と共にある時間をできるだけ多くもつことか、もちろんそれらの具体的な事柄は少しずつでも実行に移した。けれど、何かわたしにしかできないことがあるはずだ。

四月、カンヌ国際映画祭から新作「朱花の月」がコンペ部門に選出されたとの連絡が入る。このとき、以前から親交のあった仙台短編映画祭の方から三分一一秒の映像を創ってほしいと依頼があったが、今ならこれを世界に広げてゆくことができるかもしれないと思った。カンヌのコンペは毎年二〇作品程度しか選出されず、その土俵にあがれること自体が世界のマスコミから注目されることでもある。ここで、3・11のプロジェクトを立ち上げ、発表することで、より多くの人の想いの中に、この震災を忘れないという気持ちが根づいてほしいと考えた。わたしたち人間は、どんなにつらいことでも、「忘れる」という機能をもった生き物であり、それはとてもポジティブな部分であるが、「忘れる」ことで再び引き起こされる悲劇もあるのだ。

カンヌでは、「朱花の月」に関わる取材であっても、東日本大震災のことをまず聞かれるという立場にたった。わたしはその役割の中で、常に自然と人間との共存の在り方を説いた。また、津波の被害同様、人類にとっての脅威でもある原発事故に関しては、今もっともその英知を結集して、持続可能なエネルギーの確保を第一に、私たちの社会があるべき姿に変容してゆかなければならない時を迎えていると述べた。地球に暮らすすべての人が、より豊かで快適な暮らしを望み、それを手に入れることが可能なのかどうか、考えればわかることである。今の暮らしの無駄を省きながら、この限られた資源の中で自分や自分以降の人類がどうすれば生き続けられるのかに想いを馳せるとき、それは自然との共存なくしてはありえないという結論にいたる。

春、カンヌから戻ったわたしは、自宅近くの畑を借りて夏野菜を植えた。きゅうり、トマト、かぼちゃ、ししとう、ピーマン、なすび。土を耕し、苗を植え、育った作物を収穫し、食す。その豊かさは、感謝の気持ちから育まれる。秋、夏の作物を刈り取り、畝を仕立てなおし、冬野菜を植えた。白菜、小松菜、キャベツ、ブロッコリー、大根、サラダ菜、チンゲン菜、かぶ。春に収穫予定のにんにく、インゲン、たまねぎ。それらは季節の移ろいとともに土に宿した。こうして、季節が移り変わり、日々の暮らしは過ぎてゆく。何も変わらないと思っていることが、これらの野菜のようにあっと言う間に成長したり、しっかりと大地に根を張って、霜に耐えていたりして、必ず昨日と違う何かが生まれ育まれている。そんなささやかな、けれどとてつもなく大切な物事のひとつひとつに心を向けてゆきたい。そうして紡ぐ人生を一歩一歩あゆもうと想う。

Photo by Ichige Minoru

原発がある限り自然災害が自然災害だけでは終わらない

信濃毎日新聞主筆
中馬清福

現場も見た。被災者とも会った。話を聞き本も読んだ。拙い文章を書き語りかけもした。しかし、頭の中は今も虚ろのままだ。掬った砂が手の平からさらさらと落ちていくように、語れば語るほど、書けば書くほど、現実感覚が失われていく。お前が何を知っているというのだ。「津波というからには波が来ると思っていたのに、海が来た」というおばちゃんの言葉をただ黙って噛みしめよ。防潮堤をはるかに超えてやってきたその「海」に、一瞬のうちにさらわれていった老若男女の姿を黙想せよ……。

だが、それでも書かねばならぬ。頑張ろうでもなく全力を尽くしますでもない、乾きに乾いた言葉を綴り続けなければならぬ。この震災は過去のそれとは質的に違う。時間と空間の二つの尺度で考えて、まさしく未曾有の事態であり復興は簡単ではない。にもかかわらず、日本政府はある時点から復興宣言を急ぐだろう（震災から一年、といった時間的な区切り、それに伴うもろもろの官製の催事もこれに一役買うだろう）。残念ながら世論もまた、それに同調する日が間もなくやってくるだろう。私たちは既にその実例を見ている。東京電力福島第一原子力発電所の事故現場では確実にまだ何かが起きていた段階で、あろうことか日本政府は収束宣言を発したのだ。にもかかわらず、それに異を唱える人びとの声はそれほど強いものではなかった。

どんな災害も必ず復興する――誰もがそう信じて生きてきた。そう信じて希望を持たないと人間は生きていけないのだ。しかし、今回もそうか。津波による被害から原発事故による被害に至るまで、真の復興と収束は〝時間とともに〟やってくるか。

思い出すのは「火」をめぐるギリシャ神話である。原子炉でつくられる火を第二の火と呼ぶならば、第一の火はプロメテウスによって人類にもたらされた。天つ神から盗んだのである。神ゼウスは激怒して彼をとらえ、コーカサスの山頂に鎖で縛り付けた。日々、ワシに内臓を喰われて三千年（三百年説もあるそうだ）、やっとヘラクレスによって解放された。三千年！　意味深長な時間の長さである。こじつけるわけではないが、これは、人類が火を使いこなせるまで三千年かかった、と解釈できないか。まして第二の火を生む原発は、もともとが自然界の摂理に反するシステムである。比喩的にいうなら、天つ神がいったんは隠してしまった「材料」を無理に引っ張り出して組み立てたシステムではないか。神の怒りとは言うまい。ただ、今回の原発事故の収束には、プロメテウスの解放までにかかった時間の何倍、何十倍が必要だという予感が私にはある。

日本列島は地震列島であり、震災による悲劇は日本民族の宿命というべきものだった。にもかかわらず、東北の太平洋沿岸に住む人たちは「あれだけの被害を受けても、たくましく前向き」に生きてきた。その死生観は同じ東北人ながら内陸育ちが一驚するほど逞しい。それは何代にもわたる絶望の体験に裏打ちされたものだ。今回も、東北の太平洋沿岸民は自力で立ち直る、と私は確信する。問題は、今回の震災が津波・地震を変数とする一次方程式では解けず、原発事故という全く新しい変数を加えた二次方程式でないと本当の解決には至らないことである（原発は福島の問題だろう？　そう思わせたのは政府と一部のメディアだ。福島＝原発＝除染、石巻＝津波＝漁業といった具合に双方を切り離し、呼称も「原発事故」を抜いて東北大震災とした。これでは過去の大震災との違いが見えない。長くても東北地震津波原発災害とすべきだった）。

福島第一原発の事故は大量の放射性物質を大地にまき散らして土壌を汚染した。あるいは危険を承知の上で海中に放出して水中に浮遊させ、海底に蓄積させた。その範囲は一福島県を遙かに超え日本どころか世界に及んでいる。その結果、福島県の山の幸里の幸海の幸にとどまらず、とくに隣接する東北、北関東各県の産品も汚染されるか、汚染の疑いの目で見られている。かりに東北の漁港の設備が完全復旧したとしても、運ばれてくる魚介類が汚染されている限り、汚染の疑いがいわれる限り、それはどんな設備も機能しない。これは復興ではないのだ。ここが過去の大震災と根本的に違うところであって、どんなに強靱で逞しい東北人でも人間業では解決できない超難問である。

この事実は何を教えているか。原発を許容する社会にあっては、火山の噴火から台風に伴う洪水に至るまで、自然災害が自然災害だけで終わることは極めて難しい、ということである。自然災害は原発事故を誘発し、それによる災害の規模は、空間的にまた時間的に、幾何級数的に増大する。自然災害国日本が原発と訣別しなければならない理由の一つがここにもある（注：文中、カッコ内の話し言葉は『環』48号から引用しました）。

災害――被害者、加害者、支援者、傍観者

元フランス大使・韓国大使／国際交流基金顧問
小倉和夫

東日本大震災以来、過去約一年の間、私の心を揺り動かしたことは、沢山ある。「想定外」とはなにか、私人や私企業の社会的政治的責任とは何か、など考えさせられたことは数多い。それらの事柄のなかで、いまもって最も心に残っていることの一つは、被害者は誰か、加害者は誰かという問題である。この問題は、一見考えるほど簡単ではない。

津波に襲われて荒野のようになってしまった町で、かっては見えなかった建物の土台が、むきだしに見えてきたように、これまであまり強く意識されなかったいろいろな事柄が、災害の結果はっきり見えてきたからだ。例えば、自然と人間との関係だ。自然災害が起こると、私たちは、自然の猛威の前に人間が被害を受けたと思う。しかし、人類の歴史、とりわけ近代文明の発達のもとで、人間が自

然を「利用」し、人工的に作り変えたことが、被害を深刻なものにしていたとしたら、人間は、ある意味では、自然に対する加害者でもある。自然の猛威を猛威たらしめたものは、実は人間なのかもしれない。

人間社会の被害者のなかでも、原子力発電所は、自然災害の被害者であったが、同時に他の人間への加害者となった。被害を受けなかった人々のなかでも、いたずらに風評に流されて被災地の産物に白い目を向けた人々は、知らずうちに加害者になっていた。

そうしたことよりも深刻な事柄は、被害者は、ことの性質上、他の人々から、隔離され、疎外されることになりやすいことだ。被害者を特定し、被害額を算定するという行為、そして支援すること自体、被害者を他から区別する過程にほかならない。

このように、被害者はややもすると社会からいつのまにか「疎外」される危険があるだけに、被害を受けたコミュニティは、せめて自分たちの間ではさらなる亀裂を生むことをできるだけ回避しようとする。たとえば、この度の大災害で、目だった奪略はなかったが、パソコンや電気製品の盗難など、「小さな」こそ泥的行為は、なかったわけではない。しかし、人々はそういうことを語りたがらない。何故ならば、それを語り出せば、コミュニティのなかで、犯人捜しが盛んになり、亀裂が深まるからである。

破壊された社会的絆の再建もそう易しいことではない。物理的な移転や建設の問題に加えて、いままで隠れていた人間関係の葛藤が、再建の過程で表面化し、再建への道筋に合意することが難しいこともあるからだ。

　これらすべてを考えると、結局一つの結論に達する。我々ひとりひとりは災害の被害者であり、また、なんらかの意味で加害者でもあり、同時に傍観者でもあり、支援者にもなるといえる。この矛盾を乗り越えることこそが、真の復興ではあるまいか。

銀河鉄道は消えたのか

早稲田大学名誉教授、早稲田環境塾塾長
原　剛

　毎日新聞東京本社の社会部記者として東京大学地震研究所を取材し、原子力円卓会議での議論に加わり、中央環境審議会の委員として地球温暖化対策としての原発推進過程を知る筆者には、3・11大震災と連動した原発爆発は、いずれ日本社会が直面するであろう破断界状況への予測の範囲内の事件であった。原子力発電をめぐる数々のスキャンダルと政策誘導の舞台裏を知るにつけ、経済成長の強迫観念にとりつかれた日本の社会が、次第に追い詰められ、思考の枠組み（パラダイム）を変革しない限り、自壊の道をたどることは自明の理であろうと筆者は考えるに到った。

早稲田大学へ転じて一〇年目の二〇〇八年に「文化としての環境日本学の創成」を目指し、早稲田環境塾を開いたのも「破局」を予測したからに他ならない。希望のある明日への原型を見出している地域で実践者に学び、新生社会への歩みを刻む礎を塾生たちと模索し、実践するのが目的である。

しかしこの半世紀の間大事件、事故の取材、報道を続けてきた社会部記者としての筆者は、3・11事件により依って立つ足元をなぎ倒された。かたちあるものがすべて遥か水平線の彼方に押し流され、徹底的に、完膚なきまでに破壊し尽くされ、ガレキ化した三陸の現場に立ち入った時、筆者は己の存在証明すら崩れさるかのような感覚に襲われた。虚無の深淵が実在することを認識させられた。

筆者は多くの大事故を取材したが、どの現場もカメラのファインダーの範囲にとらえることが出来た。しかし3・11の光景は異質だった。形あるものが消えた時、人は何によって己の存在証明が可能か、圧倒的な自然現象によって問い詰められたのである。

第五期早稲田環境塾（二〇一一年六月〜一〇月）は「大震災、原発爆発と環境日本学」を課題に山形、群馬、北海道での合宿を含め進めた。

その第一講義「大震災と原発爆発のさ中で、日本に何が起こったのか」の第二講は、「銀河鉄道は消えたのか？　岩手県田野畑村、早稲田大学思惟の森から」とした。

小論「3・11と私――東日本大震災で考えたこと」への筆者の答えがこの第二講にこめられている。

太平洋の大波が砕け散る陸中海岸国立公園の中心に、岩手県田野畑村がある。前面から太平洋、背後から北上山地が迫る海山とも険阻この上ない僻遠の地に早稲田大学「思惟の森」が深々と連なる。3・11津波は海岸の集落を襲い、四一人が犠牲になった。

田野畑村と「思惟の森」の会との結びつきは一九六〇年にさかのぼる。当時陸中海岸一帯はフェーン現象に伴う大火に見舞われ、山林が焼失した。窮状を眼のあたりにして、当時商学部で地理学を教えていた故小田秦市先生が、村出身の早大生らを伴い、田野畑村の森林の復興に立ちあがったのが会の始まりである。

教育立村を志す早野仙平村長と小田先生は意気投合し、延べ約二〇〇〇人の学生が加わり、急斜面二五ヘクタールでの約八万本の植林、育林活動、小中学生への勉強の指導など村人との交流が始まった。一九九〇年の中ごろには森は見事に蘇った。五〇年を経た今も、当初の目的である育林活動に援農、漁の手伝いを加え、大学の「青鹿寮」を拠点に年三回約一〇〇名の学生が合宿し、汗を流している。大震災の直後、大学が用意したバスが学生と教授、救援物資を幾度となく田野畑村へ運んだ。

早稲田環境塾は、救援に赴いた思惟の森の学生たちを講師に招いた。なぜ田野畑に向かったのか、田野畑で、これから何をしようとしているのかを問うた。

学生たちの答えは、先人の道をたどり続ける、というものであった。思惟の森づくりと農漁業の援助に加わった二〇〇〇人を超す先輩たちの行動を継ぐということである。過去、村に定住した学生からは山地酪農家や隣接の岩泉町の伊達勝身町長などが輩出している。

銀河鉄道こと三陸鉄道リアス線の中心「田野畑駅」には、駅名に「カムパネルラ」と併記されている。駅舎とホームは無傷だったが、海沿いの線路は道床もろとも崩壊した。カムパネルラとは宮沢賢治の「銀河鉄道の夜」の主人公の名である。

作家畑山博は記している。


宮沢賢治の名作「銀河鉄道の夜」は、死からの再生を願う物語だと、私は考えている。

物語はある夜、ジョバンニという少年が親友カムパネルラと共に銀河鉄道に乗って、遠い天空の果てまで行ったときのことを描いている。が、この時すでにカムパネルラは死んでいるのだ。それだからこの物語は、葬送のメルヘンということになる。人は誰でも、失ってはならない大事な相棒を持っている。その相手が、突然死んでしまった。さあどうすればいい。嘆きながら、人々はしかしけっきょく諦めることしかできない。

「死は、この世とは断絶した、見えない、聞こえない、ぜんぜん違う別世界なのだから――」と。

でも、それでは淋しすぎる、自分は、死の深い深い奥地まで、いとしい相棒についてゆかずにいられないと歌ったのが、「銀河鉄道の夜」なのだ。


（「水中列車としての銀河鉄道」）

被災地では軒下の段ボールの端に、ガレキの壁に、消えた町を見下ろす寺社の境内の到るところに、宮沢賢治の「雨ニモマケズ」の詩がなぐり書きされていた。

それに拠って暮らしてきた形あるものが消し飛ばされたとき、人は生きるよすがとして無形の存在を思うものなのか、あるいは否か。3・11が私たちに発した不可避の問いのように筆者には思える。

科学技術の未熟・未発達と理科知識の欠如

明治大学公共政策大学院教授／都市政策
青山 佾

その日、私は大手町で会議に出席していた。地震発生で会議は終了となり、一五分ほど歩いて御茶ノ水にある明治大学の研究室に戻った。国家公務員住宅として三〇年余使用されたあと明大が入手して耐震補強工事を施し一〇年ほど使っている明大一四号館は、エレベーターが動いていないこと以外は問題がなかった。東京の都心は震度5強の揺れだったが研究室の本棚は作り付けなので倒れていないし、本はぎっしり詰まっているので散乱していない。

すぐにラジオをかけ、インターネットのニュースを開く一方、電話に飛びついた。今晩の船で八〇人ほどの団体で新島に行くプロジェクトを中止にしなければならない。電話は通じたり通じなかったりしたが、中止は自明ということで関係者は了解した。そのあと何人かの地震学者に連絡した。いろいろ言ってはいるが「正直に言って何が起きたかわからない」ということのようだ。

ニュースで地震の規模を示すマグニチュードが8くらいのことを言っている。一九二三年の関東大震災がマグニチュード7・9だからそれを上回っている。そのうちにインターネットの画面に津波の映像が写りだした。夜になって津波による火災の映像も放映されるようになった。その後、マグニチュードは9・0ということになった。関東大震災の約四〇倍だ。地震の規模が当初の判定より桁違いに大きかったのだから、津波の警報も間に合わなかった地域があったかもしれない。

日本という国が今までに、発生しうる地震として想定し種々の対策を講じることを決めているのは東海・南海・東南海の三つの地震である。このうち東海地震を想定した大規模地震対策特別措置法ができたのは一九七八年である。それから三〇年以上を経て、阪神淡路大震災、福岡県沖地震、中越地震、そして今回の東日本大震災と、法律で決めていない地震ばかり発生している。

私たちのもっている科学技術はこれほどに未熟・未発達なのだ。私は改めてこのことを痛感した。想定外の地震だったと言うと、「なぜ予測できなかったのか」と怒る人もいるが、私はむしろ、人類の文明の未熟さを謙虚に反省すべきだと思う。

私は当事者として、このことを思い知ったことがある。二〇〇〇年六月、東京都三宅島のマグマが動き出した。東側の地中で動いていて地震が頻発しているので、その地域の島民約二〇〇〇人が島の北部に避難した。東側で割れ目噴火を起こす可能性があるからだ。そのマグマが雄山の下を通って島の西側に移動し海底爆発が観測された。いったんエネルギーを放出したわけだから当分大丈夫だろうというわけで、税金によって運営される学者専門家の会議が「今回はマグマの動きが手にとるようにわかった」と安全宣言を出した。

東京都の防災担当の副知事として現地にいた私は、その安全宣言に疑問を呈した。現地ではまだ震度5くらいの地震が頻発していたのである。マグマはまだ動いている。現地で観測に従事していた、いわゆる長老ではない学者も「安全宣言」と聞いた途端、絶句していた。

このとき、三宅島には派手な噴火の映像を撮るためもあって数百人のプレスの人たちが来ていた。学校で理科を習った人もいれば授業を聞いていなかっただろう人も多い。記者会見で「東京都は噴火を止められないのか」と私に詰め寄る記者もいた。

安全宣言に従うことをためらう私たちに対してプレスの一部は現地の記者会見で「都知事が来島するまで待って避難勧告の解除を遅らせたのか」などと放言し、その邪推をニュースとして報道されたりもした。

その後、三宅島のマグマは学者専門家の会議による安全宣言下で新潟県にまで灰が降り八王子で二酸化硫黄の環境基準を上回るほどの大規模な噴火を繰り返し、約二カ月後に全島避難に至る。島民が島に帰ったのは四年半後、二〇〇五年のことである。

ことほど左様に、私たちは足元の地中のことがわかっていない。宇宙のことより地中のことのほうがよほどわかっていない。このとき私は、国に対して地中を観測する予算と人材の充実を要望したが目立った対応はなかった。政府や政治家に問題があるというより、日本の世論がそういうことを求めていない。

政治学や法学、経済学などの社会科学を修めた人たちばかりが日本を動かす主流にいる。気象や地形、あるいは土木や建築、化学や機械を知っているほうが人が生きていくにはよほど役立つのに、これらの分野が軽視されている。

電気を起こしても電線で結ばないとその電気を使うことはできない。これは学校で理科の実験で習う。電線を敷くにはお金がかかる。実際、発電より送配電にお金がかかっているのに託送料金を安くすれば発電が盛んになり電気代が下がると主張する。どこに発電所をつくり送配電網のお金を誰が払うのかは無視して議論する。経済の議論をするにも理科知識がないと空虚な意見となる。

人類はもっと理科を重視すべきだ。法律学で学士となり政治学で博士となった私だがあえて言いたい。3・11で人類は科学技術の未熟・未発達を思い知るべきだ。人類は自然の脅威に対してもっと謙虚になったほうがいい。

大震災が突きつけたもの

読売新聞特別編集委員
橋本五郎

東日本大震災から半月後、車で二日間被災地を回り、その翌々日、ジェット機で上空からこの世の光景とは思えぬ惨状を見ました。そのあと政府の東日本大震災復興構想会議の一員となり、繰り返し強調してきたことがあります。その第一は、骨太の提言だけでなく、被災地の実情を踏まえて政府に対し何度でも注文することです。復興構想会議はそれなりに政府に影響力がありました。それを利用しない手はなかったのです。まったく残念なことに、昨年六月二十五日に「復興への提言」を出しただけで終わってしまいました。今年二月に「復興庁」が発足するまで任期があったにもかかわらず、提言後一度開かれただけでした。私自身、再開すべきと呼びかけましたが、内閣が替わり、邪魔者扱いされてしまいました。返す返すも残念です。

第二は、大震災が私たちに突きつけている問題を正面から受け止めなければいけないということでした。『震災より得たる教訓』（大正十三年、國民教育会）という本があります。死者・行方不明者十万五千人に及んだ大正十二年九月一日の関東大震災について各界の著名人が論じています。その中で何度も出てくるのが「天譴《てんけん》」という言葉です。「震災前に於ける我々の思想行為が天意に背いた結果、天は一大警告を下した」というものです。想像を絶する惨状を前に「天の譴責・警告」としか思いようがなかったのでしょう。しかし、東日本大震災でそう考えることは許されないことです。

この先進的な文明国にあって、大震災から一年以上たっても、なお三千百人以上の行方不明者がいるというのはどういうことか。人間の尊厳とは何なのか。十メートルの堤防を築いたが易々と乗り越えられてしまった。それでは十五メートル、二十メートルの堤防を築くのか。それはあきらめよう。第一次防潮堤はつくる。鉄道や道路を第二次防潮堤にする。しかし、「防災」はできない。「減災」しかできない。逃げよう。大自然の脅威の前に謙虚になろう。そういう基本的な考えで提言がつくられています。

原発という人類の英知を集めたはずの文明の利器が、今やリヴァイアサンのように制御不能となり、福島の人々を「流浪の民」に追いやっている。この現実をどう考えるか。便利さや効率を追求してきた結果、失われたもの、忘却されたものは何なのか。大震災は私たちに根源的な問いを突きつけているように思います。

新聞の使命として、被災者の苦しみを徹底したミクロの視点（「虫の目」）から報ずると同時に、私たちが置かれている時代状況をマクロな視点（「鳥の目」）から論じなければならないと思いました。原発についても、国策としてのエネルギー政策をどう考えるかと同時に、文明や技術のあり方の問題としても考えなければならないと思いました。その意味で、「脱原発」「原発推進」の立場を超えての議論が必要になります。齊藤誠『原発危機の経済学』（日本評論社）は考えさせられる書です。原発に反対する試み（反原発）も、原発を脱する試み（脱原発）も、「すでに原発を始めてしまった」というところでは責任をまっとうしていないという基本的な立場に立ちながら、これほど多角的に論じた書もないようにさえ思います。

私が強調してきた三点目は、今度の場合、都市が被災地であった阪神・淡路大震災とは決定的に違うということです。阪神・淡路の場合、それ自身に回復力があるのです。しかし、東日本の被災地は、それでなくとも過疎化、高齢化、少子化などが集中して押し寄せ、衰退の一途をたどっているところです。そこが襲われたのです。立ち上がりようのない打撃なのです。それはまた、全国のどの地方も抱えている深刻な問題です。復興構想会議の提言に、被災地の復興なくして日本の復興はあり得ない、日本の復興なくして被災地の復興はありえないとあるのも、そういう意味だと思っています。

中学校や高校に講演に行きますと、よく質問を受けます。「私たちは何をしたらいいのでしょうか。ボランティアに行くにも学校があるし、小遣いから義援金を出したので、もうお金はないし……」。子どもたちも悩んでいるのです。私はこう答えます。「その気持ちはとても大切です。でも、君たちがやるべきことは、被災地の人たちのことも考えながら毎日一生懸命勉強すること。そして、災害があったときどうすればいいのかをよくみんなで話しておくことです」

そう言うと、子どもたちはホッとしたような顔をします。そうなんです。みんな何かの役に立ちたいと痛切に思っているのです。大震災から一年を迎えたことを節目に、これからはその尊い気持ちを自分たちの足元の復興に注ぐべきだというのが私の考えです。

「命の道」をつくる

静岡県知事／比較文明史
川勝平太

3・11の東日本大震災は地震・津波・原発事故の複合災害であるが、この大災害を私は三七〇万余の静岡県民の安全に責任をもつ静岡県知事として体験した。

静岡県には、リアス式海岸の伊豆半島があり、津波を増幅させたリアス式の三陸海岸と同じことが起こりうる。また、富士川・安倍川・大井川・天竜川などの大河川が駿河湾・遠州灘に注いでおり、これらの河川を津波は、北上川の場合と同様に、遡上する。そして、海岸沿いに浜岡原発があり、そこが事故をおこせば、東海道は分断され、日本に及ぼす影響は福島第一原発よりもはるかに大きい。

東日本大震災は他人事ではない。明日の我が事である。3・11以来、東日本の救援に力を尽くすだけでなく、静岡県の防災力を高めるために、奮闘努力の毎日である。その一端は昨年夏に『「東北」共同体からの再生』(藤原書店、二〇一一年七月)で報告した。

すでに一九七八（昭和五三）年、東海地震説は政府公認となり、それを根拠に菅首相（当時）は「向こう三〇年間に八七％の確率をもって東海地震が起こりうるので、浜岡原発の全面停止を要請」した。想定東海地震はＭ８級の大地震であり、津波が沿岸に押し寄せる時間は五分程度とされる。私の為すべきことは、東日本大震災から教訓をくみ取り、想定内の東海地震・津波・原発事故に万全の備えをすることである。

まずは、津波である。その破壊力はすさまじく、家屋はもとより、防波・防潮堤の大半が無力同然なことは、三陸海岸の現場を見れば、一目瞭然である。津波に対しては高所へ避難する以外にない。つまり、内陸側の高台への移転が最善の方法である。

私は知事就任直後から、内陸の高台を走る新東名高速道路の開通の前倒しを働きかけていたが、その動きを加速し、開通予定を来年から今年に、今年といっても「後半ではなく、その前半」への前倒しに向けて、中日本高速道路（株）に汗をかいていただき、そして昨年ついに中日本は「初夏の開通」を公式に発表した。先送りが常態となっている日本社会に対し、「前倒し」のできる会社として中日本は胸を張った。

私はそれに満足せず、さらに追い打ちをかけ、より一層の前倒しを精力的に働きかけ、初夏ではなく、今年になって「四月一四日開通」へと一段の前倒しの変更発表にこぎつけた。静岡県の西から東まで一六二キロメートルの一挙開通である。これほどの長さの高速道路の一挙開通は日本に例がない。新東名は現在の東名高速よりも平均一五キロほど内陸側に入ったところを走る（もとより新東名高速は中京圏と首都圏とを結ぶための道路であるが、首都圏では土台すらできておらず、中京圏では半分程度しかできていない)。

なぜ、新東名が重要なのか。「命の道」だからである。大震災直後に東北地方整備局が「櫛の歯作戦」で東北自動車道を背軸に、そこから櫛の歯のように三陸海岸に通じる道の瓦礫処理をしたことは、今回の初動対応での特筆すべき功績であるが、その櫛の背軸にあたるのが新東名だからである。

それだけではない。政府は東北地方の被害者に高台への集団移転を求めているが、人々が動かない。その理由は、内陸の高台は山林と田畑があるばかりで、住居を移しても、道もなく、職場・ショッピング・学校・病院等が近くにない。要するに社会インフラがなく、移りたくてもできないのだ。政府は特区構想を三〇余りも定めて内陸高台への集団移転・企業進出に便宜を図ろうとするが、そもそもインフラがないので、前に進まず、沿岸地域に勝手に戻る動きも出ている。

内陸高台を走る新東名は、現東名とのジャンクションが三カ所、それにSAとPAが一三あり、いずれにもヘリポートがあって、そこに通じる道は四通八達している。すなわち「防災の砦」である。政府は東海・東南海・南海の三連動を想定内にした。想定内ならば、防災の砦の新東名を、高台移転の拠点インフラとし、危機管理の「新しい国土軸」として、東日本復興のための「内陸フロンティア」の開発モデルとする以外にない。私はその方向に動いている。

もうひとつは原発事故である。浜岡原発は運転を休止している。地元からは「永久停止・廃炉」を求める声が高まっている。

しかし、停止で安全は保障されない。浜岡原発には使用済み核燃料が一万体近くある。東海地震等で冷却機能が失われたままになれば、三日ほどで冷却用の水は摂氏一〇〇度に達して沸騰し、水位は下がって燃料棒が露出し、その崩壊熱で二五日ほどで九〇〇度になる。そうなると燃料棒の被覆体のジルコニウムは周りの水蒸気と反応して酸化を始め、水素が分離してきわめて危険な状態になる。

永久停止・廃炉要請で事足れりとするのではなく、安全のために為すべきことは、使用済み核燃料の処理である。そのためには、プルトニウムを生むウランを核燃料物質とする方針を根本的に改め、プルトニウムの処理能力のある、もうひとつの核燃料物質トリウムを用いて「トリウム溶融塩炉」発電に切り替える大転換をしないと、安全は決して確保できない。政府要人は現行原子炉の再開可否で腰が定まらないでいる。私は独自に日本の最高の学者を入れた原子力防災会議を組織し、現行システムに見切りをつけ、トリウム溶融塩炉の可能性を探る方向に舵を切りつつある。

知事職を別にして個人として私は、鴨長明に似た無常感を胸に蔵して森羅万象を眺め、命の道を歩んでいる――

いつ果てぬ　道にありても　果つるまで　命の道を　歩まざらめや

メロウドと復興

仙台大学教授／「東日本大震災こども未来基金」理事長
高成田享

三陸の春告魚はメロウドだ。イカナゴをこのあたりではこう呼び、すくい網漁で獲る。漁船の舳先から海にすべらせた二本の棒につけた網で、海面近くに浮いて来たイカナゴの魚群をすくい取る。ウミウなどに追われた魚の群れが密集して浮上する性質を利用した追い込み漁のひとつだ。

東日本大震災は、この漁が始まった時期に起きた。先日、宮城県女川町の漁師に会ったら、あの日、女川の魚市場にメロウドを水揚げしたところで、大地震に遭ったと語り始めた。津波の襲来を予想して、船で自宅のある浜に戻り、家の前まで来ると、自宅の前にエンジンのかかった車があった。両親と妻が逃げる準備をしているのだと思い、浜にとって返し、漁具を運ぶフォークリフトを高台に移動させた。このとき津波に遭遇した。

かろうじて津波から逃れたものの、妻と両親は逃げそびれた。いま、保育所や小学校にいて助かった三人の子どもと仮設住宅で暮らしている。流されたカキの養殖いかだを買い換え、無事だった船で漁を再開しようと思うが、三歳になる子どもを置いて養殖や漁には出られないと言う。残された子どもたちを何としても守りたいという強い思いがあるのだろう。浜の近くにあった自宅は再建せず、同じ状態の人々とともに、高台に移転することにしている。山を切り崩し、土地を造成するには四、五年はかかるという。

女川の魚市場で漁船の水揚げを手伝う廻船問屋の友人に、この漁師の話をしたら、実は、地震のときにこの漁師を手伝っていたのだという。市場の建屋が壊れ、地割れや陥没が始まったので、船に乗せてもらった。揺れがおさまったときに、そのまま沖に出るか、陸に上がるかと尋ねられ、家が心配になったので、港に下りた。「自分のために割いてくれた一分か二分があれば、あの家族は助かったのではないか。いまも気になって仕方がない。」

彼の家は津波で流されたものの、家族は無事で、いま隣町の仮設住宅で暮らしている。自宅兼事務所は津波の直撃を受けた場所にあっただけに、その再建のメドはまだつかないという。魚市場の再開とともに、問屋の仕事に復帰した。しかし、魚町の活気はしばらく戻らないだろうと予測する。津波で流された水産加工場が多いため、漁船が魚を獲ってきても、この港でさばき切れる能力がないのだ。

三陸の水産加工は、零細な企業が多く、自社ブランドで販売できる企業は限られている。多くは大手の加工会社の下請けとして、魚の骨をはずして切り分けるといった下処理だけをしている。もともと厳しい経営状況だっただけに、震災前の状態に戻るだけでは、将来の展望が拓けるわけではない。

さらに、三陸の漁業者に不安を投げかけているのが放射能の汚染問題だ。東京電力福島第一原子力発電所の事故によって大気中に拡散した放射能は、直接海に降り注いだだけでなく、大地から川を通じて海を汚している。プランクトンから小魚に、小魚から大きな魚への食物連鎖が進むのはこれからだ。一キログラム当たり一〇〇ベクレル以下といった放射性物質の安全基準を政府は決めたが、消費者の不安が消えたわけではない。大手スーパーなどでは、「検出せず」しか取り扱わないところもある。

そんな動きを背景に、宮城県の漁業者は今年のメロウド漁の自粛を決めた。仙台湾でメロウドを追う漁師たちは、福島県沖まで南下する。メロウドは「夏眠」といって、夏の間は、海底の砂の中で眠っている。沈降したセシウムに汚染されるおそれは、ほかの魚よりも大きいと考えたのだろう。

漁業の復興ひとつ考えても、震災で家族をなくしたり、漁具や漁船を失ったりした漁師ばかりだ。こうした人々が経営を建て直すにはどうすればいいのか、鮮魚とともに需要を支えてきた水産加工を復活させるとともに脆弱な体質をどう強化するか、さらに、放射能問題にどう対応するか、問題は山積する。

震災復興には巨額の公的資金が投入される。民間からの資金も入ってくる。しかし、現場の状況や事情がわからなければ、せっかくの復興支援策は上滑りになる。港や道路、住宅や工場などのモノは復興するが、それをうまく利用できなければ、本当の地域の再生にはつながらないだろう。現場の実情に即した具体的な復興策をつくるには、現場の声を伝えたり、くみあげたりする努力が必要だと思う。

震災の直前までの三年間、女川町の隣の石巻市で、新聞記者として暮らした。その経験から、震災後は復興の動きに、ときには自分から飛び込み、いろいろとかかわってきた。震災から一年たって、何が欠けているかの空白域も見えてきたような気がする。下手でもいいから、現場と復興策を結ぶ「通訳」になろうと思う。

メロウドに早く本当の春の訪れを告げさせたい。

震災復興とそのミッション

慶應義塾大学法学部教授／前総務大臣
片山善博

昨年三月一一日東日本大震災の発生以来、復旧と復興のために政府や自治体は数々の施策を講じてきた。しかし、復興のスピードは遅いし、施策にズレがあるとの不満が各地から寄せられている。いったいその原因はどこにあるのか。

およそ政策には必ずミッションがある。ミッションとは使命ないし真の役割のことだ。ミッションに従って仕事がなされると物事はおおよそうまく進むというのが筆者の経験則である。ミッションを間違えるとズレや的外れな結果を生じさせたりもする。ミッションを的確に把握するには、それが「誰のために」、「何の目的で」であるのかを考えてみるのが便宜である。

これを今次の震災復興に当てはめてみる。誰のためかといえば当然被災者の皆さんのためである。かけがえのない肉親を奪われ、家と仕事を失い、あるいは原発災害に起因してふるさとに帰ることができず、不安と絶望の中で今を過ごしている人たちのためである。被災者の皆さんが一日も早く平穏な日常生活を取り戻し、不安を安心に換え、絶望から少しでも希望を見出せるようにするのが復興の目的であるはずだ。

では、今日までの復興のプロセスはミッションに適合しているか。例えば、被災地域の復興に向けた指針策定のために設置された東日本大震災復興構想会議はどうだったか。終始ミッションに忠実に運営されていたかどうかである。

この会議への諮問は、東日本大震災による被災地域の復興に向けた指針策定のための復興構想について検討されたしという内容で、これ自体にミッションとの不整合はない。しかし、内閣官房のホームページに掲載された同会議の資料を点検すると、会議が開かれる前からミッションへの違背が仕組まれていたありさまを読み取ることができる。第一回会合の場に議長が提出したとされる資料には、手回しよく「全国民的な負担が不可欠」であるとされ、「震災復興税」も記述してある。その時の議事要旨では、被災者のことなどそっちのけで国の財政状況を説き、「社会保障と税の一体改革」の必要性を論じたうえで、国民負担の増加について構想会議が示すべきとの論陣が堂々と張られている。

こうした会議の基調の背景には財務省の影響力があったことが窺われる。財源確保と復興増税の必要性に関する執拗な「レクチャー」に辟易したと、筆者に打ち明ける会議のメンバーも少なくなかったからだ。
財務官僚たちが復興構想会議のミッションをねじ曲げるようなことをすべきでない。筆者は閣議などの際にたびたび指摘したのだが、野田財務大臣（当時）は聞く耳を持たず、官僚たちの「出過ぎた真似」を為すに任せていた。会議のメンバーたちの認識はどうあれ、財務省は復興構想会議を増税に向けた「地ならし」の場と心得ていた。明らかにミッションとは不適合である。この不適合は、復興のための本格的な補正予算の編成が大きくずれ込んだこととも密接に関係している。

本来、復興のための予算は震災発生後の早い時期に編成しておくべきだった。このたびの復興は、被災地の各市町村が中心となってその青写真を描くことからしか始まらない。それは、被災直後に入江、入江に分かれた被災地の状況を見ればたちどころに了解できることだった。もちろん、復興に必要な財源のほとんどは国が工面し、人的、技術的不足には国や県が全面的に支援する。それを前提にして、市町村が住民の皆さんの意向を踏まえ、復興計画を作成するのが最もふさわしい。

この財源について国がどれほど提供できるのかをあらかじめ示しておくのが復興予算であり、それはできるだけ早く決めておく必要がある。自治体はそれを見て「腹づもり」ができ、例えば被災者に対し自信を持って「高台移転」を勧め、被災した町の「ゾーニング」の手続きにもとりかかれるからだ。

「腹づもり」ができなければ、大事なことには手がつけられないままでいるしかない。果たして、政府が本格的な復興予算を編成したのは、復興増税の方針が決まった一一月で、被災から既に八カ月も経過していた。自治体の復興作業もそれまで「おあずけ」を食らわされていたことになる。

なにゆえに本格補正予算はかくも遅れたのか。筆者は総務大臣として閣議などの場でしばしば補正予算を早期に編成するよう促した。しかし、野田財務大臣は「財源がないのに復興予算を組むのは無責任だ」との主張を繰り返すばかり。そこで菅総理にもその旨訴えたが、苦渋に満ちた表情をするだけで、事態は変わらなかった。

結局、残念ながら政府の方針は「増税なくして、復興なし」であった。被災者の皆さんの不安を安心に、絶望を希望に換えるには、一日も早く予算を組まなければならないはずなのに、ミッションを弁えていなかったのである。今日被災地の復興が思うように進んでいない実情を聞くにつけ、閣僚として力が及ばなかったことに内心忸怩たる思いを禁じ得ないでいる。

東日本大震災と市民社会

元総務大臣・前岩手県知事
増田寛也

崩れかけた一〇メートルほどの高さの堤防の上に立つとそこからは広々とした穏やかな海が望めた。

岩手県宮古市田老地区の通称「万里の長城」と呼ばれる巨大堤防。明治以降だけでも明治二九年、昭和八年、三五年と三度の巨大津波に見舞われた田老地区ではX字型の二重の巨大堤防を築くことで町を守ってきた。いや、守ってきた筈であった。昨年の三月一一日までは……。

あれから一年が経つ。町はがれきの片付けが終わり震災直後の狂乱状態が嘘のように静まり返っている。見渡すかぎりの空地にポッンポッンと残る廃墟が痛々しい。「何年分もの様々な出来事や悲しみが一度に押し寄せてきたために、あの日が遠い昔のように思えてならない。まだ一年なのか」と私の友人はため息をつく。そう言いながら、一年経っても全く進まない町の再建に苛立っている。「何も動かぬままの一年。もう一年が過ぎてしまった。一〇年経ったらこのまま町が消え去るのではないか」と。

3・11でわれわれは多くのものを失った。約二万人の尊い命、数十万人の貴重な財産とかけがえのない生活。福島の原発立地地域では居住選択の自由さえ奪われ、災禍は今もなお、日々拡大している。しかし、多くのものも得た。被災者が示した忍耐強さと苦境に在っても他の人々を思いやる心に世界から絶賛が寄せられた。日本人の規律ある行動やお互いの絆、連帯意識の強さを世界に再認識させることができた。

一方で、一向に進まないがれきの広域処理。放射能汚染の心配の無い岩手、宮城のがれき処理にまで浴びせられる罵声の数々。日本人の良さも悪さもはっきりと出た。

3・11は、それまで日本人が積み上げてきたものを根底から崩した。時たま歴史は非連続な時間を創り出す。わが国では明治維新や第二次世界大戦。今回の大震災はそれに続くものであり、今、日本は「災後」の空間をさ迷っている。真の豊かさとは何か。文明は豊かさを実現できるのか。われわれは改めて、これらを問いかけるところから始めたい。

福島原発事故はエネルギーを通して日本社会の構造的問題を浮き彫りにした。一つは中央による東北支配。東京の電力のために過疎地域の福島県浜通りに原発が立地され、甚大な被害が生じている。同じような構図に青森・岩手県境での日本最大級の産業廃棄物不法投棄事件がある。現場に投棄された廃棄物のほとんどが首都圏で生じたものだ。両者の類似性に驚くほかない。一部の地域の豊かさが他の地域の犠牲の上に成り立つ。高度成長期には、こうした地域間格差を公共事業を通じた所得再分配モデルで是正しようとした。そのためのバラマキ構造が土建国家の礎を造った。この構図を正さなければならない。

二〇世紀の大規模集中立地型から小規模分散自立（律）型社会へ。これからは、中央からの効率性だけの視点でなく地域の多様性を認め、自立（律）的成長を促す社会への転換が必要となる。現在、被災地では町づくりが正念場を迎えている。高台移転をする集落。現在地で再建を図る集落。被災地の様相は多様であり、百の集落があれば、復興の姿は百通りあってよい。いずれにせよ、単に元に戻しただけでは意味がない。次世代のための創造とすることである。日本全体も二〇世紀の仕組みを継続するのではなく、二一世紀まで持続可能な新しい価値観を具現化した社会に作り換える必要がある。そのためには、分散自立（律）をタテ軸に、地域間の連携をヨコ軸にすえるべきであろう。

社会における意思決定プロセスの崩壊がもう一つの構造的問題である。町づくりが進まない大きな原因には、従来、地域の顔役と言われていた人達が減少したことも影響しているように思える。一部の人達の意思が優先されるというムラ社会から、決める人が抜けてしまうと地域はどうなるか。震災後の復興策を迅速に決められなかった日本の国会も似たようなものだ。選挙で選任され、意思決定を託された人々が次の選挙を恐れて決断できない先送りの政治が続いている。さらにソーシャルメディアの爆発的な普及。多様な異なる価値観を持つ個々人がフェイスブックなどで次々に発信を始めると社会は一層大衆化する。古代ギリシャの都市国家での直接民主制から近代の主権国家における代議制（議会制）民主主義へ。これは人類の英知の必然的成果でもあったが、その代議制を揺るがす大衆化の波が民主主義の先進国EUを襲っている。危機克服のために国民の代表者たる国会議員を排除したイタリアの内閣はその象徴である。

今回の原発事故はわが国の民主主義の根幹を揺さぶった。何万年も後の未来にまで影響を及ぼす原子力の問題は、われわれの世代だけのちっぽけな民主主義では解決も処理もできないのではないか。こう疑ってみることも必要だろう。

3・11を、真の市民社会を誕生させる契機としなければならない。他に支配されるのではなく、地域の自己決定権を強化する必要がある。まず、その第一歩として、東北の地の再興は必ず東北人の手によって行わなければならない。

「公」と「私」をいかに繋ぐか

ジャーナリスト、恵泉女学園大学教授
武田 徹

二〇一一年の三月後半は、両親の家で二週間ほど暮らした。これほどの長逗留は、大学院進学に際して家族の反対を振り切って家を出て以来だった。

東日本大震災の報を聞いたのは、遠くイスタンブールの街で、だった。両親や知り合いが被災していない確認はすぐ取れて安堵したのも束の間、原発の危機的状況が伝えられ、居ても立ってもいられなくなった。

かつて『核論』という原子力受容史の書を刊行し、原子力推進の国策と反原発運動が互いに一歩も引かずに向き合う結果、本当に必要な安全対策が採れずにむしろリスクを高めてしまう構造について警鐘を鳴らした。このままでは大きな事故が起きて犠牲者が出る——。そう訴えた『核論』は、しかし、影響力を持つこともなく市場から消えていた。

ところが今、そこで予想した通りに巨大な原子力災害という地獄の蓋が開こうとしている。原子力の知識が多少あった筆者は全電源喪失、冷却水喪失が帰結する「最悪のケース」は想像が出来た。『核論』の著者にはそんな事態を防げなかった責任があり、安全な海外で傍観者となることは許されないと思った。

　東京に戻ったのは三月一六日。まず自分の家に帰って地震で落下していた本を片付ける。そして両親が住む東京西郊の家に向かった。二人とも元気に暮していたが既に高齢であり、この状況では一緒にいたほうが良いと思った。

　とはいえ騒然とする社会の中で、実家には奇妙な静けさがあった。器用な父親は大きな余震に備えて梁に材木をあてがって補強したり、計画停電対策として懐中電灯の準備などを淡々とこなしていた。母親は突然帰ってきた不肖の息子に何か食べさせようと近所のスーパーまで食糧の調達に出掛けたが、品切れが多いとぶつぶつ嘆いている。普段と違うのはそれぐらいで、天気が良ければ庭に出て、満開になった梅の花の香りを喜ぶ。庭の植物の世話が一段落すると、居間で両親とテレビを眺める。画面に写るのは高圧放水車やヘリによる注水活動だ。「今のはうまく入ったな」「今のはだめだ」……。父親と茶の間で勝手に採点する。昔もドリフの『全員集合』などを肴に家族であれこれ茶々を入れて楽しんでいたことを思い出して懐かしく思う。注水の成否は冗談めかして話せる内容ではなかったが、努めて明るく振舞おうとしていた――。両親の落ち着きは戦争や戦後の修羅場を経験しているせいかもしれないし、高齢者独特のある種の諦念があったのかもしれない。

　もしも「最悪の事態」に至れば……、もちろん避難は覚悟していた。ただ、まだ様子見だと思っていた。おそらく炉内の燃料は既に溶融しているだろうが、軽水炉燃料の濃縮率では臨界爆発はありえない。今後、水蒸気爆発等で格納容器が本格的に破壊されるか、燃料プール内が干上がれば東京でも大規模避難を余儀なくされる事態となるかもしれないが、そうなるかどうかは注水状況次第であり、様子を見ていられる余裕はまだあった。年齢を思えば両親や筆者の許容放射線量は比較的に高いはずだが、それでも東京のライフライン自体が確保できなくなれば移動を余儀なくされるだろう。だが、そうなる前に高齢の両親の心身に負担をかけて西に逃げる必要はまだなかったし、本人たちも日常生活を離れることを全く望んでいなかった。

人が向かい合うリスクは放射能だけでない。全方位的に見渡し、総合的にリスク状況を考えて、その最小化に努めるべきだ。そうした考え方は『核論』執筆時にもあったが、久しぶりに両親と共に暮らし、静かで、懐かしい生活の中で、改めてその必要性を確認していた。

もちろん子どもや若い世代は放射線リスクに対してより安全側に振った対応をすべきである。ベント前に安定ヨウ素剤を配布し、摂取をさせなかったこと、SPEEDIを避難計画に生かさなかったことなど憤慨させられる点が多い。しかし、政府対応の生温さを非難し、予防原則的に広い範囲での一斉強制避難を求める声に対して筆者は一貫して異論を唱えてきた。個々人のリスク環境はそれぞれに異なる。少線量被曝の影響などは中立的な専門家の見解を伝えて理解を促すべきだろうし、誰にも影響が現れるわけではない確率的な事象には、万が一に備えて検査や治療の支援体制を作るべきだ。だが、「社会」が手当できるのはそこまでで、その後の行動はあくまでも個々人がそれぞれに事情を勘案した上で自己決定されるべき。結果として避難を選んだ人にも留まった人にも生活の「質」が確保されるように配慮することが再び「社会」の出番になる。

それぞれの人が自分の望む生活を守れるようにする――、それこそが公共的な対応目標となる。そう唱えることが公共的なジャーナリズムの使命だと筆者は一貫して考えてきた。そんな考えを確かに支えてくれたのは、今にして思えば、恐怖と不安が支配する311直後の時期に両親と暮らした私的生活だった。若き日にはその平穏さが厭で飛び出してしまった親元での暮らしに、とんでもない巡り合わせで一時回帰した筆者は、そこに「公」と「私」の繋がりの可能性を教えられたのだ。

被災地とメディア

ジャーナリスト／地域経済・組織論
三神万里子

東北全体の経済戦略は誰がいったい考えるのだろうか？　この素朴な疑問を抱いたのは震災の約四年前に遡る。東北には当時、県をまたがり全域に自動車、電池、半導体など、大手企業の研究所から工場、そして外資系ホテルまでもが進出し始めていた。気温の低さに工業用水の安さ、土地確保の容易さ、物流面から見た国際的・地理的な位置、東北大学の研究領域などが重なってのことで、この機をどう生かすべきか、地元財界ともディスカッションの場をいただいていた。しかし東京を中心とするメディアは東北の機能変化には関心を持たず、〝遅れをとっている地方都市〟とでもいうような固定概念が根強かった。それならば、地方局民放が自ら、世界市場と地方都市をフラットに見る経済番組を作るべきではないか——前例はないものの、テレビ朝日系東日本放送からの打診もあり、番組（「東北ビジネス最前線」）の基本コンセプト作りから参画し、番組立ち上げと共にキャスターに就任することとなった。当時はいずれの局もバラエティ化一色の風潮であり、堅い番組は時代遅れではないか、東京でも国際畑でもない仕事がなぜ重要なのか、といった、筆者の主観とは異なる反応を、東京のメディアで仕事をする人々から個人的に受けた記憶がある。

震災は番組開始後三年目に起きた。これまで無関心だった国内外の大手メディアが被災地に押し寄せた。すべてが流されてしまった名取市や岩沼市にではなく、石巻市や陸前高田市、気仙沼に取材は集中した。痕跡すらなくなった被災地はただの平原に見え、適度に構造物が残っていた方が「絵になる」上に、俄かに東北に訪れた彼らにとっても、わかりやすいのが一因だ。番組とは別個に、独立したジャーナリストとしての被災地取材を並行して重ねる中、汚泥の中から遺留品を拾う市民からこんな指摘をされた。

「メディアの人には、鳥居だけが残っているところや、船が打ち上げた場所が人気ですよね。皆さん、そんなところばかり行きますよ。」

撮影は物的な対象に集中し、人間に対する言論表現は明らかに礼節に欠けている——そんな逆転現象は随所で見られた。震災前に先端的な取り組みをしていた一次産業も、情報通信も金融も、次世代エネルギーの新しいビジネスモデルを作り上げていた町も、産業の再生に芽が出ていた市も、それを推進してきた人々も、「可哀相な被災者」としてくくられた。

「被災者から元気をもらいました」

避難所には次々とタレントが訪れ、頼んでもいないのに被災者の手を端から握り、〝握手を求められる自分〟を演出して撮影、ブログ等で公開する。被災地に行ったことやボランティアに参加したことを自分のイメージアップに使う輩も後を絶たず、雑誌の見出しにも著名人のそれらが躍る。むしろ地元の感覚では、巨額の資金や多くの人材、労力を無償で提供した企業や個人は、その数も中身も彼らの比ではないのだ。互いに身を切っていることを知っているがゆえに、企業ですら名前を伏せてほしいと言う。震災直後の番組収録でも、死者の多さから復興がテーマといえどもビジネスの話など、ましてメディアになど出ている場合ではない、と出演を辞退する例が相次いだと記憶している。結果的には宮城県知事をはじめ、早く復興の絵図を描かなければと苦渋の協力をしてくださった。

番組関係者に幸い死者はなかったが、炭水化物だけの食糧に入浴も難しい中で報道し続ける放送局のスタッフ達は、余震に対する慢性的な緊張感と仕事の使命感、被災現場の惨状を連日、肉眼で見ることの衝撃から、異様なほどの機敏さと、臨戦状態にも似た表情に包まれていた。筆者は番組担当者の中で唯一、東京から仙台に通っている人間であり、帰京するのが本当に申し訳なかった。彼らよりも体力は十分に残っているはずだが、現場に行くと体調がおかしくなると助言され、破傷風防止のための安全靴とゴーグル、マスクを装備していったが甘かった。訪れるたびに、原因不明の鼻血や、見たこともないような蕁麻疹が全身に出た。当初は有害物質が飛散していたものと思われる。道なき道を幾度も往復したタクシー運転手の皆さんにはどれだけ安全対策と生の声をいただいたかわからない。

新幹線も仙台空港も使えなかった当初は、山形空港経由で仙台に行った。空港は救援の医療関係者と警察や土木関係者でごった返し女性はほとんどいない。職種が違うとはいえ、作業服姿ではない自分を恥じ、仕事とはいえ貴重な航空チケットを自分が確保したことを恥じた。直接被災した人が厳密な意味での当事者だとすれば、身内や知人が被災した人、被災地のある市町村に住む人、被災三県に住む人、東北に住む人、東北に住んでいない人、の順に部外者になる。支援する側であれば、より緊急度と救命に貢献している人ほど当事者性が強い。誰が東北全体の経済戦略を考えるべきか?――時間が経つにつれ、東北全体の復興を考え発信する主体はどんどん増え、特に東京から発信されるようになっていった。同じテレビ番組でも、東京で見るのと被災地で見るのとでは全く見え方が違う。これは当方ですら感じたことだ。煌々とライトが照るカラフルな東京のスタジオで、瀟洒な服装に身を包んだ、現地に来ていない「識者」が、フリップに「復興のキーワード」を書いてコメントする様子は、地元で見ると違和感を通り越して寒気が走る。同時に、当の自分も、帰る場所が東京にあり、仕事の拠点が東京にあり、厳密な意味での当事者でないにも関わらず、執筆や発言や地元の番組で場を頂戴している。復興は、無名のまま実務に当たる人々の毎日の汗の積み重ねだ。経済面のロジックのみ、そして戦略という絵図を語ったからといって前に進むものでもない。3・11は、自分の限界と厚かましさを再認識するきっかけとなった。

町と町を結ぶ道

ノンフィクション作家
稲泉 連

三陸沿岸を青森市から仙台市まで貫く国道四五号線が、震災後初めて全線開通したのは今年の二月三日朝のことだった。

宮城県石巻市街地の郊外に成田という地区がある。そこでは海へと近づき川幅を広げた北上川がゆったりと流れ、その川沿いの小高い山裾に張り付くように国道が通っている。

この成田地区では三月一一日の地震直後に大規模な土砂崩れが発生し、約一一カ月間にわたって復旧工事が続けられてきた。崩れた個所ではそれ以上の土砂の流出を防ぐための措置がとられ、数百メートルはある崩落区間に落石防護板が並べられると、ようやく一車線の片側交互通行が可能になった。

その日、前日に降った雪の影響で、北上大堰に堰き止められる北上川の緩やかな流れは凍りつき、川面が真っ白に輝いていた。川に沿ってどこまでも続く国道四五号線を、砂利を積んだトラックや町へ向かう乗用車が走っていく。

そんな様子を見ながら、これまでこの道路の復旧の過程を取材してきた私は(『命をつないだ道――東北・国道45号線をゆく』新潮社、二〇一二年参照――編集部注)、震災から一カ月後に初めて沿岸の被災地を訪れた時の、胸の裡に生じた何とも言い難い気持ちを思い出さずにはいられなかった。

「被災地のあまりの広さ」に対して立ちすくみ、自分の思考がそこで止まってしまうようなあの感覚――それは津波の被害を受けた町を訪れる度、繰り返し感じることになる気持ちだった。沿岸を車でどれだけ走っても、町が現れると目の前には津波の被害が広がる。それが何百キロメートルにわたって続き、途中には事故を起こした原発がある……。

それに「被災地の広さ」とは、そうした津波災害の距離的な長さだけではなかった。

大震災は、普段はあって当たり前と思っている社会のインフラ――道路や電気や通信、ガス、水道といった日本中に張り巡らされているネットワークが、それぞれ複雑に絡み合いながら、日々の生活をいかに細かな部分まで下支えしているかを、あらためてあぶり出すものでもあった。

それらのネットワークの一部の繋がりが途切れるという事態が、どれほど広範囲にわたる影響を及ぼすか。瞬く間にスーパーマーケットからモノが消え、都心ですら燃料が不足し、他国で作られている様々な製品の生産が止まっているというニュースを聞きながら、普段は高度に合理化されて秩序立っているように感じられるこの世界が、一皮むけばこれほどまでの脆弱さを抱えたものでもあったのだと、うろたえるような思いがした。

私が「道」についての取材を続けてきたのは、津波によって断ち切られたこのインフラの〝網〟を再び繋ぎ合わせることが、被災地における「復旧・復興」の最初の風景の一つであったことを、沿岸を移動する中で実感したからだった。

震災当初、沿岸部の道はどこも瓦礫と泥に覆われ、あらゆる物資の流通や交通が阻まれた。ある橋は津波の引き波によって橋桁ごと浮き上がって流され、別の橋は盛土が削られて崩落し、造船所から流れてきた船によって破壊されたものもあった。アスファルトは剥がれ、寸断された道路の先で多くの地区が孤立した。中には仮復旧に四カ月近くを要し、決して短くはない迂回路が利用され続けた場所もある。

しかし震災から一カ月後に訪れた被災地では、どの町を訪れても瓦礫の山がある一方、それらの町と町とを結ぶ道だけは辛うじて一本の線のように繋がっていたのも確かだった。

国道の応急復旧を担った国交省は、被災から一週間後には国道四五号線の九七%を通行可能にしたと発表していた。ただ、一週間という時間でそれだけの復旧が成し遂げられたのは、彼らや陸上自衛隊の力だけではなかった。

震災直後から、津波の被害を受けた町や道路の至る所で、地域の建設会社や重機の免許を持つ人々が自らの故郷を守るため、瓦礫に覆われた道路を開こうとしている姿が見られた。彼らは徐々になくなりつつある燃料を使い切りながら、路上の泥を掻き分け、陥没個所に土を入れ、道に流れてきた鉄路を切って道を作っていったのである。

そして一カ月後のその路上には、多くの場所で電線や通信網を繋ぎ直している作業員の人たちの姿があった。津波であらゆるものが流されてしまった場所に、真新しい電柱が遠くまで立ち並んでいた光景が強く胸に残っている。

そうした人々がどのような思いで被災地に立ち、それをどのような方法で復旧していったのか。この震災には記録しておかなければならないあまりに多くのことがあるけれど、彼らのような現場の技術者や作業員といった人々の姿もその一つであるはずだった。

だから今年二月三日の冬晴れの日、国道四五号線が一年近い工事の後に開通した様子を見た時、これまで続けられ、これからも続いていく長い長い復旧の時間を私は思った。このように少しずつ、少しずつ、かつて町の日常を成り立たせていた条件を整えていくということ。そしてときとして合言葉のように気軽に発してしまう「復興」や「復旧」もまた、こうした具体的で地道な仕事の積み重ねの先に、初めて重みを持ったものとしてあることを忘れてはならないのだ、と。

Photo by Ichige Minoru

科学・技術と原発災害

チャイルド・リサーチ・ネット所長、東京大学名誉教授／小児科医
小林　登

3・11というと、東日本大震災、それによる福島原子力発電所事故がまず頭に浮ぶ。それに関しては、二〇一一年の六月に行ったある全国調査で、東日本大震災でおきた「地震」、「津波」、「原発災害」のうち、もっとも深刻なものは何かという問に、約五五％の人が「原発災害」と答えている報告からも明らかで、「地震」は約一九％、「津波」は約二四％で、その倍以上の人の答えが「原発災害」だったのである。

東日本大震災の中で、「津波」、「地震」そのものも当然であるが、原子力発電所事故は、私達市民に科学、そして技術に関係するいろいろな在り方を考えさせたと言える。しかし、科学・技術の進歩で豊かになった社会では、特に物質的な豊かさに溺れている現状のわれわれは、感覚的に考えることは出来ても、科学的にはなかなか考えられない現実もある。

「何故、あの大地震を予測出来なかったのか」、「何故、津波の高さを低く予測してしまったのか」、「何故、原子炉事故は阻止出来なかったのか」、「原子炉の設計には問題はなかったのか」、「現在の放射能

レベルの中に住んでいても問題はないのか」などの、科学的に答えなければならない疑問が、社会を走り回っていることは、御存知の通りである。

そんな中で、科学者のあり方、企業人のあり方も、大きな問題になってきている。お金で企業に心を売った科学者、更にはエセ科学者とか、金もうけ専念で安全を守れなかった企業人とか、真偽の程度は不明であるが、いろいろと言われている。それは、科学者・技術者ばかりでなく企業人の社会に対する責任の問題でもあり、さらにリスクを社会に伝える時のコミュニケーションのあり方の問題でもあると思うのである。

医療の現場にいた我々のもとには、一九七〇年代に入った頃だったと思うが、「インフォームド・コンセント」という考え方がアメリカから入って来た。平たく言えば、医師は、治療を始める前に、患者に病気の治療法を充分説明して、納得してもらわなければならないのである。少なくとも、それにより、医師から患者という一方通行ではなく、患者と医師の関係が平等になり、ある意味で医療の質を高めることが出来た。そう考えると、今回の東日本大震災後の科学・技術をめぐるごたごたをみると、現在社会では、リスクを伝える時のコミュニケーションのあり方も考えなければならない時にある。

「インフォームド・コンセント」と同じように、アメリカでは、「リスク・コミュニケーション」という考えを、一九八九年すでにアメリカ研究評議会（NRC）が提唱しているという。それは、個人、機関、集団などの間でリスクの情報や意見のやりとりを行う場に現れる、「送り手」と「受け手」の間の相互作用的な過程と定義される。問題が多いのは、「送り手」が科学者・技術者であり、受け手が市民の場合であろう。勿論、原子力発電所の計画、設計、そして建設工事のそれぞれの段階で、科学者・技術者と企業人との間のリスク・コミュニケーションも、当然のことながら問題になる。アメリカ研究評議会のリスク・コミュニケーションの詳細は別稿にゆずるが、わが国にも、それなしには生活出来ない時代が来ていると言える。

医療・医療技術の進歩とともに、インフォームド・コンセントが現われたように、科学・技術の進歩した社会であれば、そのリスクを話し合うにも、それなりの約束事を決めなければならない時にあることには間違いない。科学・技術の進んだ現代の社会には、余りにも機械による確率的なリスクが多く、市民は迷うものである。どんな市民にとっても、わかり易く、正確な情報がなければ、リスクを考えて、どう判断して行動するか、決心はつかない。その上、わが国は、地震という自然災害の起る確率の高い地域でもあるのである。

一九六〇年代はじめ、三年間程家族三人でロンドンの郊外に住み、イギリスの庶民生活を楽しみながら、小児病院で勉強したことがある。その生活のなかで、最も強く感じたのは、街をニュートンやダーウィンのような科学者が歩いているような雰囲気の社会だ、ということであった。勿論、それはイギリスの科学・技術の歴史と伝統によるもので、市民がものごとを科学的、技術的に考えることが出来る国なのである。そんな社会の中で、わが国で起った3・11のような大事件がもしおこったとすれば、イギリスの市民達はどう反応するだろうか。

わが国の科学・技術は、ヨーロッパやアメリカから来て、二〇〇年近くなる。それに支えられているわれわれの社会も、科学・技術に対する捉え方を、それなりに新しくしなければならない時にある。それには、子ども達の科学・技術教育のレベル・アップと共に、わが国の社会文化に合ったリスク・コミュニケーションのあり方も、考え出さなければならない。幸い、この春から、広島大学に原子力とか、放射線被害に関するリスク・コミュニケーションのプログラムが出来たそうで、その大きな力になるであろう。

文献

吉川肇子「リスク・コミュニケーションのあり方」、『科学』第八二巻第一号、岩波書店、二〇一二年一月、四八—五五頁。
広瀬弘忠「複合災害の時代に欠くことの出来ない災害対策と災害弾力性」、同、九三—九九頁。

外から日本はどう見えるか

神奈川大学名誉教授／科学史
中山　茂

日本の技術なら？

僕は３・11の時、外国にいた。オーストラリアのメルボルンである。テレビが主な情報源なのだが、誰でも津波の総舐めの凄さに腰を抜かし、それと対照的に新宿当たりで家に帰れないサラリーマンたちが指示に従っておとなしく待っているところがしばしば出てきて、日本人は偉い、こんな目にあってもパニックを起こさず、秩序ある行動をしている一級市民だと云うことをコメンテーターがしきりに云う。そんなに偉いことなのだろうかと、見ている僕には奇妙に思えた。

ところがその後、原子炉建屋の屋根が飛ぶことがあって、チェルノブイリか、あるいはそれよりもひどいメルトダウンが起こっている、と云われた。それでも僕のまわりでは、ロシア人と違って一級国民の日本人の技術があるから、何とかするだろうと云われた。市場に出回る日本製品の質の良さへの信頼は、バブルの崩壊とか、金融的なこととは関係なく、ずっと維持され続けてきていたのである。

化けの皮はがれ

一週間後、僕は日本に帰ってきた。日本のテレビで見る状況では、東電の解説員が出てきて、「大したことは起きていない、もうすぐ事態は収束する」というような口ぶりのことを云う。ところが目前の問題が解けると、次々別の問題が現れてきて、いっかな収束の方に向かわないのだ。

日本の技術は、よく神経を使った高品質な製品を市場に出すものであることについては、八〇年代以来まだその国際的評価はゆるがない。しかしそれは市場向けの「私技術」であって、市場とは関係のない「公技術」では、必ずしも最高の品質のものとはいえまい。その化けの皮がはがれたのは、今回の原子力であって、一挙に国際的信用をなくしてしまった。

習熟曲線上がらず

もっとも、国際的なごく一部の技術評価の専門家の間では、もう三〇年以上前から、日本の原子力は問題であるとされていた。日本では原子力は絶対無謬であるという「哲学」があるから、誤りが生じたらその哲学に矛盾するので、それを隠す、これでは失敗から学んで徐々にラーニング・カーブ（習熟曲線）上を上げて行くという改良は出来ない、と云われていた。

原子力のような複雑な技術は、初期にはまず小さい一つの要素が問題なら、それを公開して一つ一つ解決して行って、技術を高めて行くものである。それを隠して置いているうちに、複合化して、もう手に負えなくなる。今回の東電の対応の仕方は、まさに目先の小さい単一の要素だけに注目して、それが解決すれば、もういいんだ、と云っているようである。一つが故障すればそれは他の要素にも影響する、複合したものになると、簡単に解決できない。今回の場合も、地震でどこか一つねじがゆるむとか、ひびが入るだけで済むはずがない。色々なところがおかしくなって、それらが共鳴し合って、どうしていいか判らなくなるのだ。とくに日本の原子力は始め輸入技術であったから、とくにこの失敗から学ぶと云うことが必要であった。

他の技術と違って一つ間違えば人類文明の崩壊にいたる文明史的な原子力、それはもう僕に云わせれば、不条理の世界のものであって、合理的科学技術の世界のものではない。そしてさらに科学技術で押さえ込むことが原理的に不可能な放射線によって日本は生涯不健康地になってしまった。

公技術の悪しき体質

東電や日本の原子力ムラの体質は3・11以来一年近く日が経つが、いっかな変わらないようだ。ムラの中の人は誰か徹底公開すれば、ムラの掟に反してまわりから干されて、いいことはない。無難に、出来れば黙って嵐がいつか収まるのを待つ、というのが、数十年来続いている基本的発想だろう。それがあの3・11の衝撃の後でもずっと続いているのか、と今更ながら驚かされた。そうした体制を批判してきた僕たち、高木仁三郎や吉岡斉と付き合って来た僕らは、つい原子力ムラも体質を変えてきていると錯覚していたのである。

軍事技術始め「公技術」というものは、「依らしむべし、知らしむべからず」というのが、その最悪の発想であるが、とくに日本の原子力技術は、外に知らせなかったから、自分たちの間で安全神話を踏襲して行けばそれでよいことになっていた。この伝統は、昨今のように化けの皮がはげて、とくに外からのプレッシュアも強くなってくる。

フクシマ・東電――世界の注視

かつては日本の原子力ムラの視野は日本国内に限定されていて、外からの批判は考えもしなかったが、さすがに3・11以後は世界も一斉にフクシマのその後を監視して、チェルノブイリと比較しようとしている。それもヨーロッパだけではない。近くのアジアでもたとえば近くは台湾の二カ所に、さてはチベット高原にいたるまでチェルノブイリの前例に学んで日本から出る放射線を監視し、その結果を検出して報告している。太平洋周辺のハワイ、グアム、アラスカ、それにアメリカ西海岸からも、何かあれば、真っ先に日本が注目を浴びるのである。

被災動物救出活動から見えてきたこと

財団法人日本動物愛護協会理事長、臨時災害時動物救援本部・本部長
中川志郎

ペットは家族の一員

イヌやネコなどのペットが「家族の一員」と呼ばれるようになって久しい。英語での呼び方もCOMPANION ANIMAL（伴侶動物）と表記されることが多くなった。その、具体的な変化の表れは、災害時におけるペットたちの扱いにみられる。例えば、東京・伊豆大島三原山の噴火災害で「全島住民避難命令」が出たとき（一九八六年）、乗船の際にペットの同行は認められず、波止場までは同行してきた人たちも身一つで乗らざるを得なかった。しかし、この後に起こった東京・三宅島の噴火災害（二〇〇〇年）では、イヌ、ネコの同行乗船が許され、東京・竹芝桟橋に待ち受けた臨時災害時動物救援本部（東京都＋都獣医師会＋動物愛護団体）などに救護が託され、災害が収まるまで保護救済が行われたのである。所謂、「同行避難」であり、災害時動物救護史上画期的な活動となった。特に、三宅島ではペットにとどまらずニワトリ、ブタ、ウシなどの家畜の救護も視野に入っていたことは特筆に値しよう。その後、いくつかの天災時に於ける動物救護があったが、この同行避難という救援手法は徐々

に定着しつつあったと考えてよい。

原発事故の衝撃

しかし、今回の東日本大震災では、これらの育ちつつあった災害時の動物救援も被害地の広域性、被害の甚大さに加えて、新たに起こった原発事故に伴う放射能被害という過去に例のない特異性によって、一からの見直しを求められることになった。特に、問題になったのは福島第一原発の放射能漏れが、それまで、育ちつつあった災害時における動物たちの「同行避難」という新しい方策を根底から覆すことになったからである。

原発事故発生直後、政府が発した避難命令は、事故発生地から半径二〇キロメートル以内の住民に対する退避命令であり、避難の際の持ち物は厳しく制限され、その中にペットたちは含まれていない。ペットたちは家族の一員であることが、この緊急事態の中で明確に否定されたのである。しかし、取るものも取り敢えず、ペットたちに心を残しながら命からがらの退避をした人たちも、この別離が、どのくらいの期間になるのか想像さえつかない。多くの人々は、短時日での帰還を予測し、若干の餌料をペットたちに与え、その場を去ってきたのである。この傾向は、ペットに限らず、家畜たちの飼育者にとっても同様であった。

体が大きく、餌料の要求量が多く、日常の手入れが欠かせないウシやウマやブタがこの地区にはたくさん飼養され、これらの動物たちにもペットと同じ措置が求められたのである。

経済動物である家畜たちであっても、家庭産業的経営が中心の畜産農家にとっては、心情的にはペットたちと同様のものがあり、世話の欠如が家畜たちの生命の危険をもたらすことを誰よりもよく知っているがゆえに、身を切られる思いであったに違いない。

残されたものの悲惨

放射能汚染地区とされた原発事故中心地から半径二〇キロメートル圏内に残されたペットと家畜たちは、急速に最悪の状況下に陥る。せいぜい二~三日位の別離と考えていた多くの避難者が動物たちにしてきたことは、僅かに数日分の餌や水を残してきたにすぎず、中には係留してきたままの動物も多い。しかも、圏内立ち入りは「警戒区域」となって更に厳しくなり、検問が立ち、不法立ち入りには法的制裁さえ科されることになったのである。有体に言うなら動物たちは見捨てられたと言ってよい状況に追い込まれたのである。勿論、敢えてこれらの禁を犯し、圏内に入り、餌を与え、係留を解き、動物を連れだした例も少なからずある。行政的にペットを所管する環境省（動物愛護管理室）ですら、動物たちを一頭でも多く救い出すという方針から、公的計画には予定されていなかったにもかかわらず、住民の一時帰宅時に同行し、残された動物たちの救出にぎりぎりの努力をしているのだ。

しかし、繋がれたペット、動物舎に閉じ込められた家畜たちは生きながらえる術を持たない。これらの多くは、人間によって人間の都合の良いように改良され、人間のためにのみ生きられるように創造された特異的な動物群なのだ。今やペットフードではないペット餌料は考えられず、乳牛のあの巨大な乳房は搾乳なしには正常に機能せず、人間の管理下でのみ正常な生活ができるのである。

創りだしたものの責任

あの大災害発生から一年、地震や津波の爪痕は未だに生々しく残っているけれど、復興への道が徐々に開かれつつある。しかし、原発事故がもたらした福島の放射能被害は深く沈潜しながらいまだに収束には程遠い。多くのペットや家畜が死に、生き残った動物たちも放射能内部被曝をかかえて、その行く末さえ計り知れない。

野生動物たちも、同様の被害を受けていることは想像に難くないけれど、野生動物たちには囲われなければならない不自由さはなく、天然の餌料を選択摂取する自由も残され、自己責任で生きてゆく高い能力も与えられている。

野生動物の持つ多様で高度な自然への適応性を奪い、人間に好都合な行き過ぎた改良?を加え、動物としてのＱＯＬを根こそぎ変化させたのは私たち人間に他ならない。もし、百歩譲ってそれにも理屈があるとすれば、今回のような大災害の時にも、人間の責任において、彼らに犠牲を強いるようなことは決して許されることではない、という創造者の自覚があってのことではあるまいか。

（中川志郎氏は本稿執筆後に逝去されました。ご冥福をお祈り致します。　編集部）

「居住福祉」が防災につながる

神戸大学名誉教授／生活空間学
早川和男

①私は「基本的人権としての生活空間」を研究テーマとしてきた。憲法二五条の健康で文化的な生活は「人間にふさわしい生活空間」なしに成立しない。『空間価値論』（勁草書房、一九七三年）『住宅貧乏物語』（岩波新書、一九七九年）から近著『災害に負けない「居住福祉」』（藤原書店、二〇一一年一〇月）に至るまで、すべてその一環である。この視点は土地の利用や国土計画についても同じである。『国土と人権』（共著、時事通信社、一九七四年）では、土地利用や国土計画を人間生存の基盤とする課題と論理を展開した。住居から国土まで様々の段階の生活空間に内在する諸矛盾は、「災害」に際して顕著に表れる。阪神・淡路大震災は戦後の自助努力・市場原理中心の住宅政策に起因する「住宅災害」であった（『居住福祉』岩波新書、一九九七年参照）。冬になると毎日のように報道される老朽住宅等での「焼死」、一寸した「豪雨」による浸水等々は大災害の前兆である。

東日本大震災は多くのことを語っている。

手元に一九四八年米軍撮影の一枚の航空写真がある。三陸海岸の大槌湾に注ぐ大槌・小槌川に挟まれた広大な干潟が見える。その干潟と周辺の水田は宅地化されチリ地震津波以降は高い護岸、防潮堤が築かれたが、住人を守れなかった。全国どこでも類似の現象が見られる。防風・防潮・砂防等々の役割を果たしていた松林の伐採と市街化、大地の保全・地下水涵養・魚つき林等々としての照葉樹林の植林目的の針葉樹への変更、市街地の小河川の宅地や道路化等は、土砂災害、都市水害、津波被害等々を大きくした。日本列島改造論に象徴される国土の経済的利用、一極集中は、農林漁業の衰退、過疎過密の進行、災害列島化を必然化した。

②原発をめぐる政府、経済界等々の発言を聴いていて、「太平洋戦争での日本軍侵攻先は財閥が決めた」という証言を思い出した（NHK・二〇一一年終戦記念番組）。

大学教授等の権力追随も目に余る。原発御用学者の実態は次々と暴かれているが、都市計画、住宅・土地政策等の関連学者の果たした役割も看過できない。例えば、用途地域・容積率の規制緩和策等による地上げで街の住民は暴力的に追い出され、土地投機が横行した。住宅政策の一層の市場原理化は低質・欠陥・密集過密住宅、重い住居費負担等を強制し、全国土に災害危険住宅を累積させ、ホームレスを深刻化させている。借地借家法が改正されて居住権は抑圧され、区分所有法の改正で団地ぐるみの地上げが広がっている。これらの政策策定に御用学者が活躍した。私はたまりかねて「権力に迎合する学者たち」を朝日新聞に投稿（一九八五年九月二三日付東京本社版、同二五日大阪本社版）、同名の論文を『世界』（岩波書店、一九八六年二月号）、同名著書を刊行（三五館、二〇〇七年）、『災害に負けない……』でも触れた。

現在、被災地の復興に、建築家、都市計画プランナー、コンサルタント、大学教授等々が様々の提案や復興委員を務めるなどしている。被災住民の声がどれだけ反映しているのか。行政やゼネコンの意向を汲んで動き回っている人たちがいるのではないか。

阪神大震災では、住民の意向無視の都市計画決定反対を叫んで市民は市役所をとり巻いたが強行決定され、震災一七年の今なお復興はできていない。避難所で九〇〇人以上、仮設住宅で二五〇人以上、復興公営住宅ではこの一月で六八〇人以上が孤独死や自殺。県外に出たまま戻れない人も多い。僻地の復興公営住宅からは働きに出かけられずドヤ住まいや一家離散した被災者も少なくない。「東日本」の復興はこの轍をふんではならない。

二〇〇五年三月二日の福岡県西部沖地震で最大の被災地、玄界島の住民は復興委員のすべてを住民から選び、漁業と居住の両面の復興を成功させた（『災害に負けない……』参照）。東日本被災地では外部提案の氾濫の中で住民はどうしているのだろうか。災害復興は居住の主体である住民の意向が最重要課題である。

③原発から再生エネルギーへの転換が論議、提案されている。それも必要である。だが、電力の消費を少なくする社会の在りかたをなぜ追求しないのか、不思議でならない。大量生産大量消費の生活様式を改め社会化を進める。河川・池沼、都市林、公園、近郊農地等々の水面・緑地を回復して気温を下げる。災害時の帰宅困難者対策が社会問題になっているが、なぜこの機会に遠距離通勤者の増える大都市集中政策を転換しないのか。超高層ビルの林立、広大な地下街、高密度の高速通勤鉄道、超

過密不良住宅地、可燃物の集積、列車と車の洪水、そこに大災害が忍び寄っている。『災害に負けない……』に書いたことは、街中の健康的で快適な居住地、公園・老人ホームなどの保健医療・福祉・居住施設の充実、つまり日常の「居住福祉」が防災につながる、ということであった。

最後に、原発安全協定の範囲が議論されている。何と云う愚かなことかと思う。そんな範囲に入っても事故が起これば住民は一瞬にして生命・財産・居住地を失う。原発の全面廃止しかない。

今ここを充実して生きる

JT生命誌研究館館長／生命誌
中村桂子

二〇一一年三月一一日。長い間、生命・人間・自然・科学・科学技術を通して生き方を考えてきた者としては、それらが混じり合って崩れるのを感じ、私は何をしてきたのかと考え込むほかなかった。社会の一員として、被災地の復興や原発事故被害の修復に務めるのは当然だが、これを災害と事故という視点だけで捉える限り、どんなに気をつけてもいつかは風化してしまうに違いない。記憶を越えて、次へとつながる新しい生き方を考えなければならない。

時間の流れの中で

長谷川櫂の近刊『震災句集』にこうあった。俳句は〝間〟に語らせ、季語で宇宙のめぐりの中に位置づけられる。つまり「悠然たる時間の流れ」の中にあるので、災害直後に詠むと時に非情となる。一年という時を経て時間の流れを映したかったと。

私が「生命誌」で考えてきたのがまさにこの「時間の流れ」である。物や空間ではなく時間に眼を向けてこそ、「生きる」が見えてくる。そこではすべてが、長い時間の中に位置づけられる。身近な命を失なった多くの人、放射能汚染を心配する母親、田植えのできない農民などを前にして、「時間」という言葉を口にするのははばかられた。しかし、新しい生き方を求めるなら「時間」を浮かび上がらせるしかないと思うのである。一年を経過した今、生命・人間・自然・科学・科学技術という課題を、流れ続ける時間の中で考えたい。

人間は自然の一部である

何を今更と言われそうなこの言葉から始める。多くの人が脱原発を唱える。それはよい。しかし、原子力発電所だけを悪者にしても事は解決しない。近代と呼ばれる時代のありようを考え直す必要がある。

近代文明は、量的拡大と利便性（時間短縮）を進歩とみなし、科学技術でそれを具現化した国を先進国としてきた。科学技術は自然科学の知識を活用してきたとされるが、それは、自然を機械と捉え、外から操作する立場で進められ、自然そのものに向き合っては来なかった。人間は自然の外に存在し、自然とは無関係な人工世界をつくることに専念してきたのである。近年は金融経済がこれを加速し、格差や限りない欲望を称えまでした。その結果、人間がより大きな存在になったかと言えば、むしろ閉塞感をつのらせ小さくなったのではないだろうか。進歩、とくに空間や量の拡大を求めての進歩の時代を終え、新しい文明の構築を考える時が来ている。3・11以降その感を更に強くした。

実は科学は、人間が生物の一種として他の生きものと三八億年という長い歴史を共有する存在であることを明らかにした。もう少し具体的に言うならバクテリアとも昆虫とも共通の場に立っているということである。更に広げるなら私たちは一三七億年前に生まれた宇宙を構成する物質でできている。人間は自然の一部であるとはこのような事実をさし、これは人間が長い時間を内に持つ大きな存在であることを示している。悠然と流れる時間を生きているのである。

自然の一つとして生きる

人間はバクテリアとも昆虫とも同じ世界を生きると言っても、生きものそれぞれはその特徴を生かして暮らしている。では、人間の特徴はなにか。最近、霊長類研究や人類学などから想像力、分かち合いの心、世代間の助け合いなどが人類誕生と関わり、過酷な環境の中で生き続けることを支えてきたという興味深い報告が出されている。言葉は情報の分かち合いの道具だとも言われる。

想像力は、今ここにいない人や過去や未来をも考えられる大事な能力である。科学も、見えないものを見る眼があってこそ生まれた知である。進歩はこのすばらしい能力を生かし、よりよい将来を求めた価値観であり、人類として当然の方向だったと言える。しかし今や、量と利便性で測る進歩は、よりよい将来につながらないことがわかってきた。想像力を別の形で生かす方法を皆で考える時と言える。私は、自然そのものに向き合い、その中の生きものをよく見つめ、生きものとしての生き方を踏まえたうえで、人間の特徴を生かすことが次の道だと思っている。

今ここにあることを大切にし、今を充実させようと思う。それは私だけに閉じこもることではない。自らの中にある長い時間やさまざまな関係性に眼を向けることであり、そこには過去や未来、地球の反対側に暮らす人、更には宇宙までが入りこんでいる。そこから人類の出発点にあったとされる分かち合い、助け合いを広げていくことである。それには、まず一極集中に象徴される数や量への指向を止め、地域を生かす社会を作ることだ。お互いに分かち合って暮らすことのできるコミュニティの成員は一五〇人とされる。もちろん今これを単位とせよとは言わない。しかし、小さなコミュニティが存在し、それが積み重なって地球にまで広がっていくのが暮らしであり、グローバルと言われて上から振り回されるものではないことは確かだ。

食べ物、健康、住まい、環境、エネルギー、文化（知や美）の基本を小さな地域の自然に合わせて作るだけの余裕と知恵を、今私たちは持っているはずである。充実した今を積み重ねてこそよい未来がある。

原子力災害を巡って

東洋英和女学院大学学長／科学史
村上陽一郎

書かなければならないことが、山ほどあるように思われながら、いざ机に向かうと、何を書くべきか、困惑するのみである。ただ、知識人のはしくれとして、世論（英語に言う〈public opinion〉ではなく、〈popular sentiment〉）の流れに棹さすことだけは、慎みたいという思いがある。その一つは、声高な技術不信である。

自然の力に対して、人間の力を過信することは愚かな業である。それは間違いがない。しかし、技術の世界は本来そのことを充分弁えているはずである。その好例を、新幹線技術に見る。一九六四年に営業を開始して以来、営業による死者は皆無である。阪神・淡路大震災の際、山陽新幹線の橋げたが崩落したものが八カ所あった。ここでは、鉄道関係者の間で「運命の十四分」と言い伝えられているらしいが、震災が営業時間開始の十四分前であったことが幸いして、列車事故にはならなかった。しかし、この時の教訓はその後に活かされ、今回の東日本大震災では、新幹線の橋げたは無傷であった。

その後中越沖地震では、周知のように、上越新幹線下り「とき三二五号」が浦佐の先で非常停止したが、その際営業運転中の新幹線列車としては史上初めての脱線事故を起こした。このときも、二つの幸運が重なった。一つは、線路わきに排雪溝がある区域であったために、脱輪した車輪がその溝に落ちて、転覆も転落もしなかったこと、もう一つは、上り線に僅かだが車体がかかった部分があったのに、上り列車が遭遇することなく済んだことである。そのため、死者はもちろん負傷者さえ出なかった。現在では、線路の構造に応じて、脱線した際にも、転覆せず、また対向車線にもかからないような工夫が重ねられていると聞く。

そして、もう一つの重要な対策は、改良を重ねた「ユレダス」という地震感知による列車自動停止装置の存在である。地震の初期微動であるP波を感知すると、即座に全運行中の列車に自動的に停止装置が働く。今回の災害でも、関係地域で二十七編成の列車が営業運転中であったが（一部は駅に停車中）、すべて無事に対応できた。もっとも線路わきに立つ電化柱と呼ばれる柱の損壊は一千件を超えたらしいが、早速技術部は、この課題に取り組んでいるという。

こうした事例は、技術開発に当たって、常に新しい問題が発生すると、その経験を生かしながら、問題の解決を図るという、地道な、しかし技術の世界では当たり前の努力が、積み重ねられてきたことを示している。もちろん、リスク対策に「安心」はあり得ない。安心した瞬間に、それは「油断」に早変わりするからである。常に〈safer〉（より安全）を目指して進むことこそが、技術を支える基礎である。

そして敢えて書けば、原子力発電所でも、地震の揺れに対するリスク対策は、それなりの実績を上げてきている。それは、問題の福島第一原子力発電所でさえ（他のサイトはもちろん）、今回の、歴史上稀有の規模の大震災に際しても、とりあえずの「スクラム」（原子炉の自動停止）は達成されていると思われることからも、言えるはずである。さらに今回の事故の主因が、補助電源の完全喪失という事態であったことから、各サイトでは、そうした事態への対応策も進めていると理解している。

要は、これまでに積み重ねてきた技術開発が、今回の災害で一切無になったわけではないのである。したがって、一つの提案は、補助電源の問題のみならず、老朽化の検証、立地条件の再検討（今新しい知見に基づいて、柏崎地域の地盤構造の再検討も行われていると聞く）など、震災後の課題となっている点に、確かな対応が講じられているサイトから、順次再稼働させる方向で進んではどうか、ということである。もちろん全体として、今後原子力発電の依存度をより高めるという政策は、あり得ないであろう、という前提は共有した上でのことであるが。

ほとんど稼働しているサイトがない今でも、電力事情は逼迫していないではないか、という見解がしばしば語られる。しかし、火力に頼り切ること（自然エネルギーの大規模開発が今に間に合わないことは明らかである）には、それで幾つかの深刻な危険があることも、理解しなければならない。その危険は、単に技術上の問題だけでなく、政治的、経済的、外交的な問題も含み、絡んでいるのである。

もう一つ、考えておかなければならないのは、今回の事態で、原子力発電所の弱点が、見事に露わになった点である。つまり、テロリズムの立場からすれば、どうすれば原子力発電所を攻撃できるか、という点で、格好のデータを得たからである。その意味では、再稼働に当たっては、単に技術上の信頼性だけではなく、セキュリティ上の信頼性も併せ確認する必要があることを銘記すべきであろう。

「怒りの苦さ」について

ジャーナリスト、宇宙飛行士
秋山豊寛

言葉の軽さの具体例だった「選挙公約」は、グローバル化時代にふさわしく「マニュフェスト」などとカタカナ化され、政治学者と称する茶坊主どもが、ここが稼ぎ時とばかりに鉦や太鼓で囃し立てたものの、何のことはない、舞台で踊る政治家たちが、その実態が「選挙公約」以上に吹けば飛ぶような軽いものだったことを証明してしまいました。

その昔は、謝罪の最も強い表現の一つと受け止められていた「土下座」なるものも、今や単なるパフォーマンス、つまり茶番。テレビの前の観衆への〝こんなに謝っているのだ〟と演じてみせる、つまり加害者があたかも弱者であるかのように視覚化する儀式になり果てています。企業の役員、役所の小役人どもが秘書課ないしは総務課が用意したマニュアルに沿って演じてみせるだけのこと。彼らが謝っているのが被害者に対してではなく、「世間をお騒がせしたこと」についてであること位は、現実の被害者は、お見通し。

私も含め、原発事故の被害者・被曝者数十万人は、もはや「ハラキリ」なり「縛り首」なり、本当に責任者の「血」を見なければ「真摯」な「落し前」とは認められない、と秘かに心に決めているのが、あの三月十一日から一年経った現在なのです。

フクシマ・ダイイチのゲンパツによって便利な暮らしを楽しんできたトウキョウの人々の多くが、この一年の間に、あれは過ぎ去った昔の話として処理したい気持ちで一杯になりつつあることもまたフクシマの住民あるいは住民だった人々は気づいています。民主党の野田政権が、原発事故の矮小化を着々と進めて昨年末には、事故の「収束宣言」とやらまで発表し、フクシマ県民の苦しみを事実上せせら笑ったのも、そうしたトウキョウの多数派の人々の気分を充分踏まえてのことなのでしょう。

怒りは苦く、青くなってきています。

「教訓」というものは、大切な部分は、およそ生かされることのないのが歴史、と言っては身もフタもないので、あえて整理してみれば、こんな具合でしょうか。

第一に、被曝者というモルモットにされているフクシマ県民から見ますと、政府なり権力者が緊急事態で考える最優先のことは、秩序維持。ですから、いざという時、政府は「事態」が最悪になるまで本当のことは隠そうとします。これに対して住民は、考えられるリスクに関して、政府が発表する文言から「発表されない事態」を推測して、自ら判断して行動する能力を身につけることです。

「脱原発」は、もちろん望ましいことですが、これが「百年戦争」であることを自覚して口にしているのでしょうか。フクシマ県内では「放射能なんて恐くない、大したことない」のキャンペーンが進行し、「逃げたい」などと大きな声では言えない雰囲気さえあり、竹ヤリでB29爆撃機に対抗しよう、戦おうという本土決戦状態。内部被曝を恐れる母親たちは、秘かに西日本の「安全」な食物を求めているのが実状。現実は町村の復興より先に、原子力ムラの復旧が着々と進行中なのです。事態はより深刻です。

要するに、日頃からの準備がないと、こんな目に合うというのが「教訓」と言えば「教訓」。それでは、次に日頃からの準備です。それは何か、と言えば「科学技術」と「センモンカ」なるものへの批判的視点の養成。「技術は中立であり、問題は使い方である」などと言う言説が横行中。小中学生ならいざ知らず、娑婆で苦労を重ねたオジサン、オバサンまで、こんな言葉でたぶらかされてはいけません。現代の「科学技術」なるものが、金儲け主義と二人三脚であることは、少し考えてみれば思い当たるはずです。エライ学者先生も、一皮むけば欲望のトリコ。自分の子どもたちの安定した暮らしを望み、トウデンの有力者に就職を依頼することだってあり得るのです。そもそも「科学技術」の担い手そのものが、決して「中立」ではあり得ないことは確認しておかねばなりません。

「科学技術」の発展のおかげで、私たちの暮らしは便利になったと思っている人々も、その「便利さ」なるものが、本当に自ら望んだことなのか、ここで一つじっくり考えてみる必要があります。「じっくり考える余裕などない」のも、便利さのお陰かもしれません。それでも、自分が「便利さを求める欲望」の奴隷にしかすぎないことに気がつくことって、あるかもしれません。身の廻りの様々な機械の有機的なパーツでしかない自分が視える瞬間があれば、そうした自分を許してはおけない気になる可能性はありえます。

フッーのオジサン、オバサンがここから出発すれば、フクシマ・ダイイチの経験の重要部分が教訓になる可能性が出てきます。

私たちを取り巻く「科学技術」なるものを本当に人間がコントロールしているのか、できるのか、あるいは人間がコントロールされているのか。更には、そうした「科学技術」の成果によって、人間そのものが変質しつつあるのではないか。こうした課題を、改めて私たちに突きつけているのが、この一年間の、アブクのような時間だったのではないでしょうか。

安全の哲学——良心、良識

大阪大学名誉教授／放射線基礎医学
野村大成

二〇一一年三月一一日一四時四六分頃、自宅、阪大病院が阪神・淡路大震災の時と変わらぬぐらい揺れていると家内と息子より電話があった。しかし、五キロメートルしか離れていない医薬基盤研究所は微動もしなかったので地震に気づかなかった。

マグニチュードは9・0へ純増。震源は、三陸沖、深さ約一〇キロメートル（やがて東北から和歌山にかけ四〇〇キロメートル以上にわたる巨大面での地震）、岩手、福島沿岸に津波警報（三メートル以上）。到達後一〇メートル以上に変更。続々とニュースが入ってきた。そして、原発は自動停止し、心配ないと報道。一日で解消予定と総理に報告された。

一時間後には、国外の友人、教え子たちから、「原発は本当に大丈夫なのか」。政府、メディアは、Event（事象）であり事故でないと繰り返すが、冷却ポンプが作動しない、配電できない、自家発電機も導入できない。「巨大津波に加え、原発の冷却システムが壊れた。修復しない。メルトダウンが起こり始めているだろう」（和訳）と返信した。

一夜明けて三月一二日、経産省原子力安全・保安院発表。放射線量が通常の二〇倍〜一〇〇〇倍に上昇。ヨウ素も検出。政府、テレビ等の解説者がそろって「直ちに健康影響はない」を繰り返し、事象（Event）と説明、事故（Accident）、崩壊（Catastrophe）とは決していわない。大手メディア、NHKがこれに追従、コメントもない。セラフィールド、チェルノブイリ、JCOの経験者、識者は全く出さない。原発反対派も沈黙。戦前の情報統制とはこのようなものであったのだろうか。

この根底には、原子力の安全神話？という一〇年以上の大きな流れがある。東大以外の原子力工学科を廃止、放射線障害を教育・研究する放射線基礎医学講座も大阪大学医学部以外は自然消滅。国—経産省—東電等企業—東大原子力の独占ラインを形成、原子炉安全性、人体への安全性を審査・評価する安全委員会の独立性（独立委員会としての機能）をなくした。即ち、目先の利益優先に終始し、安全性についての教育、基礎研究を排除してきた。これは、我が国に限ったことではない（野村大成「安全の哲学」二〇〇五年）。

そして一号機につづき、三号機の水素爆発（黒煙に見えた）。この時点で、レベル七になると判断した。

環境、人体への安全性に関する政府報道、解説は、国民をあざむく目的でなく、単なる無知のようにも見えてきた。彼らの中には、放射線の人体影響の専門家は全くいない。「直ちに影響はない」との解説に対し、記者達もまともな質問も出来ない世代になっている。

「直ちの影響」すなわち急性障害（外部照射の場合、一シーベルト＝一〇〇〇ミリシーベルトまでは症状が出ない、治療しなければ七〇〇〇—九〇〇〇ミリシーベルトくらいで死亡）への懸念は、原爆被曝、核爆発、事故処理作業員、救援等で現場に突入した方たちに限られている。住民の健康リスクで問題になるのは、忘れた頃にやってくる晩発影響（がんがリスクの八割以上を占める）であり、その予防である。特に、住民にとっては風にのって遠くまで運ばれ、降雨により降下、ピンポイントで放射能汚染し、呼吸、やがては水、食物を介して体内に取り込まれて被曝する「内部被曝」が問題である。取り込まれた放射性物質の中には、ヨウ素のように特定の臓器に集中的に蓄積されるものがある。この一週間の対策はヨウ素に集約され、今後の勝負がきまる。直ちに行うべきは、汚染地域、ポイントの特定、強制退避、農産物等の移動摂取厳禁（野村、共同ニュース、三月二二日）。

放射線審議会までもが原発事故処理作業者の被曝に対し、「直ちに健康影響はない」、「五〇〇ミリシーベルトでは、下痢や出血はおこらない」。確かにそうだ。下血は一万ミリシーベルトくらいでおこる。しかし、五〇〇ミリシーベルトは、がん死が五％増えた歴史的、科学的事実に基づいた線量である。ただし、数十年後に。時の為政者、経営者の都合でかってに変更、無視されるべきものでない。

大震災、原発事故当時を振り返ってみて、何故、人類は、過去の経験を生かさず、むしろ消し去ろうとするのか。今回の巨大津波は、八六九年の貞観の津波の全くのコピーであることは考古学的、地質学的に証明されていたし、国際誌にも載っている。元原子力委員いわく、「一〇年前に知らされていたら、今回の原発事故は起こさなかった」。誘発された原発事故の汚染のパターンもチェルノブイリ事故の縮小コピーであることは、当初より予想され、数日後に実証された。しかし、対策と健康影響への防護は遅々として進まなかった。雨、放水による地下水、海洋汚染もチェルノブイリの湖水・河川汚染、セラフィールドの海洋汚染のコピーである。

災害を繰り返さないため、記録に残せ、映像に残せとその都度言われてきたが、生かされたことがほとんどない（三五〇〇年前のティラ災害を除く）。公害等に関しても科学論文、教材に残しても同じだ。どうすればいいのか。未だ生まれ来ぬ子孫は事故を防ぐことも身を守ることもできない。事故の繰り返しを防ぐことができるのは、今生きている我々自身である（野村、*Nature*, 1990）。今なさねばまた同じ過ちを繰り返す。決して犯してはならない安全の哲学（良心、良識）がそこにある。書いているうちに、怒りが立ち込め筆が止まる。一つだけ安堵したことがある。原発爆発防止に向け、緊急対応してくれた都知事、東京都消防隊長らの記者会見発言である。私共が長年教えてきた「放射線被曝、障害と防護」について淡々と正確に説明してくれた。どの評論家、識者も言えなかった。そして、彼らに教えた某私大教授がいた。これに対し暴言をはいた大臣以下は万死に値する。

事故後、政府、企業を代弁してきた評論家、学識者は消えていったように見えた。しかし、これを操った根本は全く排除されていない。わずか一年で、省庁、委員会の名前を変えて、また、あたかも被害者のような顔をして、舞戻り始めている。原子力平和利用は、独立した安全委員会のもとでのゆるぎなき安全確保を基本条件として、民主、自主、公開のもと膨大な国税をつぎ込んでなされてきた。しかし、誰が委員を選ぶのかを考えれば、事故を繰り返す原点が見えてくる。一般市民は僅かの誤りでも処罰をうける。日本は経済的にはリッチになったかもしれないが、文明的、哲学的には貧しい。

汚染ガレキ処理をどう考えるのか

京都精華大学教授／環境学
山田國廣

あれから一年以上が経過した。岩手、宮城、福島という被災三県のガレキ総量は二二五三万トンであるが、一年経過した段階でも処理されたのはそのうち六％でしかない。この数値はあまりにも小さい。遅れの主要原因は表向き「放射能汚染」であるとされている。しかし、その裏側には重大な「政策ミス」が隠されている。復興の象徴的存在となっている「汚染ガレキをどう処理するのか」について、私が考えていることを説明する。

市町村における三つの汚染タイプ

今年三月末に藤原書店から『放射能除染の原理とマニュアル』を出版した。本書の口絵に「放射能および焼却灰汚染（Bq／kg）の広がりと汚染軌跡」というマップを掲載した。焼却灰汚染は、草木、土壌、厨芥、下水汚泥などの放射能汚染を反映した指標で、焼却によって濃縮されているため感度がよく空間放射線量分布の外側まで低レベル汚染が広がっている様子がよくわかる。このマップを見ながら、放射能汚染を市町村レベルでみると①焼却灰汚染がある市町村（Aタイプ）、②焼却灰汚染がありかつ地震、津波による汚染ガレキがある市町村（Bタイプ）、③焼却灰汚染がない市町村（Cタイプ）という三つに分類できることに気付いた。Aタイプの市町村は、北から岩手県、宮城県、山形県、福島県、新潟県、茨城県、栃木県、群馬県、長野県、千葉県、埼玉県、東京都、山梨県、神奈川県、静岡県という一五都県内に存在する。Bタイプは Aタイプの一部であり、主要には海岸を有して津波や地震によるガレキが存在する市町村で岩手県、宮城県、福島県、茨城県、千葉県という五県内に存在する。Cタイプは Aタイプ以外の市町村である。

「広域処理」の問題点

このように三タイプに分類すると、政府によって推進されている「汚染ガレキの広域処理」の問題点がよく見えてくる。「広域処理」は、宮城県の一五六九万トンのガレキのうち二一・六％に当たる三三九万トンと岩手県の四七六万トンのうち一二％に当たる五七万トンについて県外の市町村に処理を委託するものである。福島県の二〇八万トンについては広域処理対象にはなっていない。

ここで、汚染ガレキを受け入れる県外の市町村として、汚染問題を既に抱えているAタイプと、汚染問題がないCタイプでは、市町村の廃棄物処理政策として根本的に意味が違うことを認識しておく必要がある。例えば、Aタイプの東京都足立区では宮城県女川町の汚染ガレキを処理している。足立区の焼却灰汚染は九四七Bq／kgであり、東京都でも最も高いレベルである。足立区には、すでに草木などの放射能汚染があり、それらが現状の焼却処理で適切に除去処理されているかどうかが実証され情報が公開されている必要がある。

国立環境研究所の山田正人氏の報告書「放射性物質に汚染された廃棄物の問題」によると伊達市、須賀川市、福島市、いわき市、柏市など放射能汚染地域における焼却施設の放射性セシウム除去率は、バグフィルターで九九・九％、電気集塵機で九八・六〜九九・八％とされている。Aタイプの市町村ではすでに焼却処理をしているが、十分な除去率の確保と実測値の公開が前提となる。それができていないのに汚染ガレキを受け入れるのは間違いであり、現状の汚染処理を適切にすることを優先すべきである。

Cタイプの市町村で汚染ガレキを受けいれるのは、地元住民の抵抗が大きい。バグフィルターで九九・九％除去できたとして、〇・一％がいくら少なくても「新たに焼却炉周辺に拡散されるというリスク」に対する抵抗感は大きいのではないか。今後も、Cタイプの市町村での受け入れは難航することが予想される。

地元の処理施設を拡充し、除染を復興に繋げるべきである

仮に「広域処理」がスムースに進んだとしても、それは宮城県の二一・六％、岩手県の一二％のガレキ処理が終わるだけであり、宮城県や岩手県の復興が大きく前進するわけではない。宮城県の七八・四％、岩手県の八八％、そして福島県の一〇〇％は地元で汚染ガレキを処理しなければ復興に繋がら

ない。汚染ガレキの地元処理にこそ復興の原点がある。

福島第一原発から広範囲にまき散らされた放射性セシウムは、①反応力が強い、②超微量である（ガレキの中の一万Bq／kgの質量は〇・〇〇〇〇〇〇〇〇〇一六六g）、③バグフィルターや集塵機内では大量の塩素と反応して塩化セシウムになり冷えると結晶化して煤塵に取り込まれて効果的にフィルターに捕捉される、④塩化セシウムは水によく溶けるので除去設備としてスクラバーを追加する、というシステム化を行えば九九・九％除去できるのではないかと考えている。

Aタイプでは「リスクの追加」、Cタイプでは「新たなリスクの発生」がある。そしてBタイプの放射能ガレキ汚染地域においては残りの〇・一％の汚染があったとしても、それは九九・九％の除染と代替されるという「リスクの交換」になる。何よりも、焼却できるのであれば既存の焼却炉、新設の専燃炉を「ごみ発電」にすることが可能となる。実は福島、宮城、岩手の七〇％以上の面積は森林であり、そこの樹木が広範囲に汚染されてしまった。森林の除染は最も困難であると考えられるが、一方で森林は膨大なバイオマス・エネルギー源である。燃やせるのであれば除染を復興に繋げる絵が描ける。バイオマス・エネルギー特区、自然エネルギー特区などの構想が実現できる。そうすれば、被災三県にお金が流れ、仕事が生み出され、そのことによってはじめて「復興」が実現できる。

政府の政策が「広域処理というパフォーマンス」に集中している間に地元処理が疎かになっており、「広域処理はかえって復興と反対方向へ向かっているのではないか」と危惧している。

不可視の都市に

青山学院大学教授／建築史
鈴木博之

東日本大震災に遭遇したのは、東京・青山の勤務先においてであった。まず最初の判断は、部屋を出るべきか、留まるべきかである。部屋は三階にあり、建物は華奢な構造の鉄筋コンクリート造三階建てである。研究室の書棚は、さいわいにも転倒しなかったので、未曾有の揺れであったけれど、何とかなりそうだと見当をつけた。部屋に留まる。

時刻は昼下がり、その日のうちに帰宅できそうだと思ったので、揺れが収まってしばらくしてから、勤務先を出た。注意したのは、歩道橋が落橋していないか、ビルのガラスが道路上に割れ堕ちていないか、ということだった。青山通りを見渡したところ、それが見当たらないので、交通路は確保されているだろうと考えて、歩いたのだった。

ルートは表参道、原宿、新宿、落合、大山、自宅（板橋区）である。途中でペットボトルの飲料を買う。落合近くで夕食を摂ったので、五時間くらいかかったが、無事帰宅できた。夜に入ってからは、幹線道路に人が溢れ出したが、すでに自宅近くまで来ていたので焦燥感はなかった。自宅にたどり着いて、安堵した。五感を働かせ、細心の注意を払って、都市を横断したという気がした。歩いて帰れるぎりぎりの地震だったと感じられ、まさに薄氷を踏む思いだった。東京の被害は、脆弱な現代都市のぎりぎりの境界線上にあったと感じたのである。

しかしながら、事実はまったくそうではないことに、やがて気づく。福島第一原発の事故である。わたくしにとっては、3・11の第二幕の開幕であった。炉心溶融があり、放射能の大量漏洩があることは、震災当日にはまったく想像できなかった。「五感を働かせ、細心の注意を払う」ことでは、何もできぬことを知ったのである。それが現代の文明であり都市であった。すでに直感や動物的勘では判断がつけられない次元に、現代の都市と文明は突入している。

現代都市は不可視の都市だといわれるが、それが文字通り目に見えぬ脅威にさらされているのである。放射能被害も、情報通信網の混乱も、目には見えない。われわれは自分の位置を決めるのに、感覚や経験で判断を行う次元ではすでにないのだ。

それでは何が求められるのか。われわれが拠り所にするものは、論理以外の何ものでもない。いかに苦い結論をもたらすものであれ、論理的帰結を遵守し、そこに立脚する以外、現代を生き延びる方法はない。そして現代文明が今回の原発事故を引き起こしたという事実のうえに、論理は構築されねばならない。

感性、感覚、フィーリング、気分といったバブリーな指標がいかに無力であったかを噛み締めている。蓋然性、確率、希望的観測をもてあそぶ傲慢を、反省しなければならない。あやまった現実主義という理屈で、原理的な問いを捨て去ってはならない。論理的帰結を直視して、その帰結が回避されるべきものであるなら、論理をもってそれを回避するべく、努力しなければならない。

友人たちは東日本大震災に対して、さまざまな行動を起こした。仮設住宅と復興住宅の提案と設計に取り組む友人、遺児たちの奨学資金の募金活動を組織した友人、鎮魂の森をつくろうとアジアの連帯を呼びかけている友人、それぞれに論理的帰結としての行動をおこしている。わたくしは、わたくしなりの努力をしているのだがそれはここに述べることでもない。だが、構築すべき論理の回路は多岐にわたり、解決すべき障害は重層している。歴史のひだに分け入って、問題の発端とその責任を問いたい。無論それは己に対しても問い返されてくる。語れや君、そも若きおり、何をかなせし。

迂遠な論理といわれようとも、問うことの重要性を考えたい。答えを求めることより、問いつづけること、原理的な問いを提出すること、その重要性が改めてわたくしのなかで湧き上がっている。一九世紀にジョン・ラスキンとウィリアム・モリスが問うた「ものを作る」ことの倫理性についての問い、一九六八年の大学闘争のなかで問われた科学の論理の社会的責任への問いなどが、現代的切実さをもって迫っている。成長の限界が叫ばれてから四〇年以上が経った。しかし世界はその警鐘を受け止めることはなかった。いまの世界は原理的に誤った方法論のうえに立っているのではないか。蕩尽するまでのつかの間の繁栄の輝きに、われわれはよっていたのではないか。無限成長をつづけることなどあり得ない近代社会の技術を、どのようなかたちで平衡状態にするのか、持続可能にするのか、そのためには何が問われているのか。無論、答えが出るとは限らない、答えがあるとも限らない。問うこと、問いつづけることが必要だと考えている。モリスの問いは一世紀を越えてなお、問いでありつづけているのであるから、ラディカルであることを忘れたくない。

文明の岐路

千葉工大惑星探査研究センター所長、東京大学名誉教授／地球物理学
松井孝典

東日本大震災について考えたことは何かと問われれば、この小論に付けたタイトルそのものである。大震災の直接の被害について、あるいはその災害からの復興という問題より、福島第一原発の事故を受けてこの国のあり方を考えた。我が国が二〇世紀型の文明の最先端に位置するという意味では、この国というより、文明のあり方といったほうがよい。そこで直後に出したアピールのタイトルは、「復興か、創造か?」というものであった。

我が国は、幸か不幸か、四つのプレートの境界上に位置する。したがって、今回のような災害から

は逃れられない宿命にある。それを甘んじて受け入れて、覚悟してこの地に住んできたともいえる。したがって、それもまた我が国の風土であり、文化と考えられるのだ。この意味で復興は、今困難があるとしても、いずれ時が解決してくれるだろう。しかし原発事故は異なる。本質的に異なる問題を提起しているからだ。それはじつは二〇世紀型文明の本質を問う問題なのだ。

我々、すなわちホモサピエンスは、一万年くらい前、地球システムのなかに人間圏という構成要素を作って生き始めた。そのときから我々はもはや、生物圏という構成要素のなかの種の一つではない。人間圏という考え方は、世のなかに一般的に受け入れられている、いわゆる生態系という考え方とは異なることに、読者は注意されたい。人間圏というサブシステムも一万年の間に大きく変化した。特筆すべきは二〇〇〇年ほど前の駆動力の獲得である。その結果、我々は欲望を解放して生きられるようになった。資本主義という制度の導入と共に人間圏は急激に拡大した。人間圏はあまりに巨大化したが故に、更なるその拡大に、地球システムから負のフィードバックを受け始めている。それが地球環境問題をはじめとするさまざまな文明の問題の本質である。二〇世紀型文明とはまさにこの巨大化した人間圏のことに他ならない。

ホモサピエンスは、他の人類と異なる生物学的特徴を持つ。それが故に人間圏を作って生き始めた。その一つが右肩上がり思考というか幻想である。原発事故は、その本質に関わる問題を提起した。なぜか？　原子力はその是非は別にして、人間圏にとって究極の駆動力だからである。それは多くの人が認識しないが、地球システムの駆動力と同じものである。地球は放射能の星なのである。

科学技術とは科学を用いた技術のことである。したがって、人間圏の発展に役だってこそ、その意味がある。その内部に駆動力を持つ人間圏を作り生きようとするホモサピエンスにとって、原子力を駆動力として利用するのは、その誕生と存在理由に関わる本質的問題でもあるのだ。

文明の岐路とは、原発の是非や、再生可能エネルギーに依存した社会の是非を問うことではない。実は「右肩上がりの人間圏」の是非を問うことなのである。原発に依存しないとすれば、三割減のエネルギーで成り立つ日本（二一世紀の人間圏）を考えねばならない。今、どうすればそのことが可能かを考えている。

最後に私にとっての二〇一一年三月一一日の経験を述べて終わりにしたい。この日私は、成田到着予定午後三時一五分の、ヒューストン発成田行きのコンチネンタル航空の機内にいた。もちろん当時そのことを知る由もないが、東日本大震災の地震が発生したその時は、ちょうどその震源域の上空を飛行していたことになる。茨城沖の海上で方向転換して成田に向かい、いよいよ長旅もこれで終わりということで、すっかり帰国した気分になっているのに、飛行機はいつまでたっても着陸しない。上空を旋回しているばかりである。しばらくしてようやく機長からのアナウンスがあった。地震のため成田空港が閉鎖され降りられず、これから横田基地に向かうという。

不思議なことだと思った。成田が地震で閉鎖されるとしたら、東京で大きな地震があった可能性がある。そうだとしたら横田に降りられるわけがない。今でこそ惑星科学やアストロバイオロジーを主たる研究分野にしているが、地球物理学教室を卒業し、地球システムの研究をしていれば、その常識として、東北の地震で成田が閉鎖されるということは普通には想像できない。地震予知論的に、今回の地震は想定外だったというのは、それは全くその通りなのである。結局飛行機は横田に降り、そこに一時的に駐機した。どこで地震が起きたのだろうと、いろいろ考えたが思いつかない。機長からは情報が全くアナウンスされないし、携帯を使って良いというアナウンスにも関わらず、乗客からも何の情報もない。ちなみに私は海外に自分の携帯を持っていかないので、その時携帯がつながらないという状況にあったことは後で知った。

その後二〇時半頃、給油して羽田に行くというアナウンスがあり、やれやれこれでやっと降りられるか、と思ったのもつかの間、羽田が満杯で着陸許可がおりないから他の空港を探すという。結局最終的に、名古屋の空港に降り立ったのは二三時過ぎのことだった。そこで初めて東北でものすごい規模の地震があり、その津波で沿岸地域は壊滅状態だという話を聞いた。それでもまだ、バスの深夜便で東京に帰れると思っていたし、何故成田が閉鎖されたのか、その事情はよく分からないままだった。すぐに名古屋まで行き、東京行きのバスを探したが、すべて運航中止という看板が出ている。しかも名古屋駅に人があふれている。ようやくこれは何かとんでもない事態が東京にも起こったのだと認識した。仕方なくホテルに一泊しようとしたら、今度はホテルが一杯である。実際には私は運が良く、飛び込みで入った駅前のホテルの最後の一室を確保でき、その後立て続けに飛び込んできた一〇名ほどが断られるのを見て、そのことを知った次第である。

ホテルにチェックインしてテレビをつけて唖然とした。どこかで見た光景が広がっていたからである。二〇〇四年のスマトラ沖地震でタイや、インドネシア、スリランカなどで大きな津波被害があったのはまだ記憶に新しい。その当時、津波が襲った地域には、津波で打ち上げられるであろう「津波石」があるはずだと思い立ち、直後にタイに調査に出かけたことがある。その時見た光景と瓜二つの光景がテレビに映しだされていたのである。これが日本でその日現実として起こったことだということがにわかに信じられなかった。家に電話し、東京での事態もようやく理解した。これらの情報をヒューストンに残っている仲間にメールで知らせ、とりあえずその日は終わったが、これは震災に関わる被害という意味では序の口にすぎないことが、その後判明した。福島第一原発の事故である。

原発事故は、まさかまさかという事態の連鎖反応であった。まさかとは、現場で、科学技術的に合理的な判断がなされていれば、そこまでの事態は起こり得ないだろうという事態が次々と起こったからだ。科学技術立国などと称しながらそこまでこの国は弱体化していたのかという驚きである。その驚きと失望は今も変わらない。

農業を語り直す

暮らしの実験室やさと農場
鈴木文樹

農という営みはつきつめていえば、光や水や空気や土を食べ物に換えていくというものであるから、それが汚染されたらもうどうしようもない。かつてチェルノブイリの事故の時、「これからは化学肥料を使ったほうが安全ということになるのかねぇ」などとレタスを収穫しながら同僚と話したことを覚えている。しかし、まだまだ遠い国の出来事という意識だったと思う。今回はそれがわが身に迫ってきた。山の落ち葉を集めそれを堆肥にして土を肥やすのは（伝統的）農業の基本だが、今それをやれば山を除染し放射性廃棄物を畑に投入していることになってしまう。また私たちの農場では薪ストーブを使っているが、その灰を計ったら三千ベクレルだった。管理が必要な八千ベクレルまではいかないが、身近に置くこともできないし、まして苗床に使う訳にもいかない。茨城南部で捕獲したイノシシからは基準を大きく超すセシウムが検出され食用にまわすことが禁じられた。最も清浄なはずの山で暮らす生き物が最も汚染されている。汚染が比較的少なくてすんだ〝茨城でさえ〟こんなとんでもないことになっているのである。

私たちの農場経営も小さくない打撃を受けた。一時期、そして今でも、放射能を理由としてやめる人が多くでたのである。低レベルとはいえ当地も汚染されているのは事実であり、不安なものはできるだけ避けるというのは消費者として合理的であり、風評という言い方は当たらない。現実的リスクはこんなに低いんですよ、とは言えるがこういう時、それで人を引きとめることはできない（現実的リスクが問題となっているのではないのである。おそらく、彼らにとって。ケガレ意識のようなものが呼び起こされているのではなかろうか）。かつては安全なものを求めてやってきて、今は安全なものを求めて人は去る。私たちの農場は一九七四年に安全な食べ物を求める子持ち世代の主婦たちを主力として建設された（たまごの会）。子どもに安全で納得のいく食べ物を食べさせたかったのである。今にして思えば牧歌的な時代だった。今では電話がきて「今度結婚して子どもができたので、すみませんがやめます」と言う。私は電話口で返す言葉がでない。とんでもないことである。

太陽からの光、清浄な空気や水、黒々とした土、そういう所与としての自然の恵みを私はこれまでほとんど意識したことがなかった。無垢で豊かな自然は無条件で与えられているという安心感の上にすべてが成り立っていた。しかし今になって考えれば農という営みの明朗さ、楽天性の根拠はつきつめればそこにあったのだ。それが失われた。土の汚染は○○ベクレルで野菜は△△ベクレル、だからこれを食べ続けてもこの程度のリスクにしかならない、という現実的な語りは農業者としてむろん必要である。しかし土や野菜をそういう文脈で語らなければならなくなったということ、無垢な自然への信頼感が失われた、そのことが大きい。むろんこれまでも土も水も無垢などではなかった。しかし土も水も世の汚れを最終的に浄化する場所としてイメージされてきた。アニメ「ナウシカ」で、永遠の時を刻みながら腐海の毒を浄化しているのは木であり根であり土であり水だった。あれは私たちの集合無意識のようなものだろう。農を営む者は「土はキレイなもの」という無邪気な信仰を生きてきたのである。だが、セシウムもストロンチウムも土が浄化できるものではない。燃やして灰になっても消えない(燃やすというのは意識の中では究極の浄化であったはずなのに)。放射能は環境内においても身体においても、また精神においても従来の汚染とは違い、もうひとつ深いレベルの汚染であって、その、生物にとっての根源的異物性がいつまでたってもスッキリしない日常を生んでいる。農という営みの根本の明朗さ、楽天性に陰りをもたらしてしまった。茨城でさえ、こうなのである、フクシマはさぞ。

さて、放射能により〝安全〟という看板を出せなくなったエリアで、今後もひき続き有機農業を続けていくとすれば有機農業の存在理由を語らなければならないし、それは結局根本から〝農業を語り直す〟ことになるはずだ。本当はもうずっと前から必要だったのに農業者はその仕事をサボってきた。今がラストチャンスといえるかもしれない。農業は明治以来これまで、農家・農協・消費者・流通業者・農水省・農学部……等々という〝業界内〟の問題だった。そして家畜・飼育・作物・栽培・生産・コスト・農業……等々という近代的で強固な言葉で語られてきた。近代農学の山のような書物を一冊でも開けばそうした言葉で埋め尽くされているのがわかるだろう。しかしもはやそういう言葉では、またそのアンチないしオルタナティブとしての有機農業云々という語りでも、〝今農業について語るべきこと〟は語りえないだろう。そういう枠組みと言葉では今必要とされる農業についての語りはできない。

必要なのは農業についての新しい語り口であり、新しい農学、生き方としての農学ともいうべきものである。農（業）とは狩猟採集に替わる、新しい人と動物や植物、自然との関係の在り方、あるいは人と動物や植物との共生（棲）の形である。文明史的に言えばそうなる。歴史は常に人間の歴史として語られるけれども、人間は人間だけで歴史を作ってきた訳ではない。鶏、牛、馬、犬……米、麦、豆……等々の沢山の動物や植物と共に歴史を生きてきた。それは単に家畜を飼い、作物を栽培して生活してきたということではなく、新石器革命以後は人間という単独の主体など観念の中にしかなく、暮らしの中の実体としては彼らとの関係の総体、〝共生体〟ともいうべきものになっているということだ。だから彼らがどう扱われているかを見ればその社会や人の基本性格はわかる。そういうものなのだ。語られるべき農学は新石器革命以後の、人と動物や植物との関係についての学、人間だけがする農（業）という不思議な行為の意味と構造を明らかにして、どうしたらその関係が物質的にも精神的にも最も豊かでありうるかを問う学になるはずだ。明治以来の近代農学、とりわけ一九六〇年代以降の農業の近代化は〝農〟というものをごく狭い、単なる経済の一分野とすることで農業を限りなく貧相なものにしてしまった。私たちは農（業）のもつ潜在的豊かさからますます遠ざかっている。そのことに気付いてもいない。もったいないことである。

3・11以降、かような新しい農学への渇望と切迫が自分の中で、かつまた社会的にも高まっているのを感じる。

〈地域〉主体の発想への転換

法政大学教授／建築史・都市史
陣内秀信

東日本大震災の一周年にあたるこの三月一一日、私は地域づくりシンポジウムのために壱岐（長崎県）の港町、勝本を訪ねていた。法政大学建築学科の私の教え子の一人、森田健太郎君が、この地にできた博物館建設の現場を担当した縁から、すっかり根を下ろして、地域資産を活かし地産地消を推進する環境と文化の活動に、地元の人たちと熱心に取り組んでいるからだ。この島にも、三陸海岸と同様、背後に丘の迫る小さな入り江のそれぞれに漁師の村が存在する。海とともに生きる東北の被災した町や村への連帯のメッセージを込め、あえてこの日を選んでシンポジウムが行われた。地元の酒屋の伝統的な蔵を舞台とし、イタリアのスローフードを紹介し活躍する友人の島村菜津さんらと、地元の資産（歴史、自然、生活文化）を掘り起こしながら、土地の人と人が様々に繋がる地域づくりの重要性について熱く議論し、おおいに盛り上がった。

震災後、確かに人と人の繋がりを大切にする気持ちが強まっているのを実感する。福岡の港とこの壱岐の港を結ぶフェリーの一隻が古くなったので、近々新しい船に置き換わるが、市民から名前を募集し、「絆」に決定したという。

その前日の三月一〇日は実は、東京の九段にあるイタリア文化会館において、「日伊協会」が会員向けのフェスタとして実施した「イタリア的人生のダイナミズム」という催し物で、BS日テレで放送され静かな人気を呼んでいる「小さな村の物語　イタリア」の現場で取材し続けるディレクターの小池田由紀さんと、イタリアの小さな村の底力や魅力をステージの上で語り合った。時代を先取りするこの番組の仕掛人、プロデューサーの田口和博氏は、日本から失われた大地で働く人々の姿や、気候や風土に逆らわず共存しながら暮らし、先人たちが築き守ってきた伝統や文化を誇りに思いながら生きることの大切さを、イタリアの小さな村の姿を通じて描いてみたいと考えた、とその狙いを明かしてくれた。

まさに、震災後の三陸海岸の町や村で必死に頑張る人々の生き方を見ながら、そのことの大切さを我々日本人の誰もが今、思い起こしているところだと思う。田口氏も、この一年は東日本大震災への心の応援を番組の最後にメッセージとして発しているという。この番組の意味、価値を再度、考えることを通じて、土地と人間の結びつき、人と人の繋がりの大切さを私も改めて深く思った。

そもそも日本は明治以後、富国強兵に始まり、近代化＝西欧化の推進、そしてとりわけ戦後の経済発展をめざす効率と便利さのあくなき追求の道を突っ走り、中央集権の体質と企業国家を築き上げた。その結果、東京中心、国家中心の一極集中構造をつくりあげ、本来の日本にあったはずの地方の力を弱める結果を生んだ。それぞれの〈地域〉での個性的な生活文化や経済的自立が失われてきた。もっぱら首都圏への電力供給のためにつくられた福島原発の事故で、地元が大きな犠牲者になった。東北の魚も野菜も、先ずは巨大都市東京のために生産される従属構造が露わになった。過疎、高齢化が進み、地域社会が衰退の兆候を見せていた三陸の小さな町や村が津波で壊滅的な被害にあって、再生への復元力を発揮するのがなかなか難しい状況にある。行政の合理性、効率を追求した平成の大合併も、小さな町や村の自立性を奪う方向に拍車をかけていたに違いない。

しかし、とりわけ大震災後の今、考え方は大きく変わりつつあると思う。〈地域〉の元気を取り戻す必要が強く感じられている。そもそも、グローバル経済の仕組み自体が破綻し始め、危機の状況を示している。世界企業の論理で東北にも多く立地していた工場が被災し、長らく生産がストップした苦い経験もふまえ、それぞれの地方で発想を転換し、地元の資産をフルに活用するような〈地域〉に根を下ろす新しい産業、経済活動を創造することが必要だ。当然、漁業、農業の再生が急務だし、若い世代にも魅力となる新たな時代に見合った付加価値のある第一次産業の在り方の模索が求められる。地産地消の「スローフード運動」のような発想は、特に〈地域〉の自立に繋がるだろう。原発に頼らず、地元で生み出される小規模な自然エネルギー、再生可能エネルギーを多様に開発し、まさにエネルギーの地産地消的な発想へ転換することも重要なテーマとなる。

人口減少時代に突入すると言われる日本社会。そのなかで、首都圏への集中をさらに求めるのは自殺行為である。全国各地に元気な人々の力と知恵がまんべんなく分布し、それぞれの土地で地域資産が掘り起こされ、想像性豊かな経済活動と生活文化が生まれるような、新たな社会の在り方を築き上げることが今、日本にとって最も重要な課題になっていると思う。

情愛を生産する農業をすてるな

百姓・農と自然の研究所代表
宇根　豊

食料が生産できなくても、百姓仕事だけはしたいと思うのは、人間だけではない。人間と連れ添った自然の生きものたちはさらにそうしてほしいと思っているにちがいない。「農業は食料を生産する産業」だなんて、矮小化もいいところだろう。食べものの安全性よりももっと大切なことを語っておきたい。

目の前に原発事故で汚された田んぼがある。政府は一定以上の放射性セシウムが含まれている田んぼでの稲作を禁止した。もちろん補償はされるだろう。田植えをして、せっせと手入れしても、とれた米の放射能汚染は安全基準を超えることが見込まれるからだ。このことを当然だと日本人は思っているが、そうではない。田んぼは百姓だけのためにあるのではない。そこでとれる米を食べる消費者のためにだけあるのでもない。多くの生きもののためにも、地域社会のためにも、風景のためにもある。ようするに人間の情愛のふるさとでもある。だからこそ、作付けされていない田畑は一段と痛々しい。

だからこそ、百姓ならば放射線で汚染された田畑を放り出すよりも、田んぼで仕事を続けたいと願うものだ。ところが、科学的な機器分析によってしか表示できないシーベルトやベクレルの数値で、それをあきらめよと言う。「人間の安全性がすべてに優先する」と言う。それは科学的な知見に裏付けられていると言われると、もう選択の余地はないように見える。しかし、大切な世界を守るために、あえて放射線をあびてそこにとどまる理由が百姓にはあるのだ。

当然ながら、これらの科学的な基準を拒否して、仕事とくらしを在所で続けた百姓たちはつらい目にあった。しかし、そのことで普段は見えなかった農業のもうひとつの世界が見えて来たことを私は忘れない。

稲作が禁止されたところで、百姓仕事を「決行」した百姓が何人かいた。なかでも福島県の百姓の振る舞いは、「農業とは食料を生産する産業だ」という国民的な誤解を覆すに足るものだった。彼はツバメが飛来したのを見て、田んぼに泥がなくては巣作りが難かしいだろう、と感じて、田んぼに水を入れて代掻きをしたのだそうだ。するとそのために蛙の鳴き声も聞こえたと言う。

放射能のリスクによって田植えできない村で、ツバメのために代掻きをするのは、百姓仕事の一面をきっぱりと示している。これはツバメのためだけではないと思う。田んぼのため、土のため、水のため、生きもののため、何よりもそういう世界との関係を切りたくないからである。そういうものへの情愛を農業は生産し続けてきたからである。

これをツバメや蛙の立場からみれば問題はもっとすっきり見えて来る。生きものは田植えしてもらわなくては困るのである。百姓や田んぼや稲という仲間と、いつも一緒に生きてきたからだ。ここで私が以前に詠んだ駄句を、紹介する。

そのために　田を植えさせる　赤トンボ

百姓は赤とんぼを産卵させ、羽化させることを目的として、田植えという仕事をしているわけではない。しかし、自分の田植えという仕事が赤とんぼの生にとって不可欠だと気づくなら、まるで赤とんぼが百姓に田植えを要請し、百姓もそれに応えているような関係になっていると言えないこともない。こういう関係こそが、農業が自然との間に長い年月をかけて築いてきた関係なのだ。この関係こそが、農が生業だった頃から、この国の身近な自然を支えてきたのに。この関係を農業の価値から追放するなら、日本人は大切な情愛を失うだろう。

津波で家を失った岩手の人の話を直接聞いた。ある日、瓦礫の上にとまっているスズメが目にとまった時、そうかスズメたちも巣を作る家がなくなって困っているのかと、気づいたと言う。この人は同じ世界に生きる生きものへの情愛を震災でも失っていない。だからこそ、経済的な価値だけが社会の価値ではないと発言できるのだ。少なくとも日本人にとっては、ツバメや赤とんぼやスズメへの情愛に象徴されるものが、このニッポンの深い土台にあるのではないか、と私は受け止めた。

宮城県のある村では、もう農業はやめようと思っていた人の多くが、震災後はもう一度元の田んぼを取り戻して農業を続けよう、と回答したという。それまでいつも、そこに、あたりまえにあった世界が失われてはじめて見えてくることがある。瓦礫の下になった田んぼに立ったときに、田んぼから情愛がこみあげてくると言う。

国家の「震災復興」は、田んぼや土や水や生きものへの情愛を完全に無視している。経済復興ばかりが声高に語られている。経済価値などでは表現できない農業のたおやかで、安らかな世界が、むしろ見えて来たというのに、食べものの安全性だけに国民の関心を集中させている。田んぼの生きものたちの声は、明快だ。「何としても田を植えてほしい。とれた米が食べられなくても、もっと大切なものを守るための仕事はとぎれてはならない」と言っている。

3・11で確認できたこと！

環境デザイナー／都市安全学、持続的デザイン
岩崎　敬

その時——あ〜、起きてしまった！

成田から自宅に着き一息ついた直後のことである。前日までいたシドニーで、九日の地震をニュースで聞いた。オーストラリアの知人は「7だ、大丈夫か？」と心配してくれた。よく聞くとM7・3、それならさほどではないと訳知り顔で言ったが、まさか翌々日に起きるとは思わなかった。小刻みな振動とゆっくりとした揺れが重なった地震はとても長かった。直後のTVでは、津波警報が画面で点滅していた。間もなく、津波が町を襲っていく様がそのまま映し出され、津波にのみ込まれる瞬間を目の当たりにした。これは世界でも初めての経験である。その後、原発の爆発もYouTubeで映し出された。

あ〜、起きてしまった、何の準備も出来ていない！　というのがその瞬間に思ったことだ。

人災1	認知の災害	過去の災害を無視して町は拡大し、過去の被災地に住まい、さらにその地に原発も開発された	＞	歴史に謙虚になる
人災2	技術過信の災害	想定不能な自然災害へ技術で対応（設計）できると信じていた	＞	限界を知り自然に対峙しない
人災3	孤立の災害	ネットワーク共生社会での共生機能の不全がつくった孤立	＞	孤立から最低限の自立へ
人災4	コミュニケーション文化の災害	曖昧な情報 で現実が伝わらないことで正しい判断を下せず、被害が拡大した	＞	自ら考える安全
人災5	矛盾と妥協の災害	真の解を先送りし、漠然と納得する、決定過程だけでなく責任も曖昧	＞	判断の優先順ルールと責任の明確化

東日本大人災——発端は回避不能の巨大な自然災害、しかしその後は人災の連鎖

今回の災害は、まさに人災である。東北の方々の努力と忍耐で切り抜けた部分も多いと聞く、しかし災害の規模、内容、そしてタイミングは個人的な努力の範囲を超えて拡大し続けた。この大人災は次頁表の五点、しかし人災は知恵と努力で必ず解決可能である。これが実現できれば〝安全を文化〟とする未来への世界モデルであり、先端的な持続社会のスタートになる、はずだった。

脳死——知性を失った大都市、それを抱える脳死先進国家

例えば東京。国連統計では人口三〇〇〇万人以上、拡大し続けた市街地は繋がり巨大都市圏となった。車、人、エネルギー、廃棄物、行政……全てが巨大で維持するのは大変だ。何をするにも莫大な資金を要する、新たな事を起こすにも自由がきかず時間がかかる。三〇〇〇万人もいるのに未来を創るための活気があるだろうか？　これからの都市は知恵を創ること、とりわけ持続のために知恵を創出する場としての責任がある。現実の東京は維持す

るので精一杯なのだ。私はこれを都市の死、正確には〝都市の脳死〟と呼んでいる。首都を脳死に至らしめた国家も危険だ。原発の現状とかけ離れた安全広報、廃炉を避けた初期対応も脳死状態だ。しかしそれは原発だけではない。海の見えない巨大な堤防に固執する復興、広域沈下からの復興ビジョンのないままの局部的な護岸のかさ上げなどは、本質的な復興とは言い難い。今は、本来の海との関係を直視し、自分は何処に住むべきか、何処で営むべきかを考えなくてはいけない状況にある。そもそも津波災害を堤防でどの程度防げるのか、それすらも曖昧なままである。自然に対峙すること自体〝脳死〟である。それを見ないふりをしているのは、霞ヶ関なのか、永田町なのか、地方行政なのか、はたまた我々国民なのか、曖昧な了解ができている。

自然災害のリスクに対する知的な対応とは、まず次の三つの立場を明確に表現し、その上で社会が選択し、その時の理由／背景が明確になっていることだ。

・科学的知見：自然災害の想定と原因を認識すること、ないしは認識できないことを明確にすること。

・技術的知見：多様な減災リクエストへの技術的な対応可能性とそのための負担、ないしは不可能性を明確にすること。

・政治的知見：科学的知見と社会の要望との間を埋める技術的知見などから、プログラムを選択し条件を明確にし公開すること。

この三つの立場を明確にしないまま議論し、課題が曖昧になり、決定の理由が明確にならない限り将来同じ過ちを繰り返すことになる。原発事故の原因を明確にしないまま原発の再稼働の是非を議論することは、この表れである。東北の人災を曖昧にしたまま、土木工事ありきの復興も、同様である。3・11以降の経過は、その脳死状態を露呈した。まさに、今は準備が出来ていない！のだ。

時間がない、時間の概念が無い――東北にとっても、首都圏にとっても、日本にとっても

先日「首都直下地震が早まる」という研究結果が公表された。以前より、東南海地震と共に、首都直下地震の発生は予想されていた。今回の東北大震災のための予算はどう使われ、どう償還するのかという議論が年末の予算国会で議論となった。今、考えられる最悪の事態は、東北の復興前、ないしは国債の償還前に、首都直下地震や東南海地震が起きることである。まさに崩れかけた崖っぷちに立っている。建設に数年以上を要する海の見えない巨大堤防に固執し、真の地域再生に直結しない今の復興計画は、東北の危機だけでなく日本の危機でもある。縦割り施策で復興を考える悠長な時ではない。自然に対峙せず、日々地域が活気づいていく生活に根ざした方策をとりながら、いつ次の災害が起きても対応できるような姿勢が必要だ。東北の復興は日本の持続に関わっている。

“廃都”回避の都市革命――小さいことが必要条件

震災の有無に拘らず、経済、環境、人間関係、教育、何もかも、理念と構造から変えていかなくてはならない時に、災害が起きた。すでにバブル以降失われた時間は二五年。今から五年でできること、

一〇年で出来ることを冷静に認知し、都市の崩壊、日本の崩壊を防ぐしかない。原発の廃炉は解りやすい。同様に巨大過ぎる都市の〝廃都〟も必要となるかもしれない。大きな都市は効率も悪く、維持費もかさみ、人間的な知的生産には向いていない。原発の爆発後三月二二―二三日、東京や周辺の水道はヨウ素131に汚染され乳幼児の飲用に適さない水準に達した。東京都は乳幼児に対して一日分・二四万本のペットボトルを配付し、区によってはほぼ同数の追加配付を行った。同時にスーパーからは水が消えた。放射能に限らず、停電を含めたなんらかの災害で三日給水停止するだけで水の配給も間に合わずパニックになるだろう。今の首都圏は、リスクを抱えた近代の遺産なのだ。

これからの都市は大きいことに価値があるのではない、地球の一員としてコミュニケーションを重ね、知恵を創るために存在する。数十万人の人口集積があれば、知恵の都市として十分でありその小ささは必要条件である。東北の復興から知恵の都市を産むことが大事だ。東北から生まれる新時代の都市が巨大都市の負担を軽減させ、再生を支援することが必要だ。そのプログラムを次の震災前に起動させせられるかどうか、〝廃都〟の危険性と回避策を感じさせた、3・11である。

新しい課題・「防げたはずの生活機能低下」
――被災者本人の知恵と能力を生かす環境づくり――

国立長寿医療研究センター生活機能賦活研究部　部長／医師
大川弥生

阪神淡路大震災以来、「いのち」をいかに守るかの観点から、「防げたはずの死亡（preventable death）」の予防の努力が重ねられてきたが、それに加えて、「防げたはずの生活機能低下（preventable disability）」の予防と改善を重視し、復興の取り組みの中に明確に位置づける必要がある。

災害時の生活機能低下の同時多発

筆者は二〇〇四年の新潟県中越地震の直後に現地に入り、自治体の協力を得て、災害時に歩行困難を始めとする生活機能[1]の著しい低下が同時多発し、その主な原因は「生活不活発病[2]」であることを確認した。その後地震だけでなく豪雪・高波等の多数の災害時にも同様の生活機能低下を確認し、その予防・回復の必要を訴えてきたが、その努力が微力なままに今回の大震災をむかえ、残念ながら大規模・広範囲な生活機能低下の発生を許してしまった。

今回の大震災では、仙台市の避難所で一カ月後にすでにこれが発生したことを報告した。その後、七カ月目に宮城県南三陸町で全町民の生活機能の把握を行った。

その結果、代表的な「活動」である歩行をみると、介護保険の要介護認定を受けていなかった高齢者、すなわち震災前には元気だった人三二四六人の二三・八％で低下したまま回復していなかった。

調査時の住居による違いも大きく、仮設住宅では町内三一・三％、町外二九・八％とほぼ三割で低下していたが、自宅生活者でも、直接的な津波の被災地で二一・〇％、更に直接被災していない地域でも一四・八％に低下が見られた。

歩行以外にも、身の回り動作などの「活動」の低下、そしてそれによる「参加」の低下など、生活機能全体の低下がみられた。

岩手県大槌町と山田町でも同様の調査を行い、同程度もしくはそれ以上の低下が認められた。他の被災地の多くでも同様のことが生じていると考えられる。

「することがない」が引き起こす生活不活発病

このような生活機能低下の原因の主なものは、生活不活発病である。その原因である「生活が不活発になった」理由で最も多いのは「家の外ですることがなくなった」こと、次いで「家の中ですることがなくなった」こと（仮設住宅生活者に多い）、そして「外出の機会が減った」ことであった。この第三の理由の契機で最も多いのは、「外出する目的がない」ことで、これは一番目の「家の外ですることがない」のと、実はほぼ同じことである。

このように、生活が不活発になった最大の原因は「することがない」こと、即ち「参加」の低下であった。災害をきっかけに、仕事や家事や趣味や外出ができなくなり、地域での付き合いや行事がなくなるのである。

また「災害後の大変な時に、散歩やスポーツや趣味や老人クラブの集まりをするなんて」と周りの人に思われるのではないかと、自分で控え、家族が控えさせてしまう「遠慮」も大きく影響する。

また支援者や支援のしくみが、本人のやれること、やりたいことまでやってあげてしまうことが、「すること」をなくし、また「遠慮」を作ってもいる。

このような状態は震災後一年経った今日でもまだ続いており、今後も新たな生活機能低下が起る可能性は大きい。したがって「回復」だけでなく「予防」を叫ばなければならないのである。

予防と回復のカギは「参加」の向上

予防と回復の基本は共通しており、特別の訓練やサービスではなく、「することがある」ようにすること、すなわち参加の機会を増やすことである。しかもその「すること」は、他がつくって与えるのではなく、復興の主体となる被災者本人が、積極的に関与して見付け、作っていくのでなければならない。

ただそのためには、最初は、そして必要に応じて、行政などの支援による「本人の知恵と能力を生かす環境づくり」が不可欠である。

そのような取り組みを、復興支援の様々な領域の中で、「生活不活発病による生活機能低下予防」という目的を明確に意識して行うことが望まれる。このような支援は医療や保健活動や介護・福祉分野の仕事だと思われがちだが、実は様々な行政分野の関与が必要である。特に高齢者の参加向上のためには、復興で重視される漁業・農業・観光などの産業のなかでの仕事作り、また伝統文化の継承や、地域の子どもや介護の必要な人の世話、また地域活動の中に「すること」の機会を増やすよう、意識的に取り組む必要がある。

さらに広く国民一般の、被災者、特に高齢者についての理解が望まれる。高齢者を「弱い人」と位置づけて、他の人が代わりにやってあげるのがよいことだと考えるのではなく、高齢者自身の知恵や能力を生かせる「すること」がたくさんある地域にするような支援が重要なのである。

「防げたはずの生活機能低下」の予防・回復の取り組みによって、高齢者を含めた被災地の方々の生活・人生の復興が実現することを心から願っている。

（1）**生活機能**。WHOの国際生活機能分類（ICF、二〇〇一）の中心概念で「人が社会の中で生きること」を「参加」「活動」「心身機能」の三つのレベルから成る三層構造として捉える。その中心となるのは参加である（上田敏「健康と病気に対する意識と取り組みはどう変るか」、『環』九号、二〇〇二年、二八〇―二八九頁参照）。

（2）**生活不活発病**。生活が不活発であることによって起きる全身の身体・精神機能の低下。学術用語は廃用症候群。誰にでも起りうるが、特に高齢者に起りやすく、改善しにくい。

つかのまの忘却

津田塾大学教授／疫学
三砂ちづる

二年ぶりにプノンペンを訪れた。カンボジアで行われている「女性に優しい出産」に関する、いわゆる国際協力、の仕事。既にＪＩＣＡ（国際協力機構）が関わって「人間的な出産」を政策化してきているブラジルやマダガスカルの人たちにもきてもらって、いっしょにカンボジアの未来を考える。その手伝いである。

カンボジアに長く関わっている技術協力専門家の友人が、二〇一一年三月一一日直後のことを話してくれる。地震が起こってすぐに、カンボジアでは考えられないくらいのスピードで、募金があつまったそうだ。日本政府の援助で一五年前に建てられた国立母子保健センターの職員たちは、文字通り全員が、あっという間にお金を出してくれた。道ゆく一日一ドルの収入もないような人たちが、なけなしのお金を日本のためにだしてくれる。あれよあれよという間に一〇〇〇万円くらいが集まったという。カンボジアの人たちの経済状況で、これは本当にすごいことだ、いつものペースでは全く考えられないくらいのスピードでそういうことをしてくれた、と感激していた。「日本は自分たちが一番困っているときに助けてくれた。日本が困っているなら自分たちがわずかなりとも支援をしたい」という熱い気持ちが伝わってきたのだ、という。

国際協力、はさまざまな国際政治経済の思惑のうちに成立している。外国に土足で上がるようなことがよいことばかりであるはずもない。日本は、橋や病院など「箱もの」ばかり作ってきた、とも批判されてきた（カンボジアには象徴的にどちらもある）。しかしこういうことがあると、いかに、国際協力に関わってきたひとりひとりの日本人たちが、ていねいで誠実な、信頼される仕事を現地で積み重ねているのか、がわかる。国際協力にかなりシニカルな見方をもちながら関わっていることも多いが、あらためて、日本という国への印象は、ほかでもないひとりひとりのたたずまいと働き方に関わっているのだ、ということを痛感した。

ブラジル、マダガスカルの人たちといっしょに医療人材育成について話す。「医者を養成しても海外に流出してしまう」という切実な話。「アフリカでは四年制の医師教育を始めた国がある、そうすると海外に流出しない。ヨーロッパでは四年制の医師はみとめられないからね」という話がでると、クム・カナール先生は静かに言う。「クメール・ルージュの時代にはメスの扱いだけを覚えたら、帝王切開をやらせたんだ。ナイフを口にくわえてね、女性に麻酔もかけないでおなかを切った。医者になる技術だけを教えるのは難しくない。人間として医者になるには、長い教育がいるんだ。教育年限を短くしたくない」。クム・カナール先生はカンボジアの産科医療をその背に担ってきた人だ。つい先月、トップを引退した。カンボジアの中堅を担い、また今、引退しようとしている世代は全員、ポルポト政権時代の生き残りである。知識階級の抹殺が試みられた時代を生き延びた医療職の語りがすさまじいものでないはずがあろうか。それはほんの数十年ほど前の生々しい現実であり、カンボジアの歴史はその上に築かれており、その上に築かれるしかない。

さて、私ども人間の歴史に平穏な時代があったのだったか。人間が人間を大量に虐殺する、ということだけでもこの一〇〇年で、あまたの歴史をもったではないか。数年前にアルメニアにも仕事に行ったが、一〇〇万ともそれ以上ともいわれるアルメニア人が一九二〇年代に虐殺されたといわれていた。この虐殺を世界が黙殺したことがナチスドイツによるユダヤ人の虐殺につながったのだ、とも。首都エレバンの虐殺記念館はひっそりと建ち、アルメニア人はその歴史の上に、ソ連の時代をかさね、今はまた国際援助を受け取る国、として出発しようとしていた。プノンペンの、ツールスレン収容所跡にはいまだ血の跡も残る。カンボジアではまだこの記憶はあまりに生々しい。それでも生きていかねばならぬ。私どもは「人間的な出産」について語りあっていたのだが、母子保健センター院長の女性産科医、ラタビー先生は「人間的である、というその言葉は、虐殺の時代を経たわたしたちにとって、実に重い言葉なのです」とスピーチで語った。

大量虐殺の狭間にどれほどの戦争と、それにともなう非人間的な出来事と、天災と、疾病に翻弄されてきたのであったか。華やかな右肩上がりの日々に浮かれれば、歴史を忘れる。私どもは、いくたびも戦争をし、天災に見舞われ続ける国に住まいながら、近代の起こす病に倒れる人を傍らにみながら、ひととき、人間の歴史の悲惨を忘れることに成功したつもりでいたのではなかったか。戦争や紛争はよその国の出来事であり、天災はたまたま起こる不運であり、疾病の流行とは牛や鶏を殺して埋めることのようだ、と理解していたのではないか。

ひとりひとりの経験にこそ寄り添い、「生の原基」と敵対するこの文明の行方を見据えることを自分に課すことについて、ゆめゆめ自分を甘やかすことがあってはなるまい、と、自戒するばかりだ。明日も歴史が続いていくことを、今日、願いながら。

不都合なことを考える必要性

名古屋大学環境学研究科准教授／建築史
西澤泰彦

東日本大震災が「国難」と呼ばれる災害であることは間違いない。そして、亡くなった尊い命を取り戻すことだけは、誰にもできない。しかし、亡くなった尊い命が、存命している私たちにいくつかの教訓を示してくれた。その中から私がもっとも強く感じたことは、自分にとって不都合なことを考える必要性である。

地震発生後、「最悪の事態」という言葉がテレビや新聞を賑わしたが、それと対で出てきた言葉が「想定外」という言葉だった。「想定外の地震」「想定外の津波」に始まり、「想定外の被害」に落ち着くというシナリオで話が進む報道番組が目立った。すなわち、「最悪の被害」は「想定外の被害」であるというものだ。

ところが、地震発生から日が経つと、今回の地震の前に、巨大地震や巨大津波の発生を予測していた研究者がいたことが報じられ、それに伴う災害の規模や防災を検討していた一部の動きも報じられた。「最悪の被害」は決して「想定外の被害」ではなく、「想定内の被害」であったことが明らかになった。しかし、その想定は、多くの場で生かされることなく、無視されたことが徐々に明らかになった。その結果、多くの方々が犠牲となり、また、終わりの見えない原発事故は、多くの人々に苦しみを与え続けている。

結局、津波被害や原発事故は想定されていた。その想定を生かすか否かは、それを受け取った側の意識の差異であった。「巨大な津波が起きるわけがない」と頭ごなしに否定する人や被災したくない気持ちが強すぎて「私は大丈夫」と考えた人にとって、やはり、今回の巨大津波は「想定外の津波」であった。その典型が原発事故であったといえる。このように考えると、東日本大震災は、自分に不都合なことは想定したくないという人間の性（さが）が如実に表れた災害であったと私は思う。

さて、一八九一年に起きた濃尾地震では、死者が七〇〇〇人を超え、倒壊家屋が一四万戸以上という被害があり、当時、「未曾有の震災」と言われた。この時、明治政府は、濃尾地震と同規模の地震が再び起きた場合、「想定したくない甚大な被害」＝「不都合な事態」が生じることを想定し、その対策を講じるため、震災予防調査会という組織をつくった。震災予防調査会は、地震の研究を進めることと同時に、地震発生後に生じる被害の軽減を図る研究を進めた。その端的な例は、木造建物の耐震化の研究であった。

濃尾地震では、その三年前に名古屋の中心街に建てられた煉瓦造二階建の名古屋郵便電信局が大きな被害を受け、それが大々的に報道された。文明開化の象徴でもあった煉瓦造建物が被災したことから、巷では煉瓦造建物への批判が高まり、それを受けて建築界では煉瓦造建物の耐震化技術の開発も進んだ。

ところが、震災予防調査会の委員として建築分野の提言をまとめた辰野金吾がもっとも力を注いだのは、当時、圧倒的に多かった木造建物の耐震化であった。大都市で官衙や大規模な公共建築が煉瓦造で建てられていく中で、庶民の生活に直結する住宅は、木造建物であった。濃尾地震の被害統計を見ると、愛知県の場合、全壊建物七万二八一〇棟のうち、木造住宅は二万八四三〇棟にのぼったが、煉瓦造建物はわずかに一棟のみ。また、半壊建物八万四四五四棟のうち、木造住宅は四万六二九三棟であったが、煉瓦造建物はわずかに六棟のみであった（愛知県警察部調査）。つまり、被災建物のほとんどは木造建物であり、その半数は住宅であった。したがって、辰野金吾をはじめとした震災予防調査会の委員たちには、木造建物の耐震化を進めなければ、国民の生命は守れないという冷静な判断があった。しかし、それを裏返せば、濃尾地震と同じ規模の地震が再び起きれば、「想定したくない甚大な被害」＝「不都合な事態」が生じることを意味していた。

そこで、震災予防調査会では、木造建物の耐震化の具体案を文書で示しただけでなく、雛形と呼ばれる建物の模型（尺度一〇分の一）を造り、目に見えるかたちで公表していった。雛形には、市街地に多く建てられていた町家もあれば、茅葺の農家もあり、さらに、地方の町村役場を想定した小規模な官衙、そして、小学校の校舎もあった。このように、雛形は、庶民が深く関わる多数の木造建物を想定してつくられた。

ところが、このような震災予防調査会の努力が実を結んだか否か不明である。関東大震災では、当時の東京市内での全壊建物一五七三棟のうち、約九五パーセントに相当する一四八七棟が木造建物であった（警視庁調査）。これは、木造建物の耐震化をより一層進めるべき被害状況であったと考えられるが、実際には、関東大震災後、耐震化の研究や技術開発は、鉄筋コンクリート造や鉄骨造に集中するようになり、木造に目を向ける人は希少になった。いわば「不都合なこと」に目を向ける人が減っていた。そのツケは、七〇年後、阪神淡路大震災における木造建物の大量倒壊につながったと私は考えている。

地震や津波は、人間の意思とは無関係に起きる自然現象であるため、それらは、被災したくないという人間の意思とは無関係に人間を襲う。これこそが、震災を天災と呼ぶ所以である。東日本大震災のみならず、過去の災害は、生命を守るためには、自分にとって不都合なことも考えなければいけないことを示している。

震災の記憶をいかに伝えるのか

大阪府立大学21世紀科学研究機構教授
橋爪紳也

大震災からちょうど一年を経過するのを前にして、ひさびさに仙台を訪れる機会があった。都市計画の専門家とともに名取から多賀城まで、被災地に足を運び、復興計画の現状についで話をうかがった。

かつては活気のある漁港であった名取市閖上地区も訪問した。一面の更地が広がり、いまだ復興の槌音は響いていない。再び市街地とするのか、住宅を設けず、産業系の用地とするのか。住民の皆さんの意見も分かれているとうかがった。

撤去した瓦礫が随所に積み置かれている。一階部分は壊されているが、二階部分や屋根は現存している家屋は、いまだ解体されていない。閖上中学校の校庭には、港から陸地に運ばれた何隻もの小型船が、いまだにそのままに据え置かれている。閖上の水門脇には、海鳥を頭頂に乗せるデザインがなされた街灯があって、往時の風景を伝えていた。そこに津波の避難路の案内表示が掲出されていた(**図1、2**)。

慰霊の札が立てられているのを見かけるたびに、足をとめ、手を合わせる。その脇に、昭和初期にこの地を襲った津波の被害を、後世に伝えるべく建立された巨大な石碑が、大切に地面に横たえられ保管されていたのが印象的であった（図3）。

震災の記憶を忘れないように、その惨状と復興の意義を次世代に伝えることが私たちの使命であることは言うまでもない。数百年先になるのか、千年先になるのかは判らないが、同規模の震災が、私たちの子孫を襲うことは間違いない。

阪神・淡路大震災の復興にあって、私は災害と避難生活の記録となる資料収集をお手伝いした。その成果は、防災や減災の研究にも取り組む「阪神・淡路大震災記念 人と防災未来センター」に収蔵され展示に活用された。

「人と防災未来センター」の建設にあたって、常設展示の計画・構想に加わった。入館者は、常設の展示室に入る前に、四階にあるふたつのシアターで災害の激しさと復興までの経緯を追体験することになる。

「1・17シアター」では、北淡で断層がずれ、激震が神戸を襲い、ビルや高架道路を倒すまでの経緯を、迫力ある特撮映像で再現する。大音量とともに床が振動、実際の経過時間に応じて場面が進展するので、なんとも迫力がある。

廊下にでると、震災で破壊された街が再現されている。傾いたアパート、潰れた車、燃えさかる火

図 1

図 3

図 2

事の様子が恐ろしい。次に「大震災ホール」に入る。ここでは、家族を亡くした一五歳の女子高生の目を通して、震災からの復旧の様子が実際の映像を用いつつ語られる。悲しみに耐え、力強く生きる意志を示す物語だ。開館後、何度、見たことだろう。見るたびに涙があふれてとまらなくなる。

観客のなかには、小学生や中学生の団体がいる場合も多い。他府県から社会科見学や修学旅行で訪問した子供たちだろうか。あるいは遠足で来た神戸の子供たちか。いずれにせよ震災後に生まれ、あの悲劇を経験していない世代だ。だから「1・17シアター」にあって、映像が始まる前は実に騒がしく、また大音量とともに大地震が襲う場面ではしゃいでいるのも仕方がない。時に歓声があがり、笑い声すら漏れる。

しかしそのあと「大震災ホール」に移り、あまりの悲劇に触れると、誰もが沈黙する。この落差のなかにこそ、「学び」があると思う。あとに続く、災害や避難生活を再現する実物展示に向かう心の準備のために、悲惨な物語を共有することは不可避なのだ。

展示計画の委員会での議論を今でも思いだす。被災者であったある委員は、神戸の人は震災のあの日のことは思いだしたくもない。再現映像による展示は必要ではないと、真剣に主張された。もっともな意見だろう。しかし私はあえて、この意見に強硬に反発した。震災を忘れない、忘れさせないためには、震災後に生まれた次世代に、あの日の惨状をきちんと伝える装置が絶対に欠かせないという趣旨の発言をした。

結果、ふたつのシアターが実現する。また、あえて見たくないと思う方は、映像展示をパスして、避難生活と復興を軸とした常設展示に向かうことができる動線も確保することになった。

東日本大震災の被災地にあっても、震災の経験を忘れないために、次の世代にいかに伝えていくのか。地域ごとの工夫が不可欠である。震災の悲惨さを伝えるミュージアム、映像のアーカイブ、語り部による伝承なども、当然、検討されることになるだろう。

仙台市のホテルに宿泊し、翌朝の新聞を見ると、ふたつの印象的な記事を目にした。ひとつは陸前高田市で提唱されている「桜ライン３１１」で、春の植樹を始めたという記事である。今回の津波到達点に一〇メートル間隔で総計約一万七〇〇〇本の桜を植樹、約一〇年をかけて総距離一七〇キロメートルの桜の線を描こうという試みだ。当初は「津波の恐怖を思いだす」という反対もあったが、全国から支援があるのだという。

もうひとつの記事は、岩手県大槌町赤浜で、釜石湾の周遊船「はまゆり」号の被災時の様子を再現しようというものだ。双胴船が陸に押し上げられ、民宿の屋根の上に乗り上げた場面は、全国に報道され多くの人の印象に残る。落下の危険性があり、いったんは撤去された。しかし損壊した建物を保存したうえ軽い樹脂素材で再現した観光船を屋根のうえに再現、震災資料館を含む公園として整備する計画が地元ですすんでいるという。山梨県から現地をたびたび訪問している彫刻家の熱意もあって、地元の人たちも合意したそうだ。

私たちは犠牲者の魂を鎮め続けるとともに、震災と津波の恐ろしさを、数百年、千年先まで伝え続けることに意を注ぐことが必要である。何世代も未来に警鐘を残すためには、強いメッセージを土地に刻み込む、よりいっそう多様な方法論が各地で模索されて良い。

生きとし生けるものが全て汚染された

国立環境研究所／生態毒性学
堀口敏宏

昨年三月一一日の東日本大震災で多くの生命や財産が奪われた。自然の大きな力の前に、人間には為す術がない。しかし、地震と津波は人智が及ばぬ天災であったとしても、東京電力福島第一原子力発電所の事故は人災ではなかったか。

東京電力福島第一原子力発電所での重篤な事故は、新聞・テレビの報道では〝想定外の津波〟が原因と繰り返し言われるが、本当にそうか。東京電力が利益優先で安全対策を疎かにし、また、政府も原子力安全・保安院も原子力安全委員会もそれを追認してきた結果、あの日の地震でこの重篤な事故が現実となったのではないか。

技術者・田中三彦氏は、東京電力による公表データを解析した結果、地震の揺れそのもので配管に亀裂が生じ、この重篤な原発事故が誘発されたと主張する。一号機の原子炉系配管に0・3㎠の亀裂が生じた可能性を受けて独立行政法人原子力安全基盤機構が実施したシミュレーションの結果、福島第一原発事故がほぼ再現されたとの新聞報道があった（『東京新聞』二〇一一年一二月一五日）。津波ではなく地震によってこの重篤な原発事故が引き起こされたとすれば、現在の原発耐震基準が根底から崩れる。地震国・日本では危険過ぎる。新聞・テレビの報道記者がジャーナリストを自認するなら、この問題を大きく報じ、追及すべきでないか。何よりも、命こそが大事である。まずは全ての原発を停止した上で（二〇一二年五月五日までには、定期点検のため、三月三十一日現在稼働中の一基も含めて全ての原発が停止するとされるが）、今後のエネルギーを何に依拠するか、国民全体で議論して決めるのが、筋である。処理できない放射性廃棄物問題にも改めて目を向けねばならない。

私には後悔・自責の念がある。反原発のつもりでいたが、一体、どこまで真剣であったか。原発からの脱却ができないまま（それを容認したまま）、昨年三月一一日の震災を迎え、そして福島第一原発事故が起き、大量の放射性物質が環境中に撒き散らされた。消極的共犯者だ。およそ一五万の人々が避難を余儀なくされ、わが家もペットや家畜も田畑も置き去りにせざるを得なくなり、いつ故郷へ帰ることができるかの見通しも立っていない。そんな人々に、言葉がない。

今回の原発事故で明らかになったことは、暴走し始めた原発は誰にも止められず、政府は住民を守らず、そして、広範な国土・自然・生きとし生けるもの全てが放射性物質に汚染された、ということである。昨年一二月、福島県の警戒区域に調査のため立ち入ったときに、放射能汚染の現実を実感し、思い知った。目に見えず、匂いもしない放射線が周囲にあふれている。土も、水も、そこに棲む生き物も放射性物質に汚染された。それなのに、この国にはリーダーも責任者も不在で、国民から信託されているはずの国家権力が、国民の生命・財産を守るために機能していない。

権力の監視を担う真のジャーナリズムがこの国に存在するかも疑問である。大マスコミは政府・東電からの〝大本営発表〟を垂れ流すばかりで、自らの調査・独自取材による検証・批判は、私の知る限り、一握りに過ぎなかった。一体、誰を、何を信じればよいのか。福島第一原発の事故後、刻々と変わる情勢は、的確に伝えられなかった。情報が錯綜しただけでなく、避難のために必要な情報さえ公表されず、的確な避難指示のないまま無用の被曝をさせられた人々がいた。政府は「直ちに危険ではない」と連呼したが、人々の健康への不安をよそに空しく響いた。私の研究室の周辺でも、実はパニックの一歩手前であった……直ちにつくばを離れて遠方に避難したいと言う者に「つくばでは急性放射線障害が危惧されるレベルではないから、落ち着け。まず避難すべきは福島の人たちではないか。われわれ（研究機関の者）が今つくばから逃げ出せば、それが世間にどのようなメッセージとなって伝わるか、考えねばならない。」と当時諌めたが、今も複雑な想いである。

事故後まもなくメルトダウン・メルトスルーが起きていた事実は昨年五月まで公表されなかった。三号機は（一号機や二号機と異なり）プルサーマル計画でプルトニウムをウランと混ぜたＭＯＸ燃料を使用していたがきちんと伝えられない。三号機の爆発映像では黒煙が高く舞い上がり、瓦礫の落下も見え、一号機のそれとは異なるが、一号機同様に水素爆発だという。本当か。三号機の使用済み核燃料プールが今どのような状況かを映像で確認したいが、見たことがない。なぜ映さないのか。セシウム以外の放射性物質、例えば、ストロンチウムやプルトニウムによる汚染の実態はどうか。知りたいことはたくさんあるが、誰も答えず、伝えない。歯がゆくて、仕方ない。

憤怒の想いではらわたが千切れそうになる。全身の血が逆流するように感じる。研究者として、何をすべきか。「本当にそうか」や「実際はどうなのか」という問いに答えるべく、自分自身で放射性物質による汚染と生き物への影響・被害の実態を調べ、明らかにすることが責務と、今考えている。

放出された放射性物質の相当量が海へ入った。これまで海の汚染・環境悪化と生き物への影響を調査研究してきた者として、知らぬ顔はできず、じっとしていられなくて、調査を始めた。とことん調べ尽くす。的確且つ妥当な方法で調べた結果を積み上げたときに何が見えてくるか、それを明らかにすることに当面は没頭する。

Photo by Ichige Minoru

戦後の初心に帰る——自戒をこめて

教育研究者
大田 堯

3・11被災地の海岸線の間近、からくも、校舎の外枠を残した小学校で、ムキ出しの水道管を眺めながら、ふとある記憶が頭をよぎった。

一九九五年の阪神・淡路大震災から一七年、あれはもっぱら天災だとみる人は少なくない。それでも当時の新聞では、「神戸市はライフ・ラインを断たれて孤立」という文字がおどっていた。記憶というのは、そのライフ・ラインという表現へのそのときの違和感である。ライフは云うまでもなく生命だが、新聞が意味するものは、ガス・水道・電気などのことだ。生命が、そういうパイプ・ラインにぴたり依存していること、無機的社会に生命を委ねきった人災でもあることを思い知らされたのだ。

あのとき最大の被災地神戸市長田区から発した火が燃え拡がっていたのだが、ある地点でぴたりと止まった。それは小さな公園の樹木だった。まさしく、ライフである樹木が止めたのだ。のちに復興途中の神戸市を訪ね、中小企業家の人たちから聞いた復興への合言葉は、「町づくりはだちづくり」というものであった。モノとカネによる復興にも、結局仲間づくり、緑を含む生命のきずなが、一番深いところからの支えだと云うのだ。その後、私は、高校生からの問いに応えて、『生命のきずな』という本を書いた。

3・11の直前、私は『かすかな光へ歩む・生きること学ぶこと』という本を、おそらく私の人生最期の著作として世に問うた。この本のモチーフを映像化したドキュメントも、大震災の直前にできた。モノ、カネに支配され、生命が二の次になりかねない無機的社会、地球上何が起こっても不思議ではない危機感を念頭に、文章を綴り、語ってきた記録をまとめたものだ。それが、こともあろうに、こんな身近なところで、耐え難く無残にも、次世代の幼い子どもたちを含む尊い人びとの生命を奪い、ヒト以外の生命をも大量に犠牲にする事態となった。

思えば、一九四六年、九死に一生を得て、雑嚢一つで南方最前線から帰還、焦土と化した大阪の旧居を経て、瓦礫をも溶かした廃墟のヒロシマに近い生地に帰る。戦争の被害は日本列島の全体に及ぶ。かのパイプ・ラインは勿論、食料にもこと欠く極貧状態の中に身をおくことになる。幸か不幸か、そこから、朝鮮戦争を機に、経済成長に転じ、またたく間に経済大国、〝豊かな国〟への奇跡的転換を遂げることになる。

3・11とはちがって、ヒロシマ・ナガサキの場合、放射能禍については、現地の誰も知らされておらず、近隣から救援にあたる人びとや子を探す親たちは無傷の状態ながら内臓被曝を受け、死者は日を追って相次ぐ無残さであった。3・11の場合、地震、津波という想定外の自然の脅威を伴ったとはいえ、原発の危険については、一九六〇年代末以来指摘されてきたもの、決して想定外のものではない。直接には、グローバル経済成長政策の波にのせられた歴代の政権の施策による明らかな人災である。

いまこの瞬間にも、私たちの全く知らないところで、一千分の一秒の時間を競うマネーゲームに象徴される経済——限りない欲望肥大化の追求——が、私たち世界中の市民を混迷に陥れている。だがその反面、ゲームと関係のない私たちの平凡な生活の中にも、マネーゲームを底支えするような意識や生き方が忍びこんでいることも忘れられない。丁度パイプ・ラインをライフ・ラインと思いこまされることもその一つかも。

さて、3・11を受けての「復興」の問題だが、被災地だけのモノ、カネによる「復興」ですむわけではない。日本社会の全面的検討が求められる。勿論、世界全体の状況を視野に入れての点検が必要だ。その復興の原理の一つとして、私は、とりあえず一九四五年敗戦の廃墟から立ち上がった初心に注目したい。

当時の国連憲章は、原爆投下を含む二つの戦争がもたらした惨禍を受けて、次世代に、同じ過ちをもたらすことがないよう、人間の尊厳、基本的人権の相互尊重をうたい、平和を貫くことを求めた。日本国憲法草案も、同じ年のクリスマスに出来上がっている。だが、これらの憲章や憲法の精神は、被爆の対象となったこの国にもみられるように、経済成長と裏腹に、一九五〇年以後、軍事、政治、教育（そして司法においてすら）において、ほとんど空洞化の施策で埋められている。

こういう現状での復興のキーワードは、まず「いのち」優先、そしてその「きずな」、連帯の再構築であろう。実際上記の諸憲章の精神は、復興にあたって、一つひとつの「いのち」と、平和な連帯の再構築を、自然の摂理にそうて、簡潔な誓いの言葉で表現している。「戦後の初心に帰れ」は、いまや珍しいものになりつつある戦前戦中派の一人である私の自戒を込めた思いである。

人類史の大転換を促す大震災

和歌山大学名誉教授／経済史家
角山 榮

東日本大震災、このたびとりわけ災害がきびしいのは、原発放射線被害が大地震・大津波の災害に加わったことである。復興、復活に全力を注ぐとの政府の宣言と努力にもかかわらず、一年経った現状は、被害者を満足させるには程遠い状況にあるようだ。不景気の中、先が不透明な被害者にとってみれば、ほんとうにこれからどう生きたらよいのか。不安といえば人と人との絆を復活し、新しい社会と経済が復興しても、それが経済成長の追い風になるのかどうか。

私は、第一次世界大戦後の不景気の中、大正十年十一月に生まれた。同十一月四日には原敬首相が刺殺される事件が起り、大正十二年には首都圏を襲った関東大震災、死者九万一三〇〇人、家屋の全壊焼失四六万五〇〇〇戸。震災復興の中にあっても、不景気はさらに深化し、昭和二年の金融恐慌では多数の金融機関の倒産が続いた。その頃小学校二年生であった私は、当時の東北地方農家の惨状について先生からきいた話がいまも忘れられない。また昭和四年の東大卒業生の就職率は、前代未聞の約三〇%、さらに日本の貿易収支も年々赤字続きとなり、経済不況の深刻化はこれ以上どうしようもない事態にまで追い込まれた。

ここまできた窮乏状況に我慢できなくなったのが陸軍の青年将校たち、彼らが日本を破滅から救済するとして行動を決心したのが、中国の満州における広大な土地開拓、農業の拡大を企画する満州進出である。

一方、各家庭における貧乏生活では、労働するときは何かにつけて、互いに助け合って勤勉に働き、毎日の消費生活の中では、「もったいない、もったいない」が口ぐせになっていて、衣服は古いものを親子・兄弟、姉妹互いに譲り合って着用し、食事の折はコメを一粒も残さず食べるといった節約、倹約のくらしの中に幸せを見出していたのである。

昭和十二年七月の日中戦争勃発以後、動力エネルギー石油のニーズが急速に拡大したが、石油資源に恵まれない日本は小国となる外なかった。世界の資源大国はブロック経済圏あるいは保護主義貿易を形成するなかで、日本は国際的孤立国に転落した。そしてアジア南部の石油資源をも含めた大東亜共栄圏の形成に向って進まざるをえなかった。それがどのような結果を招いたか言うまでもないであろう。

終戦直後から国をあげて日本再建の方策を模索するなかで、対立する米ソ両国のどちらの道を選ぶかを迫られたが、一九六〇年の安保闘争をへて日本が選んだ道はアメリカを中心とする経済成長から高度大衆消費社会に到る工業化の道であった。その結果日本経済は、アメリカと並んで世界各国の先頭に立つ経済大国に成長した。しかしそれも工業化がもたらす環境問題・資源問題などのため、「成長の限界」(ローマクラブ)の警告を受けた先進諸国は、前途不透明で活力減退したところへ、アメリカ・日本に代って二十一世紀世界経済の発展の中心は、中国、インドを中軸とするアジアへ移った。

十六世紀以来、長く続いた欧米中心の物質文明の発展が、アジアを軸とする地域へ移動することによって、西洋の地位の相対的低下は避けられない。しかし問題は、行き詰った資本主義文明の危機的矛盾をどのように修正し乗り越えるかである。東日本大震災の復興は、世界文明の画期的な大転換を無視してはありえない。

例えば原子力発電から自然エネルギーへ。自然の征服をスローガンに発展してきた欧米中心の科学・物質文明は、明らかに限界に直面している。それに対し自然との共生を大切にしてきたアジア・日本の文化との交替は必然であるし、さらに二十一世紀世界の最大の問題である「平和」についていえば、西暦一四〇〇年から一八〇〇年まで、この間キリスト教欧米諸国の間で一〇年と戦争のなかった時代は一度もなかった。それに対しアジアでは王朝交替の内戦のほかは、日本の朝鮮半島進攻を除き、四〇〇年間大きな国際戦争がなかった平和な地域である。『歴史の研究』の著者でイギリスの代表的な歴史家A・トインビーが晩年に日本を訪れたのも、アジア諸国、諸地域共生の「平和」の宗教である大乗仏教に関心をもったからである。二十一世紀の平和はアジアの時代に期待したい。

最後にひと言。私は経済史家として歴史は現場主義でなければならないと、常に自分に言いきかせ学生にも機会あるたびに申してきた。このたびの東日本大震災もすでに一年経過したが、その間当然現場へ行っていなければならないはずである。しかし九十歳を越えた高齢者になると、心が動いても足腰や身体が動かない。被害者の皆さんには誠に申し訳ないが、お許し願いたい。にもかかわらず敢て執筆したのは、このたびの大災害は人類の歴史のなかで特別の意味をもっていると主張したかったためである。

コミュニティの再建と文化の創生

京都大学名誉教授／歴史学
上田正昭

二〇一一年の三月十二日には、東京の日本プレスセンターで、二〇一二年の『古事記』一三〇〇年にちなむ講演を控えていた。その前日の三月十一日の午後二時四十六分にマグニチュード（M）9・0の大地震が勃発した。大津波だけではない。福島第一原発の事故による放射能汚染、天災と人災が複合しての日本史上未曾有の東日本大震災となった。

二万人に近い死者・行方不明者、被害をうけた被災者や放射能汚染からの避難民の数はおびただしい。行方不明者がいまだに三千名をこえているのは大津波のためであり、福島第一原発の事故も大地震だけでなく、大津波によるところが少なくない。

東日本大震災の直後、五月の雑誌に、権威のある地震学者が大津波は「想定外」であったという論文を発表されているのを読んで愕然とした。政治家の「想定外」という発言も無責任だが、三陸沖の大津波は近くは昭和八（一九三三）年や明治二十九（一八九六）年にあり、古くは貞観十一（八六九）年五月二十六日に、今回とほぼ同じような大津波があった。そのことは六国史の最後となった『日本三代実録』に詳述されており、菅原道真が編集した『類聚国史』の「災異部五」地震の項目のなかでも詳しく記されている。同年の予震二回ばかりではない。同年の余震四回の記載もある。

東日本大震災でまず想起したのは、京大の学生時代に熟読した東大の物理学者寺田寅彦教授の「日本人の自然観」であった。昭和十（一九三五）年の十月、岩波講座『東洋思潮』に発表されており、同年の十二月三十一日に、五十八歳の若さで亡くなっているから、最晩年の論文といってよい。

「追記」で和辻哲郎の『風土』や友人の小宮豊隆や安倍能成《よししげ》に暗示をうけたと書いておられるが、その論文のなかで、台風・地震・火山の爆発・津波など、気候学的・地形学的に、「厳父」の「刑罰」があるにもかかわらず、「母なる大地」の「天恵の享楽にのみ夢中になって天災の回避を全然忘れているようにみえる」といましめている。

自然を克服して発達してきた「西欧の科学を何の骨折りもなくそっくり継承した日本人」が、かつて自然にいかに調和するか、その知恵と経験を蓄積してきた学問のありようをすっかり忘れてきた「厳父の刑罰」の警告を、東日本大震災のなかで改めて痛感した。

平成十四（二〇〇二）年五月二十六日、深刻な環境問題に対処するために「鎮守の森をはじめとする社寺林や沖縄のウタキなど」聖なる樹林を守り活かすことを目的に内外の有志によって結成された内閣府承認のNPO法人「社叢学会」は、昨年の八月研究者をA班・B班に編成して被災地の調査を実施した。これまでの一〇年間に積み重ねてきた研究と技術を、被災した社叢の復興と再生に活かしたいと願ったからである。

低地の神社は潰滅的な被害をうけたが、高台に鎮座する神社と鎮守の森は多くの人びとの避難所となった。鎮守の森が地域共同体のコミュニティセンターとしてはたしてきた役割をどう再現するか、あらたな提案にとりくんでいる。幸いに被害をまぬがれた鎮守の森での復興祈願のまつりで奉納された民俗芸能の踊りや舞が、人びとを勇気づけたというエピソードを数多く知った。

昨年の十一月十六日、東京の学士会館で、社叢学会の名誉顧問であるドナルド・キーンさんと学会の理事長をつとめている私とが、「東日本大震災をめぐって」対談したが、そのおりキーンさんが、日本では大震災をテーマにした文学作品があまり残っていないのはなぜかと私に質問された。たしかに大火・台風・洪水など、もののあわれ、世の無常を作品にした鴨長明の『方丈記』や小松左京の『日本沈没』などはあっても、震災を舞台とする文学はきわめて少ない。寺田寅彦がいう「自然に逆らう代りに自然を師として、自然自身の太古以来の経験を我が物として自然の環境に適応するようにつとめてきた」自然観にもとづくためであろう。

一昨年の流行語のひとつが「無縁（社会）」であり昨年の流行語が「絆」であった。実際の現実は我よしの「無縁」の社会であり、大震災のあったおりに、心の「絆」の大切さが叫ばれる。心の「絆」を強調するその他方で被災地のがれきが安全とされる場合でも、その受入れを拒否する人がかなりある矛盾、いまの人間のウラとオモテをいみじくも象徴している。

いまや多くの家庭は建物としての「イエ」となった。生活共同体の「ウチ」ではなく、夫婦の会話すら少なく、食事も家族がそろってする家庭は減っている。

原発依存のライフスタイルも根本的に変えざるをえない。急流の多い日本ならではの地域ごとの水力発電など、新しいエネルギーの開発が不可欠となる。

大震災で心の「絆」がよみがえっての物資の支援だけでなく、被災地の要望を前提に、資金と雇用、技術の提供と企業の復興、さらにコミュニティの再建と文化の創生を応援すべきではないか。

災害史へのまなざし

北里大学名誉教授／歴史学
立川昭二

あの日、テレビに次次に映し出される惨状の映像に目を奪われた瞬間、私はとっさに胸のうちで「あっ、方丈記……」と思わずつぶやいた。

――今を去る八二六年前、元暦二（一一八五）年七月九日、大震災が畿内を襲った。その光景を鴨長明は『方丈記』で次のように語り出す。

「そのさま、世の常ならず。山は崩れて河を埋《うづ》み、海は傾きて陸地《ろくぢ》をひたせり。土はさけて水わきいで、巌《いわお》われて谷にまろびいる。渚漕ぐ船は波にたゞよひ、道ゆく馬は足の立ちどをまどはす。都のほとりには、在々所々、堂舎塔廟《どうしゃとうびょう》、ひとつとして全《また》からず。或は崩れ、或は倒れぬ。……」

ここには、この国で現にいま起こっている大震災、大津波、土砂崩れ、そして液状化現象の現状がそのまま描写されている。

『方丈記』には、地震のほか風害、飢饉、疫病、そして福原遷都という人災など、大半の紙数を災害の記述に費やしている。

『方丈記』に見られる日本人の無常観は、この「世の常ならず」という災害へのまなざしにある。より正確に言えば、「常なきこと」が「常なること」という観念である。

『方丈記』についで浮かんできたのは『折《おり》たく柴の記』であった。

江戸中期、元禄十六（一七〇三）年十一月二十二日深夜関東を大震災が襲った。のちに幕閣の一人として政治改革にたずさわった新井白石は日本最初の自分史ともいえる『折たく柴の記』に、「家は小船の大きなる浪に、うごくがごとくなる」、「地の裂けて、水の湧出れば」、「藩邸に火起れり」と精細に記録し、為政者として自分を捨てて災害へ立ち向かったことをルポルタージュしている。

この元禄大地震はマグニチュード8・2と推定されている。齊藤月岑《げっしん》の『武江年表』にはこの大地震について、「地二三寸より所によりて五六寸程割れ、砂をまき上げ、あるひは水を吹出したる所もありき」と語り、さらに「八時過ぎ津波ありて、房総人馬多く死す」と記し、その死者数について「小田原より品川迄一万五千人、房州十万人、江戸三万七千余人」と記載している。この死者数はもとより正確な統計データではないが、かりに「房州十万人」といえば、房総半島は全域が大津波によって壊滅したと想像される。今から三百年ほど前、このような大災害が首都圏で現にあったのである。

『折たく柴の記』につづいて浮かんできたのは『後見草《のちみぐさ》』。蘭学者杉田玄白が晩年、『方丈記』の筆法にならって書きつづった同時代史である。そこに天明二（一七八二）年七月十四日関東地方を襲った大震災が記録されているが、「大地ゆさ〳〵動揺して古くあやしき家どもは見る間に倒れしも多かりき」とあるのは、大きな横揺れが長く続いたと思われる。天明の地震、風水害そして飢饉、疫病をつぶさに記録した老玄白は、天災への対応を怠り誤った政治へきびしく目をすえている。

『後見草』につづいて思い浮かんだのは、あの良寛の手紙である。

文政十一（一八二八）年十一月十二日午前八時、越後（新潟県）三条を中心に震度6・9の直下型地震が襲った。この大地震に見舞われた良寛は友人の山田杜皐《とこう》宛の手紙に、「災難に逢ふ時節には災難に逢ふがよく候。死ぬ時節には死ぬがよく候。是《これ》はこれ災害をのがるゝ妙法にて候」としたためている。

一見非情とも思える言葉であるが、じつは災難に逢う時節には災難を受けとめ、災難を穏やかにやり過ごすこと、それが災難をのがれる「妙法」であり、死ぬ時節には、死を受けとめ、生をまっとうすること、という心ではないだろうか。こう言いながらも、良寛は地震の被災地にたたずんで人目もはばからず涙を流しているのである。

鴨長明、新井白石、杉田玄白、良寛と、この国の歴史上の代表的知識人がすべて大震災を体験し、それについてしっかりと記録し、それぞれの言葉で私たちに語りかけている。

いま、私たちは鴨長明の次の言葉を噛みしめなければならないのではないか。

今の世のありさま、昔になぞらえて知りぬべし。

現在を知るには過去に学ぶほかない。過去に学ばないと現在を見失い、将来を見誤る。災害史は日本人の必須科目である。

このたびの大災害とそれからの再生を根本から考え直すには、いちど『方丈記』に戻るべきである。『方丈記』を国語の教材としてではなく、災害史の古典として読むことから始めるべきなのである。

地震と漢詩

神戸大学名誉教授／中国文学
一海知義

清《しん》国の詩人黄遵憲《こうじゅんけん》（一八四八―一九〇五）は、一八七七（明治十）年、外交官として来日、ほぼ四年間滞在した。その間に度々地震にあって驚き、漢詩を作っている。その「詞書《ことばがき》」にいう、「地震、月に或いは数回。……父老謂《い》う、数十年に当《まさ》に一厄《いちやく》あるべし、と。惴惴《おのの》きて常にこれを懼《おそ》る」。

その予言どおり、四十数年後（一九二三年）、関東大震災が起こった。

私が物心ついてから経験した大きな地震は三回、（一）東海大地震（一九四四年）、（二）阪神・淡路大震災（一九九五年）、（三）東日本大震災（二〇一一年）である。

東海大地震が起こったのは、日本敗戦の前年だった。京都の私の中学は、愛知県半田市の軍需工場に「学徒動員」され、海軍航空機の部品造りをしていた。工場を襲った大地震によって壁が崩れ落ち、上級生十三名の命を奪った。

のちに彼らを偲んで、校庭に石碑が建てられる。碑には、戦時中よくうたった「学徒動員の歌」の一節「ああ紅《くれない》の血は燃ゆる」から二文字をとって、「紅燃」と刻まれていた。

戦後同窓会が開かれた時、席上一篇の漢詩が披露された。作者はかつて漢文を担当されていた老先生で、「殉難《じゅんなん》学徒の紅燃碑に題す」という七言絶句だった。

花散り水流れて　旧時を懐《おも》えば
友情限りなく　悲しみを忘れず
十三の玉は折《くだ》けて　名は長《とこし》えに在り
痛恨す　紅燃ゆる熱血の碑

花散水流懐旧時
友情無限不忘悲
十三玉折名長在
痛恨紅燃熱血碑

戦争が終って五十年目（一九九五年）、阪神・淡路大震災が起こる。その烈しい揺れを、私は神戸の自宅で体験した。

神戸には多くの中国人留学生がおり、彼らも罹災した。留学生自身による救援活動の中心の一人だった劉雨珍君は、大学院での私の教え子だった。

震災後しばらくして、劉君は中国での教職就任が決まり、八年間の留学を終えて帰国した。帰国に当って、彼は一篇の漢詩を作った。題して「業を畢《お》えて国に帰るに日本の諸師友に留別す――畢業帰国留別日本諸師友」。「留別」とは、詩をのこして惜別の情を示すこと。現在、劉君は天津の南開大学中国文学科教授、漢詩の専家である。

星移り物換《か》わること　八春秋
雪案蛍窓《せっあんけいそう》　水の流るるに似たり
華夏《かか》の古今は　皆学び問い
扶桑《ふそう》の内外も　亦《また》探し求む
山揺らぎ地動きしは　天に眼なきも
心曠《ひろ》く神怡《しんたの》しみて　人に儔《とも》あり
待ちて桜花の笑いを含む日に到らば
再び仙島に来たりて　縦横に遊ばん

星移物換八春秋
雪案蛍窓似水流
華夏古今皆学問
扶桑内外亦探求
山揺地動天無眼

心曠神怡人有儔
待到桜花含笑日
再来仙島縦横遊

古典にもとづく言葉がいろいろ使われているが、細説する紙幅がないので、簡単に大意を述べる。

第二句の「雪案蛍窓」は、例の「蛍の光窓の雪」、留学の「八春秋」、八年間は、川の流れるように過ぎ去った。

第三、四句は対句《ついく》で、「華夏」は中国、「扶桑」は日本。勉学の内容をいう。

第五、六句も対句。「天眼」は、千里眼をいう仏教用語。予想もしない大地震だったが、その災害によって、人々は互いにうちとけ、多くの仲間ができた。

そして末二句。「含笑」の「笑《しょう》」は、「咲《しょう》」と同音同義。花の咲きそめることをいう。「仙島」は、むかし中国人が仙人の住む島と呼んだ日本のこと。

劉君はその後教授になって、日本に「再来」したが、その日本では、昨年東日本大震災が起こった。この地震についても、いつか誰かの手によって、すぐれた漢詩が作られるだろう。しかし、それを待ってはおれぬ。この九十年足らずの間に、関東・東海・阪神・東北と、四回も大地震が起こった。黄遵憲の「詞書」にいうごとく、今後も「数十年に当に一厄あるべし」。われわれはそれに備えなければならぬ。

私はツイッターを始めた

大阪大学名誉教授／日本思想史
子安宣邦

われわれを襲った昨年の大震災と原発災害以後の私の生活における形をもった変化とは、私がツイッターを始めたことである。ここで私はこの形をもった変化について語ろうと思う。

昨年の三月一一日、私は京都にいた。それは翌一二日に京都で開催されるシンポ「劉暁波と〈民間〉の思想」で講演をするためであった。一一日の夕刻、テレビで津波被害の恐るべき映像を見、東京の交通混乱を聞いて、直ちに家族と連絡をとろうとしたが、不可能であった。全員の無事を確認できたのは翌朝であった。東北大震災と原発事故とは、私にとってまさしく中国の民主化運動との関わり合いの中で起こったのである。

その一週間後、『私の西域、君の東トルキスタン』（集広舎刊）の著者王力雄氏を迎えて、「ウィグル問題を考える」という集会を早稲田大学でもった。多くの行事や集会が延期されている中で、あえて私はこの集会をもった。私はそこで「ウィグル問題をどのように考えるのか」という報告をしたが、震災の惨状と原発事故の危機的な事態を前にしてウィグル問題を考えることは、私にとって苦しいことであった。なぜ自国のこの事態を前にして、われわれは他国の事態に関わって、物をいわねばならないのか。

この震災に当たって海外の友人からのお見舞いのメールに、この試練に堪え、この危機を克服していけるかどうかはわれわれの〈社会力〉にあると私は答えた。〈社会力〉とは私の造語である。それは社会的連帯力、あるいは市民的連帯力、中国の劉暁波たちがいう「民間」的連帯力といいかえてもよい。だが私がいう社会的連帯力とは、ナショナルな言語としての国民的団結の呼びかけ「頑張れ日本」ではない。それは果たして、連帯的支えを本当に必要とする被災者への励ましであるのか。

「私が災害に当たっての社会力(市民的連帯力)をいうのは、それは行政的・政治的な人為的な境界を越えるからです。私たちは今、大震災に遭った日本からはるか隔たるウィグルに目を向けようとしています。大きな災害は、目をどうしても内側に向けさせます。その目を外に、しかもはるかに隔たる東トルキスタンのウィグルの人びとの上に向けるには抽象的な理念をもってしては不可能です。それはウィグルの人びとの苦痛にわれわれがどれほどの市民的(民衆的・民間的)連帯力をもてるかということにかかっています。そのためにはウィグルの人びとの苦痛がいかなるものであるかを知らなければなりません。」ウィグル問題をめぐる集会の報告で私はこういった。

しかしウィグル問題を、あるいはチベット問題を、そしてまた中国国内の言論抑圧的事件をわれわれは知ることができるのか。これらの問題からわれわれを隔てる中国の壁はきわめて厚い。だがわれわれを隔てているのは中国の壁だけではない。日本のメディアもまたこれらの問題からわれわれを遠ざけているのではないか。私が二〇〇八年の年末に「〇八憲章」と劉暁波問題とを知ったのは、新聞・テレビによってではない。インターネットによってである。いま中国で当局の規制をも越えて拡がる批判的、告発的な情報のインターネットによる大規模な〈民間的〉流通と共有の拡がりは周知の通りである。私はこれは中国の言論的抑圧に対する〈民間〉における対抗的な事態であるとばかり思っていた。

だが民主的国家であるはずの日本もまた閉ざされた、事実を公開することのない、隠蔽的な体質をもった言論統制的国家であることを一気に暴露させたのが今回の原発災害であった。原発事故は何重にもわれわれを不安にさせた。事故そのものとともに、公表される事故情報がいっそうわれわれの不安を掻き立てた。それは背後の重大な危険を隠すものとみなされたからである。さらにこの原発災害が私にとっての痛撃であったのは、原子力の平和利用という仕掛けられた国家の罠に見事にはまっていた自分を知ったことであった。この罠は政・官・財・学・報を貫く一つのシステムとしてあったことが次第に明らかにされていった。

われわれはこれにどう対抗したらよいのか。私はツイッターを始めた。情報の主体的な収集者にならねばならないと思った。ただ私がツイッターを始めた直接的なきっかけは、岩波書店刊の『最後の審判を生き延びて――劉暁波文集』に対する異議申し立てであった。だが私のこの異議申し立てを既存のメディア、報道機関はどこもとりあげることはしなかった。だが私がツイッターでこの異議申し立てを発信するや、これは一気にネット上に拡がった。既存の権威的メディアに対して無力であった一個の異議申し立て人にも戦いうる批判的情報手段があることを私は知った。私はまたしても中国問題をきっかけとして、新たな批判的な情報活動としてのツイッターの世界に入っていったのである。

私が入っていったのは震災と災害をめぐるツイッターの世界である。そこで私が体験したのは、ただ乱れ飛ぶ情報が流通し、消費される世界ではなかった。ここで私が受け取る情報は、ある組織なり機関が流してくる情報ではない。ツイッターという情報的主体によって発信される情報である。ツイッターとは情報の一個の収集者であるとともに発信者である。彼はある情報を知り、その重要さを測り、吟味し、発信する。そのとき彼は一個の自立的な情報主体である。彼の一四〇字という〈つぶやき〉の行為は、ネット上で他の〈つぶやき〉と反応し、共鳴し、何百何千の〈声〉となり、既成の権威的メディアによる言説的構成物への批判的な組み直しの要求ともなりうるのである。

震災・災害後の数カ月、私は小田実に代わってつぶやき続けてきた。彼は阪神の大震災を〈人災〉といい、その〈人災〉をもたらした同じ〈政・官・財・学〉システムによって復興がなされてはならないといい続けた。私は小田に代わって、災害後の事態への〈市民的介入〉をツイッターでいい続けた。そのことの結果を問うことがここでの問題ではない。小田のいう〈市民的介入〉を、3・11以後の事態の中で微力な私の口を通して再生し、主張することができたのはツイッターによってであることをいいたいのである。

究極の浪費は軍備

一橋大学名誉教授／言語学
田中克彦

二〇一一年の大災害に、私は予感のようなものを持っていた。世の中、このままですむはずがないと。まず辛亥革命から一〇〇年たったのに、中国大陸がいまだに諸民族の牢獄であることをやめていない。沖縄がいまだに米軍の占領下にあるのに、知らぬ顔して遊びほうけている日本人——たぶん三月までに何かが起るにちがいない。起るとすれば三月一〇日頃だろうと。

三月一〇日は東京大空襲で一〇万人もの人が焼き殺されたが、これは、当時の私たち少年には、陸軍記念日として知られていた奉天会戦の日だ。敵がこの日をえらんだのは、それへの報復だという説を聞いたことがあるが本当だろうか。

さきの戦争を知っている世代の多くの人が、三月一一日を第二の敗戦、敗北と感じたと新聞などに投書していた。八〇歳代半ばのその人たちの感覚は、それよりいくぶん若い私には大いに勉強になり、反省させられた。

第一回の敗北は、戦争をやって名をあげたいという軍事出世主義者たちの口ぐるまに乗って、よくもののわかっている人たちまでがずるずると引き込まれて行った結果生じたものだ。

今回の敗北もまた、原発をやれば万事うまく行くという話にずるずると、時にはすすんで乗ってしまった結果だ。このずるずるは、日本人のいいかげんさという特性、よく言えば楽天性であり、それにはいい面も無くはない。

世界は、なおもこりずに原発をやり続けようという少なからずの日本人がいることを知ってびっくりしたらしい。あの広島、長崎の原爆を味わった日本人がと。ここからネオ日本文化論の新しい切口が現われる。いわく、日本人はもともと災害を日常として慣れてきているので、無常観に服従できるのだ。その背景には仏教に培われた心性があるのだろう等々、ドイツ人などが好むありきたりの解釈だが、あたらずとも遠からずと言えるだろう。

新聞など見ていると、原発についての態度は大きく二派に分れる。一つは失敗にひるまず、あくまで絶対に安全な原発めざしてすすもうという派、もう一つは、安全神話は崩壊した、やめるしかないという派。しかしこの派はさらに二つに割れる——では原発をやめて、今日までの生活水準が維持できなくてもいいかと恫喝されてへなへなとたじろぐ人と、「生活水準」の歴史を知っていて、そんな恫喝などにはひるまない人とである。

私は後者に属する。信じられる、裏切らない水と土と空気こそが人間存在の条件だと深く信じているからである。

ここで「生活水準」といえば、私の習性としてまず便所を考える。伝統的な溜め置き式から、今日の、自動的に湯が出てシリを洗ってくれるまでの、便所の全歴史を私は経験している。脱原発を主張する友人に、じゃシリ洗い装置はあきらめるべきだと言うと、かれはジ持ちだから必需品だ。原発をやめても、このくらいの電力は心配ないと主張する。いや、こんなみみっちい話をしてすまん、もっとみのりのある話にすすもう。

戦争に負けたとたん、日本の全学校を野球という遊びが占領した。当時、「六三制　野球ばかりが強くなり」というざれうたを読んだ人がいた。たしかに棒を振ってタマを打つこの遊びは、人々にあまりものを考えなくてもすむようにしてくれた。まもなく大人までもが夢中になり、ついにはそれで大金持になれる道をつくってくれた。

社会全体がこの遊びのためについやすエネルギーと、夜も明るく照らす電気代はばかにならないはずだ。本土決戦にそなえていた私たち腹ペコ少国民は、なるべく無駄に体を動かさず、体力を節約して敵との戦いにそなえようとしていた。ところが今はどうだ。フィットネスだのジムだのなどという設備ができて、そこで金を払ってむだに体を動かす——何という無意味な浪費ではないか。

私なら、「人力発電所」というようなものを建てて、こうしたジム通いする人たちをそこにさそって、手でキカイをまわしたり足で踏んだりして発電機を動かして、電気の製造に貢献するかたわらメタボ治療に励んでもらうとか、あるいは山林に分け入って間伐作業に従事することで日本の自然をまもる活動に参加してほしいと思う。

しかし政治家がこんなことを口にしたら、たちまち失職してしまうだろうから政策にはなり得ない。以上のことは、次の、いちばん大事なことにたどりつくためのまわり道である。いちばん大事なこと、それは窮極の浪費は軍備だという認識である。私は計算に弱いから言いにくいのだが、この方の専門家は、世界中がどれだけ軍備という浪費で地球の命をちぢめているかを数字にして示してほしい。福島の事故で、世界中の人が生き方を変えなければならないと思ったにちがいない。その人たちのいくらかは私の意見に同意してくれると信じている。

二つの廃墟について

立命館大学名誉教授／比較文化論・フランス研究
西川長夫

テレビの画面で、巨大な津波が退いた後に瓦礫の山と化した沿岸地域の惨状を眺め、続いて福島第一原発の事故を知ったとき、私が最初に想起したのは原爆投下後の広島と長崎の惨状であり、東京や大阪の大空襲、そして日本全土にひろがっていた戦後の焼跡のイメージであった。私はこのような災害をある程度予想できたはずであり、そのような事態の到来の予感に脅えていたはずであるのに、結局はそれに関して何もせず、成り行きにまかせていた。時間とともにその痛恨の思いは深まってゆく。二つの廃墟。震災後一年を経て、私たちはこの二つの廃墟の密接なつながりに気付いている。

平安時代や江戸期は別としても、明治以降に三陸地方を襲った歴史的な地震と大津波（明治二九年、昭和八年）の記憶と記録は残されている（例えば吉村昭『三陸海岸大津波』）。もし地震と津波の災害だけであれば、かつてそうであったように、現地の住民はさまざまな苦難の後にいつかは元の土地に戻って再び生活を始めることができるだろう。しかし此の度の災害には、長い歴史にも例を見ない原発事故という、文明の悪意が深く刻みこまれている。私たちが直面しているのは前例を見ない新しいタイプの歴史的事件であり、しかも戦後の政治と経済と文化とイデオロギー、つまり私たちの日常生活が直接かかわった歴史である。

悲惨な戦争の記憶、広島や長崎、さらには第五福龍丸の被爆がもたらした反戦、反核、平和主義の気運を抑えるために、米軍がいかに原爆と核実験の被害にかんする事実を隠蔽し、アメリカと日本の政府や財界がいかに原子力平和利用の安全と効率を喧伝し、専門家や学界やジャーナリズムがいかにそれに協力し、またそのために電力会社からいかに多額の金がばらまかれてきたかを、私たちは今では歴史的事実として知っている。平和利用は核戦争のための隠された軍事技術であり、巨大な資本の恐るべき策略であった。だが欺かれたなどとは言うまい。消費社会の欲望とイデオロギーに飼い慣されて、あらぬ夢を見たのは私たち自身なのだから。

東日本大震災は世界と日本国内における植民地主義的構造を一挙に明かるみに出すことになった。

かつてジョン・ダワーはアメリカによる日本の戦後改革を「新植民地主義的革命」(『敗北を抱きしめて』)と呼んだが、今日の日米間の新植民地主義的関係は、核の傘の下における平和利用(原発)という形をとって端的に表われている。同じ問題のねじれた関係は、北朝鮮やイランやインド、等々の後発国の原子力問題に表われている。だがこれは対米関係に限らない。最近テレビのある特集番組で知ったことであるが、ウクライナではチェルノブイリの原発事故の損失を補うために、新しい原発を二四基建造して周辺諸国に電気を売る計画が進行していると言う。何とも恐ろしい話ではないか。これにかかわっているのはフランスの原発関連企業であるらしい。だが他国の話ばかりではない。日本の政府と企業は、福島の災害の後にもなお、ベトナムやモンゴルやその他の国々に原発を売りつけようとしているのだから。

日本の原発地図を一瞥すれば明らかなように、五四基の原発が置かれているのは、列島の周辺部であり、その多くは巨大地震や大津波が予想されている地域である。どうしてそういうことが起こるのか。現代のエネルギーの中心をなす原発の問題は、新植民地主義の典型例である。新しい植民地主義の最も単純明快な定義は私の考えでは、「中核による周辺の支配と搾取」であるが、これは「中央による地方の支配と搾取」と言いかえてもよいだろう。中核と周辺はアメリカと日本のような場合もあれば東京と福島のような場合(国内植民地)もある。この二種の植民地の関係は複合的であり、また中核による支配と搾取を周辺の側が求めるという倒錯した形をとることもありうるだろう。私は数年前に『〈新〉植民地主義論』(平凡社、二〇〇六年)を出して以来、新しい形態をとったグローバル化時代の植民地主義と国内植民地の問題を提起し続けてきたのであるが、研究者たちの共通認識とならないうちに、不幸にして3・11という破局が、その現実性を証明してしまったようである。

二つの廃墟。戦後はようやく一つのサイクルを終えたと思う。破局を迎えた「長い戦後」の全過程が厳しく再検討に付されなければならない。保守と革新、あるいは右翼と左翼を問わず、長い戦後を支配したイデオロギーは「復興」であった。「復興イデオロギー」の内実は、経済成長（開発と消費）とナショナリズム（愛国心と家族愛）である。それは結局、資本と国家の論理に従うことを意味するだろう。一年を経て「国難」や「日本ガンバレ」といった掛声は少なくなったようであるが、政府や電力会社のような原発の再稼動を目指す勢力の中に、あるいは善意のボランティアや被災地の住民の間にさえ、回帰を目指す「復興イデオロギー」が浸透しつつあるのではないか。だが再び同じ轍にはまり同じ破局の道をたどってはならない。マッカーサーと並んだ天皇のイメージを私は忘れることができない。再び廃墟に天皇を引き出してはならない。「トモダチ作戦」に感謝するのは止めにしよう。鎮魂の名にかりて再び「忠魂碑」をうち建ててはならないと思う。中央はいつまで支配と搾取を続けるのか。地方はいつまで国内植民地に甘んじるのか。私たちの再出発は「復興イデオロギー」と手を切ることから始めなければならないと思う。

（二〇一二年三月五日）

未来世代の権利

地球システム・倫理学会会長
服部英二

人類はついに未知の領域に突入した。

痛ましくも恐ろしい津波の映像、水素爆発で吹き飛んだ福島第一原発の建屋の白煙、慌てふためく東電、保安院の発表、「直ちに人体に影響はない」と繰り返す政府――ベント、初期に起こり意図的に封じられたとわかるメルトダウンの恐怖、それらの映像を見ながら私の脳裏に浮かんだのはギリシア神話に出てくるプロメテウスの姿であった。

プロメテウスは、天界から神々の火を地上の人間にもたらしたその咎により、カウカソス山の頂に縛り付けられ、その肝を日々鷲に啄ばまれるという刑に処せられる。それで死ねば楽なのだが、彼の肝は毎夜再生する。だから毎日、半永久的に、生きながらにして猛禽の嘴にわき腹を切り裂かれ、生き肝をえぐり出される苦痛を味わうことになったのだ。

「天界の火」とはまさしく文明のことだ。一七世紀の科学革命、一八世紀の産業革命以来人類のやってきたことは、まさしくこの古代ギリシアの神話を具現化する行為ではなかったか？　だからこそ物質文明の栄華とはうらはらに、永劫の苦痛が与えられる宿命を背負うことになったのではないか？

思えば科学革命の父とされるデカルトのコギトは「神の目」であった。自然を対象とし、天界から地球を観察し統御する目であった。人間による自然征服は、ゼウスに背き、その禁じられた火を人間にもたらしたプロメテウスの行為そのものではなかったか？

第二次大戦中、大量殺人の道具として開発された核兵器は、またたく間に全人類を数十回抹殺できる量の核弾頭となった。そして冷戦の危機が遠のいた時、過剰生産となっていた核燃料はAtoms for Peaceの美名のもと原発に姿を変えた。しかしその中で燃えている火はただの火ではない。殺人のために発明された、本来地上に存在しなかった火なのだ。中沢新一氏に言わせれば「一神教的な火」、地上の生態系とは別次元の火である。原爆と原発は決して切り離せない。

人間に奉仕するものとして始まった科学が、ついに人間自身を脅かす怪物となった。この思いを決定的にしたのが一九四五年八月のヒロシマ・ナガサキへの原爆投下であった。同じ年の一〇月、ロンドンでユネスコ設立総会が開かれたのだが、それまで教育・文化機関UNECOとなるはずだったこの新しい国連組織に突如としてScienceのSが加えられUNESCOとなったのはそのためである。

科学は何故怪物となったのか？　科学革命は自然を征服の対象とすると同時に、自然の一部である人間さえも対象化した。その結果、人間自身が限りなく数量化されて行く。人間の関心は「存在」から「所有」に移った。対象化されたもののみが所有されるのだ。この所有への価値転換により人間はその存在の半分を失った、とA・ベルクはいう。一九世紀以来の地球の砂漠化は人間のこころの砂漠化が招いたものに他ならない。

中世の黄昏、宗教と熾烈な戦いを真理と倫理の棲み分けで切り抜けたヨーロッパにおいて、科学は「価値を問わず」（Value free）という特質をもった。そして「神は死んだ」とのニーチェの言葉は、かつて大地母神を葬りさり、今は天なる父をも抹殺し、孤児となった近代人の声であった。その象徴としてフランス革命の人権宣言がある。そこには神がいない。それはあくまでも現存する個人の権利であり、人と人との約束である。そこには何よりもいのちの継承の観念がない。これに対し、われわれが思うべきはジャック＝イヴ・クストーが唱えた「未来世代の権利」である。

一九九七年、ユネスコ総会で全世界はクストーの意を受けて「現在世代には、美しい地球を未来世代に残す責任がある」との責任宣言を採択している。もし「核廃絶」の訴えが核兵器のみを指すのであれば、それはこの宣言に賛成した日本、そしてすべての先進国の背信行為である。

地球システム・倫理学会が発信した第二次緊急声明は、まさにこの責任を世界に訴え、3・11を地球倫理の日とすることを提唱している。

原発災害としあわせ共同体

退職公務員／日本思想史
安丸良夫

二〇一一年三月一一日以前でも、原子力発電に賛成か反対かと問われたら、私は反対だと応えたに違いない。原発拒否の気持ちは私には根強いもので、友人には原発反対運動に熱心な人もいた。原発が地震と津波に弱いことについても、なにほどか知っていたような気がする。しかし私の内心には、日本の原発はたぶん大丈夫なのだろうという安易な信頼感が伏在していて、3・11以降の一連の事態にはすっかり驚いてしまった。被災地をたずねたいとも思ったが、車をもたない老人の身では、邪魔になるだけである。しかし、テレビ、新聞、雑誌などで関連情報に触れる時間が長くなり、自分の専門研究への関心がすっかり衰えてしまった。自分のこれまでのやり方では、原発や大津波、東日本大震災のような問題には到底届かないな、と思うほかなかった。原発が戦後日本に導入されたのはどのような経緯によってだったか、プルトニウムとはどんな物質で、圧力容器や格納容器とはなにかなど、原発にかかわる初歩的な知識のほうが私には新鮮で、その方面の書物に心惹かれてすごす時間のほうが長くなってしまった。

原発がきわめて複雑な技術で、ささやかな人為的ミスからでも重大な結果を招きかねないこと、核燃料の最終処理が不可能なこと、時間的にも空間的にも、放出された放射能の及ぶ範囲を限定することができず、それが及ぼす健康被害や土地・海水の汚染の程度なども、適切に計量することも処理することもできないこと、そうした災害のゆえに広範な不安や不信をもたらしたこと、また今回の災害は、初期対応を果断にやればもっと被害を小さくできたかもしれないが、逆に東日本には人間が住めなくなるほどの大災害にもなりかねなかったこと、今回の災害が収束する見通しがまだ明確でないことなど、どの方面から考えても、いずれ劣らず重要なことなのだが、自分の知識や思索の範囲外のことばかりだった。

歴史学という学問は、所詮は後知恵ではあるが、現代社会のさまざまな問題についても、その由来を歴史的に探ることができるから、3・11以降の事態についても、歴史学は、歴史を遡って災害史について調べたり、原発導入の政治・経済的過程や地域社会における原発をめぐる葛藤や闘争について調べたりすることが出来る。そして、切実な課題意識を喪失したかのように見える現代日本の歴史学が、3・11以降の事態のなかで、新しい課題意識と研究領域を獲得しつつあるようにも見える。そこに現代歴史学の新しい希望を読み取ることもできるが、それが実用的知識のシステムのなかに回収されて、そのささやかな追加・補足となる可能性も小さくはないような気がする。

しかし、歴史学のイデオロギー的機能というような立場から、現代日本の意識状況に触れてゆくと、実用主義とはまたべつの、批判と異議申立へと、私たちは突き動かされてゆくのではなかろうか。

現代日本の状況は、広範な人びとの意識状況に触れた次元からは、ひとまず「しあわせイデオロギー」とでも呼びうるものでないかと、私は思う。しあわせを求めるのは、今日の日本社会では自明の価値や権利とされており、誰もそれに異論を申し出ることができない。多くのばあい、このしあわせには大衆消費社会の生活様式が前提されているが、しかしそれは単純な欲望の発露とは区別され、個人と家族の努力が必要だともされており、他人への思いやりや絆なども、そのなかに含まれている。「頑張ろう！　日本」とか、今回の大震災にさいしてのボランティア活動などは、そうした意識に支えられている。人びとの生活意識のなかで大きな位置を占めているこうした意識は、現代日本の大部分の人びとにとって生きる支えなのだが、そうした生活イデオロギーのうえには、より体系づけられた支配の論理装置として、新自由主義イデオロギーとその政策が構築されているのであろう。素朴な生活イデオロギーと支配イデオロギーや政策とのあいだには、交錯も葛藤もあるが、前者をくりかえして後者へ回収することで、現代日本の支配システムが構築されているのであろう。

私は、きわめて素朴な素人談義として、原発問題への対応は、原発の即時全面停止と節電がよいと思っている。あれだけの大災害をもたらし、多くの人たちから生活の場を奪い、将来にも大きな禍根を残してしまった大事件が、私たちの生き方に変更を求めているのは当然のことである。私たちのこれまでの生活様式と価値感覚をそっくり前提したままの「復興」を、当然事のように推進しようとしている人たちに、不信感をもたざるを得ない。

3・11直後や昨夏の電力需要が大きくなった時期には、昨年は節電で乗り越えられたし、やる気さえあれば、今年以降も十分に可能なことだ。たぶん、そうした対応では、経済活動とそれを支える大衆消費が萎縮し、「原子力村」も崩壊してしまう。それよりは、安全に留意しながら原発を守り抜く方がずっとマシだとする人たちが、政・財・学・マスコミの権力複合体を構成しているのだろう。しかし節約ということは、人類の歴史をどこまで遡っても、もっとも重要な経済原則の一つだったのではなかろうか。電力問題に限れば、まず需要ピーク時の三割節電を決断・実行し、その後、再生可能エネルギーその他、さまざまな工夫を重ねれば、それでよいことではなかろうか。

悲しみと絶望にうちひしがれた若者に力をつける機会を与えよう

新潟県立大学学長／政治学
猪口 孝

大災害に出会ったのはこれが初めてではなかった。一二歳の時、新潟市が大きな火事に襲われ、早朝火の粉が舞うなかを着の身着のままで逃げた。大火がおさまって夕方家に帰ったが、灰塵しかなかった。水道の管が破れて水が流れてきていたので、手ですくって飲んだ。隣家の土蔵は焼け残り、二家族が狭くて暗い土蔵で猫と一緒に一カ月過ごした。二〇歳の時、やはり新潟市が大地震に襲われ、私は東京だったが、父は職場の建物とともに海に津波で流され、二四時間行方不明となるも海上保安庁の救命艇に助けられた。地震後、汽車で新潟に東京から向かうも、途中で下車させられ、トラックに大勢の方と一緒に立ったまま、道路が凸凹になり、砂が溢れる市街に向かった。途中の川には死んだ魚が大量に浮かんでいた。六七歳の時、東日本大震災に遭う。東京の自宅は揺れで大混乱の状態のまま、一週間避難キャンプで過ごした感じだった。

大震災で考えたことはふたつある。ひとつは諸行無常の響きである。小学生の時、親戚である寺院で朝の修行を短期間経験したときのことだ。読経をしていると、自分が環境のなかに埋められて、あたかもお経が頭の天辺から自然に出てくるような経験をしている。読経をおえて、鐘を叩く。すると、芭蕉の俳句にある岩にしみいるセミの声のように、鐘の音は頭にしみいるのである。テレビにこれでもか、これでもかとながされる大震災の映像は諸行無常を印象づけ、頭にしみいる。耐えられなかった。

もうひとつは若者のことであり、この小文の強調したいことである。三月一一日夜、BBCから電話があった。暗くなって帰宅したばかりの電話だったせいか、混乱のなか余裕もなく、なにを言ってほしいのか、などと大きな声でくちばしったら、あちらは申し訳なさそうに引き下がった。三月一二日『ニューヨーク・タイムズ』紙からイーメイルがあり、どのような支援が最も適切か提案せよとのこと、即時に原稿を送った。三月一三日コピーエディトされたものが送られてきた。即時、オーケーと言う。三月一五日『ニューヨーク・タイムズ』紙のディベイト欄に掲載される。何をいったのか。

短いものだから、全文引用しよう。

Instill Hope in the Young

To help Japan to recover from the worst disaster in its modern history, it is not too soon for the international community to think of ways to help the young people who have lost loved ones and who face the prospect of living alone and an uncertain life ahead.

Those youngsters will be handicapped financially and psychologically, yet they will also shoulder Japan's reconstruction.

The international community can encourage them by setting up opportunities to study abroad and educational programs and scholarships for acquiring foreign language and other important skills.

This will help give Japan's young people the hope and courage to move on amid sorrow and despair.

大震災というと、復興という言葉が叫ばれる。その通りである。しかし、復興を中長期的に担うのは若者であることが忘れられがちである。若者が絶望でうちひしがれている状態に忘れ去られていること、これが復興の展望に私があまり楽観的になれない大きな理由である。物理的なそして経済的な復興はかなりの程度までなされている。しかし、家族、友人や恋人を失い、学校も職場を失い、若者は将来の見通しがたてられない。何もかも失った若者を支えるのは教育であると私は信じている。いくべき途がわからなくなった時に力をつけてくれるのは学習である。絶望的な状況に置かれながら、自立するためにはひとまわり、ふたまわり大きくなっていかなければならない。勇気と元気のある若者は外国で勉強する機会をあげるのが一番である。被災地は雇用の機会があまりない。いっそうのこと、留学して力をつけて将来構想を練るのが一番である。少なくとも私はそう考えたのである。

五月の連休あけになると、いくつもの留学奨学金のスキームか発表されていった。日本の若者を元気づけるために、力をつけるのを助けるために、留学のための奨学金がつぎからつぎへと発表された。外国の政府もあれば、企業もあれば、財団もあれば、非政府組織もある。私と同じように考えた人がいることを知り、とても嬉しかった。大震災直後の非常にはやい時期に、『ニューヨーク・タイムズ』紙という世界でもよく知られた媒体を通して、私は訴えることができた。悲しみと絶望に追い込まれている若者を助けること、力をつける機会をあたえること、それを復興の軸とすべきである。

ただ祈るのみ

種智院大学名誉教授／密教学
頼富本宏

運命の三月一一日を前にして、私はこの文章をパリのマドレーヌ広場に面した瀟洒なホテルの一室で書いている。カルチェラタンの大学通りにあるフランス高等研究院別館で開かれた「お札（B・フランク氏収集）の国際シンポジウム」での発表を終え、やっと一年前のあの日の出来事とそれをまだ完全に内在化できていない自分を見つめながら。

二〇一一年三月一一日の午後、京都駅前のＮＨＫ文化センターの講義を終え、駅の階段をかけ上ると、ホームに新幹線の車輌が止っていた。「間に会った」と飛び乗って座席についたが、五分たっても一向に動く気配がない。しばらくたって、車掌が不安気な声で、「運転指令本部からの連絡で、関東地方で大地震が発生した模様。全車輌は緊急停止中で復旧・改善の見込みは不明」と放送していた。

三時すぎのその時点では、被害地域以外の人びとは、まさか想像を絶する大津波で多くの人びとの生命が失なわれたとは夢想だにしなかった。幸い下り新幹線は京都以西、約一時間後に最寄り駅まで動き出したので、急いで神戸の自宅に帰ってテレビのスイッチをつけると、全国の人びとが息を殺して見守る中で、毎年度の東北地方の仏像調査で利用していたあの仙台空港が津波に飲み込まれていった光景を忘れることができない。

一七年前の阪神・淡路大震災のとき、私はその渦中にいた。悪夢のような二二秒間の激震のあと、建物半壊にもかかわらず、家族等の無事が確認された後、無意識のうちに駆けつけたのは近所の市立体育館で、見守る人もない中、検死を待つ遺体のそれぞれに心から鎮魂と供養の読経を捧げた。

私のまず出来ること、それは一瞬のうちに旅立った御魂に供養の祈りを捧げることだった。今回、直接に東北へ赴く機会はなく、慚愧の念を抱きつつ、義援金の微力な協力しかできないが、死者にも、そして残された生者にも共苦・共存を祈ることにせめてもの誠を尽したい。

生活のあり方の総体が問われている

國學院大学講師／哲学
鈴木一策

福島原発事故以来、私の頭の中では、恐ろしい放射能汚染が医療現場の過剰なレントゲン撮影（CTスキャンがその象徴）による被曝とオーヴァーラップしてしまうのを禁じえない。予防医学を重視する教授は、欧米では考えられないほどにレントゲン撮影がなされ、それがガンを悪化させていると警告し、ガンを切り取り、抗癌剤と放射線でやっつけようとする医療自体が死を招いていると発言している。これは少数意見かもしれないが、余命四十日と診断され悩みに悩んで医者に頼らず食事療法だけでやってみようと決断し、七年間生きている人を知っている私としては、合点がいくのだ。『エネルギーと公正』(一九七四)を読みいち早くイリイチを評価した友人が最近亡くなった。医原病を訴えガンと共に生きたイリイチに学ぶことなく、友人はガンに怯え、一月数十万円の抗癌剤を打ち続け、一年もたたずに亡くなった。このようにして亡くなった友人が最近多くなった。

小宇宙である身体をねじ伏せ、母なる大地を思い通りに征服しようとする金銭まみれの近代科学の成果が、レントゲンであり放射線治療であり、原子力発電だったのだ。注意すべきは、この科学なるものが「中立」「清潔」「便利」を装い、異物をねじ伏せる男性原理をぼかし、その信者を量産してきたことである。かの友人もその信者であり、科学信仰の根深さに、私は気が遠くなる。

だが、希望もある。いわゆる東洋医学の枠をはみ出し、鍼灸の専門家でありながら、さながら素人のように手足の指の按摩で難病の「手当て」をしている畏友が、学生時代お世話になった被災地の岩手県大船渡市を訪れた。医者がいない避難所で、マイ・レドックという手の指の治療器具(バネ式のリング)を配り、肩こりや腰痛に自力で向き合うよう、二百名を超える人との出会いを果たした。この器具は、東京で義捐金を募り購入したという。私は、実際、この器具を使い、「治療」効果を実感している。小指と薬指のリングによる按摩は肩こりに、人差し指と親指は腰痛に著効をもたらす。伝統的な陰陽と経絡の理論に学んだこの按摩の実践は、医者（と科学）に身を任せ金銭と数値に麻痺させられてきた人々に、相互に触れ合い按摩しあう癒しの場を提供している。これは、医療を庶民のものとする本来の「手当て」「看病」の復興・再建であろう。

畏友は、さらに、昨年の一月（大震災の直前！）、山間部の住《すみ》田《た》町《ちょう》の町長が、木造の仮設住宅を建設しようとしたが、助成を断られていたことを教えてくれた。この町長の構想は、実際に津波が来て注目されるようになった。沿岸部の陸前高田や大船渡の被災者を受け入れる仮設住宅が、大手の業者が「特需」用に建造するプレハブではなく、地元の木材を使って暖かく住みやすいものであることが決定的であろう。仮設住宅が、皮肉にも本来の住いのあり方を示唆している。

私は、幼年期を仙台市の広瀬川の近くで送った。この震災で突然、幼児体験が生々しく甦ってきた。川が増水し中洲に取り残された釣り人を心配し、闇夜に無数の人々が口コミだけで集まり救出したことが思い出された。井戸があり竈がある住居の隣の蔵のおばあちゃんに私は可愛がられた。おばあちゃんは妹と暮らし、梅干を干し、漬物やおはぎなどを分けてくれた。井戸端会議は盛んであった。ある時、私は薄暗い蔵の中に母に手を引かれて入った。黄疸で黄色くなったおばあちゃんの遺骸が横たわっていた。初めての人の死であった。驚きは、数日後の葬列の長さであった。おばあちゃんは、戦災孤児の面倒を見た偉大な大地の母であったのだ。後年、ここに「貧乏物語」をしか読まないマルクス経済学に私は愛想を尽かし、秋田の戦前の生活綴り方運動にのめりこむことになった。

小学校一年の二学期、父の転勤のため札幌市に引越し、建築会社の「近代的で文化的な」社宅のアパートに住むようになった。井戸もなく竈もない電化製品に囲まれた「近代生活」が待っていた。そのような生活は、血のつながりもないのに私を可愛がり孤児を引き受けたあのおばあちゃんとの接触を決して許さない。梅干をつけ、味噌をつくり、出汁をとり、子をあやし、互いに灸を据えあう生活は、井戸端と竈にあった。被災は、井戸の大切さ、急作りであれ竈（ドラム缶など）の大切さを教えている。昔の生活に戻ろうというのではない。しかし、ガスと電気に極端に依存し、火鉢《ひばち》のような竈的なものを一切なくしていいものか。さらに、冷凍と加熱と防腐剤等々の添加物によって加工された食品に囲い込まれ、乾物を忘れ、発酵食品の糠漬けさえやらなくなった生活でいいのか。こうした加工食品と農薬にやられた農産物を食べたタヌキがアトピーになっている現実は、警告している。簡単に加熱できるクリーンな調理が、クリーンな原発と男性原理を共有し、生命を脅かしていることを。

被災地の人口減少と地域再生

上智大学教授／歴史人口学
鬼頭 宏

東日本大震災が起きてから一年が経とうとしている。亡くなられた方々のご冥福を祈るとともに、地震・津波・放射能によって住む家を奪われ、生まれ育った土地から立ち退かなければならなくなった方々のお気持ちはいかばかりかとお察し申し上げる。

歴史的に、出生率が低かったり、人口流出が起きている時に飢餓などの大災害が発生すると、その後、人口減少が長く続く傾向がある。

国の将来推計は二十一世紀なかばまでに多くの市町村で人口減少が進むと予測しているが、震災後、一気に、被災三県の人口減少が進んでいる。二月一日現在、二四市町村ですでに二〇一五年の予測水準を下回っている(『朝日新聞』調査)。人口減少は今後、ますます加速すると予想する市町村が三割にのぼるという(『日本経済新聞』調査)。地域再生が危ぶまれる事態だ。

地震が起きた日の午後三時、私は編集者と四月に出版する本の最終打ち合わせに入るところだった。本は二十一世紀の日本の人口減少を取り上げたもので、この中で、人口減少の著しい農山漁村では、集落消滅が予想されるところが少なくないこと、そのために地域社会の再編成が必要であり、すでに集落まるごと、別の便利な場所に撤退を行なっている事例があることを紹介した。被災三県の市町村では、撤退と地域再編成は実験どころではなく、現実の緊急課題となっている。二〇一二年二月時点で、住宅の集団移転計画を進めている市町村は岩手県一一、宮城県一二、福島県五にのぼるという(『日本経済新聞』調査)。

震災後の夏、講義や研究会のために、仙台、三沢、男鹿を訪問する機会があった。そこは津波や原発事故の直接の影響こそ小さかったものの、観光客が激減していることを聞かされた。流出したのは日本人だけではなかった。東北地方は自動車や電子機器などの部品供給基地として重要な役割を果たしており、多くの外国人労働者が雇用されていた。二〇〇八年のリーマン・ショック以降、全国的に外国人登録者数は緩やかに減少していたが、震災によってそれは加速された。震災を挟む二〇一〇年十二月から一一年十二月までの一年間の外国人人口の減少は、被災三県では五千人近く、一四％もの大きな減少をみた（外務省領事局外国人課）。

二〇〇八年七月に「国土形成計画（全国計画）」が閣議決定され、これに呼応して翌〇九年八月には、「東北圏広域地方計画」がまとめられた。東北圏の人口と経済規模は、ベルギーなどヨーロッパの中規模国に匹敵する。恵まれた自然環境と農林水産資源の潜在力を活かして、持続的に成長する自立した経済圏を創るという将来像は魅力あるものである。しかし目標を実現するためには、大震災の教訓を汲んで修正しなければならない点もある。

その一つは、「地球に優しく安定したエネルギー」を供給する圏域を創り上げるという施策である。新潟県を含む東北圏には五カ所、二一基の原子力発電所があり、出力では全国の四割を占めていて、全国のエネルギー供給において重要な役割を担っている。広域地方計画では、現状を活かして「原子力発電を基幹電源として位置づけつつ、将来にわたるエネルギー源の安定確保を図るとともに、エネルギー分野における研究開発等を促進する」（『東北圏広域地方計画』五一頁）とある。しかし原発事故は、この目標に大きな見直しを迫っている。

第二は、地震・津波などの「自然災害に対する備え、医療・福祉、教育等を充実させる」施策である。東北地方太平洋岸は、これまで何度も大津波の被害を受けてきた。しかし広域地方計画で示された対策は、歴史的な経験をじゅうぶんに活かしきれていない。津波対策としてハザードマップ、観測網、速報伝達体制、避難所、緊急輸送網の整備が指摘されているが、依然として防波堤、海岸堤防、高潮堤防、防潮林等の整備と保全が筆頭に掲げられている（同書三五頁および「日本海溝・千島海溝周辺海溝型地震等大規模地震災害対策プロジェクト」の項）。東日本大震災では、このような工学的な対応だけでは被害を防ぎきれないことが明確になった。高台居住を含む居住地域の選択、「つなみてんでんこ」のような行動に関する伝承など、災害への生態学的あるいは行動文化的な適応の方が、低コストで確実な安全が保障されるのではないだろうか。

科学技術や工学的な対応への過信が危険であるということは、何度も繰り返し言われてきた。自然災害を防ぐことが不可能でないとしても、莫大なコストと環境への反作用を考慮しなければならない。防災、減災への工夫はひとり東北圏だけではなく、人口が減少し、財政的制約が強まる日本では全国共通の課題である。災害の歴史を振り返り、そこから新しい行動文化と災害への生態学的適応を創り上げる必要がある。犠牲者の御霊に報いるには、悲劇を繰り返さないような新しい文明を創造するほかないだろう。

冷たい床の上で

青山学院大学教授／英文学
富山太佳夫

春休みの間も大学院の授業をやるのはいつものことなので、あの日も六階のかなり広い教室で二十数人の院生を相手にして、二時から演習を始めていた。そして、二時四六分に揺れが来た。

地震の大きな揺れにぶつかるたびに、私の記憶は殆ど瞬間的に、四六年前に田舎から東京の大学に出てきた年のひとつの体験に戻ってゆく。月日は覚えていないが、或る日の夜中に大きな揺れがあって、私は下宿先のアパートの二階の部屋から寝巻き姿で外にとび出した。うす暗い道に人影はなく、外に出て来る人もいなかった。それまでの私は地震らしい地震を体験したことがなかったのだが、東京の住民にとってはあの程度の揺れは何でもなかったのかもしれない。学生たちと一緒に階段を降りて、今度は別の建物の九階にある研究室に向かって階段を登り始めたとき、私の頭に浮かんだことのひとつはそれであった。

私の研究室には本と机しかない、パソコンも何もない。棚から落ちた本を元に戻すのには三〇分もかからなかった。窓から見えるかぎりでは高層ビルの崩壊はないようだが、海の方角に黒い煙があがっている。

私の勤務している大学は、渋谷の駅から一〇分ほどのところにある。夕方キャンパスの外に出てみると、異様な静けさの中で車が渋滞し、人の列が動いている。JR渋谷駅はすでにシャッターを降ろし、商店街にも入れない。私は激怒した、一体何だ、この判断力は……。

バス停の人の群れ。飲食店はまだ大抵開いていた。何軒かのコンビニに残っていたのはアイスクリームの類。

自宅にはすぐに連絡がとれて、ともかく無事であることも確認できていたので、その日は研究室に泊ることにした。机の下に頭を突っ込んで、冷たい床に横になる。近くにある合同研究室のテレビの画面を見たあとでは、体を暖かくしようという気になれない。そして起きあがって本を読み、また床に横たわる。

八時頃、中国人の院生がやって来た。「先生、食べるもの買って来ました」。しばらくすると、別の院生も来た。「大丈夫っスカ。本の下敷きになってんじゃネーカと思って」。彼はこれから数時間歩いて帰宅するという。

翌日、九時過ぎに大学を出て、渋谷から吉祥寺へ。その駅前で一時間ほど行列してタクシーに乗ったのだが、まだ若い運転手の表情が妙に硬いので、話しかけてみると、福島の出身だとのこと。その二、三日後、町内会で顔見知りのおばあちゃんから、道で、いきなり、「山田町の姪が……」と話かけられる。そして、イギリスに帰国している友人からの電話。生れたばかりの子どもを連れて福島県に帰郷している奥さんと連絡がとれない、と。

テレビ、新聞、週刊誌などに溢れかえる情報にはそれなりに眼を通してはいるのだが、そこに流されるジャーナリストや学者や政治家を自称する人々の言動にはシラけるか、怒りをおぼえるかのいずれかでしかない。とりわけ地震に関する予知情報を流す人々、そしてそれを取りあげるテレビや週刊誌のジャーナリストにいたっては、ただメディアを利用して騒ぎをあおっているだけではないかと思えることがある。やがて来るとされる大地震の悲惨な状況を描き出すものとしてテレビで流される画像――あれは、誰が、いかなるデータに基いて作成したのだろうか。作者は誰なのか。どのような能力をもつ人物なのか。

ひょっとすると、今回の震災で最も悲惨であったことのひとつは、劣悪なメディア環境の中でそれが起きてしまったということかもしれない。もしそうであるとすると、このメディアまみれの東京で生活している私にとって、やれることとは何なのか。あれこれのまことしやかな言葉や行動に梱包されてメディアの表層に浮かんで来ることのない人々の姿を思いめぐらせて、記憶し続けることも、そのひとつだろうか。

被災した人々は東北地方にいるだけではない。やがて、必ず私の前にも来るだろう――例えば、学生として。私は、教える。自分の経験を、記憶を、知っていることを踏まえて、できる限りのことを。

私は大学の英語の教師なので、学生用のテキストとして、『タイムズ』の二〇一一年三月二一日号の記事や、『ニューズウィーク』の同年三月二八日・四月四日合併号の記事を使う。あるいはオークレイ・ブルックスのインドネシアの『津波警報』（二〇一〇年）や、ポール・ファーマーの『ハイチ、地震後の』（二〇一一年）を使う。毎年の三月一一日だけでなく、いつでも想起してもらえるようにするために。私にとっての始点のひとつはそこにあるかもしれない——あの日、私は床の上でそんなことを考えていた。

震災を通して死生観を問い直す

東京大学大学院教授／宗教学
島薗 進

一〇年ほど前から死生学という企てに加わり、死者とともに生きるということや死を意識しながら日々を過ごすということについて考えてきた。東大文学部でそのような学問的企てがあったし、個人的にも父母との死別の経験があったのでごく自然なことと考えてきた。日本社会にとっても死生学への需要が高まっていると感じてきたが、東日本大震災を通して、そのことがいっそう強く心に刻み込まれることになった。

震災は日本の国土に破壊的な爪痕を残した。二万人近くの死者の追悼がこの国土に住む私たち皆の責務と感じられた。四十九日には全国の僧侶が被災地を訪れ、ともに法要を催しもした。死者の霊を偲び、ともに悲しみを分かち合う葬祭や慰霊の儀礼の意義が、これほど強く納得されたことは少ないかもしれない。

ここ数年、自然葬や樹木葬などの新しい葬送法が注目されたり、『葬式は、要らない』(島田裕巳著)とか『葬式をしない寺』(秋田光彦著)といった本が刊行されたりして、人心が伝統的な葬儀から離れつつあると論じられてきた。伝統的な死生観に対する距離感が広がり、人々はそれぞれに新たな死生観を練り直していかなくてはならないと感じている。マンガや映画や音楽など大衆娯楽文化の中にも、新たな死生観の探究を表現しようとするものが増えている。

私たちが取り組んでいる死生学の成立と発展は、このように伝統的な死生観が通用しなくなったり、人々がそれに違和感を感じたりする機会が増えてきた状況と関わっている。市民生活において市民自ら探究せざるをえない領域が増えてきており、それを踏まえて学知を集積し、学術的な背景を提示して市民の探究に応じ、新たな専門職の基礎となる知識を育てようとするものだった。死や死別の悲しみに関わる医療や心理学の現場とともに、死をめぐる儀礼や習俗の現場が強く意識されていた。

だが、東日本大震災では伝統的な仏教式の葬儀や慰霊・追悼儀礼にこそ力があると感じられているようだ。伝統的な儀礼が今なお信頼感をもって営まれている東北地方が被災地だったこともあって、テレビでも僧侶の読経の場面が映し出される機会が多い。大都市が少なく、どちらかというと住民の年齢も日本の平均より高い傾向がある地域なのでそうなったということもあろう。

だが、それだけではないようだ。東日本大震災では人知人力の限界を思い知らされた。人類が営々と築いてきたものが、あっけなく破壊される場面を目の当たりにした。宮沢賢治の「雨ニモマケズ」がよく読まれた。この詩は他者を助けようとする利他心を鼓吹するものだが、また「デクノボー」であることを勧めるものでもある。デクノボーとは法華経の常不軽菩薩を形象化したものだ。この菩薩はあらゆる人に対してその仏性のために祈る修行者だ。だが、そのために他者から罵倒され尽くす人物の像でもある。

賢治にとってそれは「慢」「増上慢」を省みる姿勢の象徴でもあった。「雨ニモマケズ」は人類の「慢」を省みて、過去の人々の知恵に頭を垂れようとする姿勢を映し出しているものとも言える。科学の知を開発してきた人間は、死生観において新たなものを生み出しうるのだろうか。もしそうだとしても、結局のところやはり過去のそれへの依拠を脱することはできないのではないか。東日本大震災によって、死生学は伝統の力を見直すことの意義を再認識させられているのかもしれない。

伝統の力の再認識は地震・津波による甚大な災害に、さらに原発災害が加わったことによって、いっそうその度合いを強めたかもしれない。原発災害は、経済的な発展に過度の力点を置いたこれまでの生き方の反省をもたらし、大自然への畏敬の念や人間の傲りの自覚など宗教的な価値観に立ち返ることを促しているようだ。

二〇一二年二月に刊行された拙著『日本人の死生観を読む』（朝日選書）は震災以前から準備を進めていたものだが、こうした東日本大震災の衝撃にある程度、応じうる内容をもつものであると信じたい。だが、仮にそうであったとしても、震災の衝撃は既存の知の枠組を突き破る力をもっているに違いない。衝撃を知恵の源にかえ、血肉と化していくには、まだまだ時間が必要だろう。

知の裂け目からリアルが覗く

東京大学教授／情報学
西垣 通

生きている存在にとって、世界のありさまを客観視することは難しい。なぜなら、生きるとはまさに、みずからの歪みや不完全さを引き受けることだからだ。歪んだ主観世界のなかで刻一刻、ひたすら格闘していくこと以外ではないからだ。ゆるされるのは自分の内側からの覚束ない視線が探しあてる現象のみ、外側からの明るく啓蒙的な展望など、本当はそれほど期待できない。

これを情報学的にいえば、生命体とは、自己準拠的・オートポイエティックな存在だということだ。動物も植物も、ひたすら生死を分かつ崖っぷちを、必死で歩いている。それだけのことだ。

私たち人間も、多かれ少なかれ、実はそのことに気づいている。だが、懸命に知らないふりをする。そして、自分が社会的存在であり、確実で合理的な知識をもっており、客観世界の中で自分もそれなりの役割を演じているのだと信じこもうとする。峻烈なリアルを直視するのが怖いからかもしれない。そして好都合なことに、その日常的仮構はそれなりの説得力をもつともいえる。とくに六十数年にわたり、歴史上まれなほど穏やかな平和のつづいてきた、この日本列島においては。

けれども不幸にして、どうしても私たちがリアルと正面から向き合わざるをえない瞬間がおとずれることもある。二〇一一年三月一一日とは、要するにそういう日だったのだ。

経験したことのないほど長くつづく、強い大地の揺れ。一帯の市町村を根こそぎ呑みこむ巨大津波。そして、破壊された原子炉から空中に、地中に、海中に、不気味に四散拡大していく大量の放射性物質……。目の前で家族の命があっけなく奪われた被災者たちは、その「理由」がどうしても分からないだろう。汚染地域とレッテルを貼られ、今でも故郷に帰れない福島第一原発付近の住民たちは、「未来」のイメージさえ描けないだろう。日常的仮構がこなごなに飛び散り、生の孤独と残酷さがむき出しになったあの日以来、彼らはいったい何を信じて生きていけばよいのだろうか。

なんとか直接の被害をのがれた者にとって、被災者の心に真に「寄り添う」といえるほどの想像力を持つことは、残念ながら難しい。私の住む東京ではすでに、傷んだ日常的仮構の修復作業が活発におこなわれている。悲しいのはこの断絶である。

しかし、それでも今、私たちにできることはいったい何だろうか。峻烈で残酷なリアルを心に刻みながらも、何とかもう一度、日常的仮構を再建することだろうか。確かに、合理的知識に支えられた客観世界という仮構なしに生きていくことは、現代人には困難である。だがそれなら少なくとも、再建後の仮構は、震災前のものより、わずかでも確実性と説得性を増したものでなくてはならない。

為すべき課題はあまりに多く、私にはまだ、それらを整理することさえできない。ここではただ、東日本大震災があばき出した大きな問題点を一つあげるにとどめよう。それは、既存の権威ある知の地盤沈下ということである。とりわけ直視すべきなのは、「理系と文系を隔てる知的な裂け目」に他ならない。

地震や津波の予測もそうだが、福島第一原発事故の直後、関係者のありさまを眺めて、絶望的な気分になった人は決して少なくないだろう。現場の人々のことではない。現場で身を危険にさらしながら対応処理作業にあたっている方々には、ただ頭が下がるばかりだ。そうではなく、原発関係の「識者」として以前から責任ある立場に座りながら、事故直後は物知り顔で「大丈夫です、大したことない」と繰り返し、やがて日にちがたって事態の深刻さが明らかになると、「まあ、足りない点もあったかなあ」などと他人事のように涼しい顔をしている専門家たちのことだ。

彼らは御用学者と非難されている。そういう連中もいるだろうが、大多数は視野狭窄のいわゆるタコつぼ専門家ではないだろうか。つまり、意図的に政治権力に迎合したというより、むしろ自分の知的営為の社会的意味についてあまり考えない能天気な小人物なのだ。

原発のような大規模で危険性をはらむ技術を担っていくリーダーに必要なのは、単に理系の狭い分野の知識だけではない。長期的なエネルギー政策をはじめ、原発の政治的、法的、経済的、社会的、哲学的側面を理解し、さらに万一事故が発生したときの住民避難や広報活動などについての判断力もなくてはならない。それらは文系の専門家に任せよ、というのは誤りである。事故の真の恐ろしさを把握して対処するには、理系の専門知識が不可欠だからだ。

いったい、この日本に、文理のひろい知識と高い倫理観をもったリーダーが何人いるだろう。そういう人物を育ててこなかったツケが今来ていると、暗澹たる気持ちになるのは私だけだろうか。

3・11以後と「デペイズマン」の発想
——新たな「戦中・戦後」と思想・文化の課題——

早稲田大学法学学術院教授／現代思想・表象文化論
塚原 史

「デペイズマン」(dépaysement)というフランス語の単語がある。故郷や住み慣れた土地(pays)、さらにはその拡張としての日常的で安定した環境を、見慣れない、不安定な場面に変貌させる表象(行為)を意味するシュルレアリスムの用語だ。マックス・エルンストが「絵画の彼岸」でロートレアモン『マルドロールの歌』の、あの「ミシンと雨傘の手術台の上での偶然の出会い」などを例にあげて提案したコンセプトだが、適当な訳語が見あたらないので、強いて訳せば「異境化」とでもなるだろうか。美術の実例としては、海辺の青空に大きな岩が浮かんでいるルネ・マグリットの絵画（「ピレネーの城」、ただしあまり「偶然的」ではないが）などを思い浮かべる人もいるだろう。

唐突なようだが、二〇一一年三月一一日以後、それまで極東の島弧で、激動する世界情勢に比べれば平穏に（暴動も恐慌もなく）暮らしていた私たちの日々の生活にいきなり侵入してきたのは、誤解を恐れずにいえば、この「デペイズマン」の感覚だったのではないだろうか。それは、カタストロフの直後にメディアがいっせいに伝えた、津波に押されてビルの屋根に上った大型船のイメージのような、出来事のいかにも「シュール」的なイラストレーションの次元をはるかに超えたところで、私たちの安定した日常の意識、つまり昨日のような凡庸な今日が、今日のような凡庸な明日に接続するだろうという安易な思いこみを激しく動揺させ、明日以降の未来は確実に不確実性の記号に支配されることになった。

この場を借りて、ごく個人的な体験を少しだけ振り返るなら、3・11の数日後、私は成田空港からパリ経由でスペインからモロッコに向かおうとしていたのだが（以前から予定されていた旅で、日本脱出の意図はなかった）、成田で出会った数人の異様な男たちの姿は、まさに「異境化」のひとコマだった。というのも、迷彩服に身を固めた彼らは日本の警官でも自衛官でもなくて、フランス軍の兵士だったのである。福島第一原発が水素爆発を起こして放射性物質の拡散が始まった直後から、フランス政府は在日フランス人に避難勧告を出し、三月一七日には早速救援機が飛来したので、彼らは数百人の同国人の避難誘導にあたっていたのだった。

私が乗ったエールフランス・パリ直行便は突然予定を変えてインチョン経由となり、そこで乗務員が全員交代したのは、フランス人パイロットたちが放射能の危険に曝された東日本からの搭乗を避けたためだったと思われる。エアバスは数時間韓国の空港に留まったが、そこでも制服姿の武装警官が厳しい表情で機内のチェックに乗りこんできた。パリとマドリッドのホテルでは、国際中継のTV画面が、フクシマの原発が回復不能な損傷を受けすでにメルトダウンが始まっていると伝えていた。プラド美術館前では、地元のTV局が、私が日本から来たツーリストであることを確認すると「なぜあなたは今ここにいるのか、日本には帰れるのか」などという、簡単には答えられない問いを投げかけてきた。三月一八日頃の話である。さらに、ジブラルタル海峡の港町アルヘシラスから対岸のタンジールに渡るフェリーの通関では、若い男性のオフィサーがパスポートを見たとたんに、左胸に手をあてて弔意を示してくれたほどだった。

個人的感慨は別にしても、3・11直後の日本列島をめぐる客観的な状況は、日本人がまだそこまで意識しないうちから、平和な日常の戦場化という非常事態を世界規模でもたらしつつあったのである。私たちにとって、海辺の町々が破壊されて二万人近い人命が失われ、今なお放射能汚染の不安が日々の生活を覆っている「3・11以後」とは、いうまでもなく、太平洋戦争以降もっとも深刻な「非常時」であり、私たちは今新たな「戦後」（地震と津波という自然の脅威の直後）と「戦中」（終わりの見えない原発事故という文明の脅威の渦中）を同時に生きているというほかはないだろう。

こうした状況下で、思想と文化の課題は何かという難問に直面するとき、「復興」と「絆」の大合唱とはまったく異質な「デペイズマン」という発想が意外な選択肢を示唆しているように思えてしまうのは、私だけだろうか。たしかに巨大な危機に襲われたとき、人々が連帯の絆を強め「良き隣人」になろうとすることは、社会的生を生きる私たちにとって半ば本能的で、最善の選択にはちがいない。だが、社会の危機は、共同体が新たな段階へ移行しようとする前兆でもあるという意味では、とりわけ思想や文化の領域で、未知の提案の可能性を孕んでもいるのだ。

たとえば、第一次世界大戦下のチューリッヒで、トリスタン・ツァラが現代アートの原点となるダダを創始し、戦後のパリでアンドレ・ブルトンが、無意識という人間精神の未知の領域の探求につながるシュルレアリスムを着想したように、あるいは、関東大震災の翌年の東京で、土方与志が築地小劇場を創設して演劇と思想の新しい運動を始めたように、今回の3・11以後の「総動員」的精神風土に従属しない非順応主義的な「異境化」の発想が、意想外の豊饒な思想と文化の出発点となるのではないか、そうなってほしい、という願望を、二〇一二年三月一〇日現在、私はひそかに抱いている。

変えられるものを変えよう

法政大学教授／江戸文化
田中優子

私は二〇一一年三月一一日、人間の力では変えられないものが厳然としてあることを、深く心に刻んだ。変えられないものとは「自然の力」である。

頭ではわかっていたが、都市生活を送るうちに自然は遠いものとなり、ほとんど考えなくなっていた。それが自分の生命を支えている恵みの源泉であるにもかかわらず、衣食住は人間の作ったシステムによってもたらされると、どこかで錯覚していたのだ。建設会社があるから家が建ち、ブランド店やデパートがあるから服を購入でき、スーパーがあるから米や野菜が手に入り、コンビニとファミレスがあるから食事に困らない、という類の発想のことである。そのような発想の果てにあるのが、多くの店が集まる都会が豊かで、それが無い地域が不便、貧しい、と考える価値観だろう。本当は逆で、都会にはものを売る仕組み以外何も無いことを、私は承知している。それを教えるために、学生を連れて幾度も森林や農村を訪れた。

しかし、本当に分かっていたのだろうか？　自然の恵みのみならず驚異もまた、遠いものとなっていた。堤防があるから、厚い壁があるから、高層の建物だから、と安心して暮らしていたのではないだろうか。

　人間は自然を変えることはできない。「自然を破壊できるではないか」と言うかも知れないが、ほんとうに自然を破壊したときには人間は消滅している。人間は自然の一部だからである。人間が生きているということは、自然はまだごく一部しか破壊されていない、ということなのだ。今は「破壊が始まってしまった」という段階なのであろう。しかし始まってしまえば、それを強力な力で止めない限り、坂をころがるように破壊は進み、人間も生きてはいられなくなる。自然の破壊は人間の破壊であり、自分自身の破壊である。必ずそれは同時に進む。

　人間は空気と水と大地がなければ生きられない。それらは生命にとって基本的なものなので、売り買いの対象にすることや汚染することは自分の首を絞めることだが、すでに商品化は始まっている。それでもまだ、商品化もCO_2排出も「減らす」ことや「やめる」ことはできる。やめれば空気も水も大地も、なんとか元に戻る。しかし、人類の時間のスケールでは元に戻らないのが「核」だ。核は人間のＤＮＡをも破壊する。

「農業は自然破壊のひとつである」とは、よく聞く言葉だ。日本では古代から農耕しているが、とりわけ江戸時代に入ると新田開発が急速に進み、平野に広大な田圃ができていった。今ある日本の田園風景は江戸時代に作られたのである。森林伐採は戦国時代からおこなわれ、城の造営や鉱物資源の精錬や都市建設に膨大な木材が使われた。日本の森林の大部分は二次林である。しかし、それらは人間や生物のＤＮＡにまで影響を及ぼしはしなかった。そればかりか、自然破壊が自分たち自身の生活の破壊であると気付いた幕府や藩の人間たちは、森林伐採に強力な規制を敷いた。実際に下流で洪水が起こり始めたのである。伐採を禁止する留山《とめやま》、伐採の種類を定める停止木《ちょうじぼく》などを決め、完全規制はできないものの、建築物は廃材を使い、城の建設を禁止した。さらに育林政策に転換し、木を植え始めた。

鉱物資源で輸入品を買いあさっていた戦国時代の価値観は、江戸時代には正反対の考え方に変わった。輸入を減らし、国内で自給する道を模索したのである。従来の麻に加えて自国で綿花栽培を拡大し、生糸の品質向上をめざし、生薬の研究と人工栽培に着手した。農書が編まれて農業技術が格段と向上した。陶磁器が各地で生産されるようになった。もともと優れていた和紙生産は、量の時代に入った。

開発は日々おこなわれ、技術や生活の質も向上する。しかしそこに「ものは有限であり、この世は循環する」という思想があれば、国土の性質や環境にそぐわない開発は起こらない。これは江戸時代のことであると同時に、つい先日行ってきたばかりのブータンの開発のことでもある。ブータンでは電力の全国普及が着々と進んでおり、馬に変わって自動車が増え、多くの人が英語を話す。しかし国土の六〇％は自然林でなくはならない、と決められており、国土の五〇％以上が自然保護地域になっている。選挙制度があって差別の撤廃と教育に力を入れているが、その一方で民族衣装の着用と瞑想が奨励されている。グローバリズムのなかでそれに呑み込まれることなく、取捨選択して自立をめざすその姿勢は、日本では江戸時代までで終わってしまった。しかし再びその姿勢を取り戻さなければ、日本はグローバリズムのみならず核にも呑み込まれる。原発の再稼働を止められるかどうかは、分かれ目になるだろう。

自然は本来、人間の都合によって自由に変えることなどできないものである。できると思ったとたんに、その考えが人間自身を滅ぼすからだ。一方、人間には容易に変えられるものがある。政策や方針や意志や社会習慣である。変えられないものを変えようと無駄な努力をし、変えられるものは変えなかった。私たちはやりかたを間違え、失敗してきたのだ。3・11はそれを教えてくれた。

なぜ、青森の雪は拒まれたのか

学習院大学教授、福島県立博物館長／民俗学

赤坂憲雄

昨年の九月であったか、『福島民報』に寄せた「風評被害と戦うために」と題したエッセイが、思いがけず大きな反響を呼んだ。もっぱらツイッターのなかで、しかも非難と攻撃の的になった。あえて挑発的に書いた一文ではあったが、確実に、何かが露わに炙りだされたかと思う。放射能汚染にま

つわる風評被害と差別は、しかし、予期していたよりもはるかに複雑に捩れていたのかもしれないと、いまにして思う。これから数十年間にわたって、福島の人々は差別のスティグマから逃れることはむずかしいだろう。どれほど無念で、残酷であれ、福島はもはや、ヒロシマ・ナガサキそしてミナマタなどへと精神史的に連なる負の地名、フクシマになったのである。

わたしは半年前のエッセイのなかで、「風評被害という名の未知なる差別が、福島を、いや白河以北の東北を覆い尽くそうとしている」と書いた。風評被害とはいかにも、微妙な言葉だ。何らかの実体らしきものはあるが、そのまわりに噂やら幻影やらの分厚いヴェールがまつわりつくことで、現実は奇怪なまでの肥大化を遂げる。とりわけ放射能汚染は眼には見えず、臭いもせず、その影響についても確実なことが言えないゆえに、いかにもタチがわるい。根拠なくばらまかれる「安心」と、無限大にふくらんだ「不安」とのはざまにひき裂かれて、だれもが翻弄される。

たんなる都市伝説なのか。最近も、こんな話を聞いた。福島の人たちが伊勢参りにでかけたとき、駐車場で、気がつくとまわりから車が消えていた。福島ナンバーだったからか。山陰のある町に避難している子どもが、いまだに友達ができず、仲間外れにされており、とうとう登校拒否になってしまった。福島に帰るか、留まるか、迷っているという。このたぐいの話は掃いて捨てるほど耳にする、実にありふれたものだ。そのすべてを、気のせいとか、都市伝説と見なすことは、少なくともわたしにはできない。

マスメディアが「事件」として報じたものは、枚挙にいとまがない。今年になって、沖縄から流れてきたニュースはきわめて示唆的であった。子ども向けのイベントのなかで使うために、遠く青森から雪が運ばれてきた。ところが、この雪によって放射性物質が沖縄に持ち込まれる、という批判の声を受けて、イベントそのものが中止に追い込まれたのである。その後、この雪は石垣島などに運ばれて、幼稚園のイベントに提供された、という。

どうやら、何か隠されていたものがおずおずと正体を現わしたようだ。その運ばれてきた雪が放射性物質によって汚染されているか否か、ということが問題視されているわけではないらしい。まず、そのことに注意を促しておく。公表されてきた汚染地図その他に拠るかぎり、青森は沖縄と変わらぬ汚染レヴェルであり、青森の雪が汚染されている可能性はかぎりなく低い。それにもかかわらず、なぜ青森の雪は拒まれたのか。青森が東北の一部をなすという地政学的な条件を抜きにして、それをうまく了解することはむずかしい。つまり、青森は東北ゆえに拒まれたのではなかったか、ということだ。たとえば、汚染地図によれば、一部の地域で福島県内と同レヴェルの線量が確認されている北関東、群馬や栃木の雪であったとして、それは拒まれたのだろうか。群馬の雪／青森の雪のあいだには、いかなる差異と分断のラインが存在するのか、という奇妙な問いにはそそられるものがある。群馬は関東に属している。群馬を拒めば、関東を、さらには東京を拒むことになる。それはできるか。白河の関によって、関東／東北を分断しておくことには、放射能と同じように見えにくい地政学的な力が働いているのかもしれない。

それにしても、沖縄が「事件」の舞台であったことには、意外の念を抱かずにはいられなかった。

それまでの「事件」がもっぱら、京都や福岡などの西日本で起こっていたことには、どこか既視感があった。不可視の放射性物質が、あらたなケガレの源泉として登場してきたのではないかと感じた。歴史家の網野善彦さんが『東と西の語る日本の歴史』のなかで語られていたように、差別やケガレをめぐる精神風土において、列島の「東」／「西」のあいだにはあきらかに断層が存在する。とりわけ、狩猟文化が身近に生きられている東北では、獣をはふり・皮を剥ぎ・肉を食べることにまつわるタブー意識が、西日本などとは大きく異なっている。ほとんど知られていないが、沖縄もまた、この肉や皮のタブーとは無縁な地域である。沖縄には、日本列島の「西」に濃密に分布している被差別部落が、チョンダラー（京大夫）というヤマトに由来する念仏系の芸能者を唯一の例外として、存在しなかった。その沖縄で、なぜ青森の雪がケガレとして忌避されたのか。

じきに謎はほどかれていった。沖縄の人たちがイベントの中止後に、あえてその雪を別の行事のなかで活用したというニュースが、後追いで報じられたのである。どうやら主役は沖縄の人々ではない。メディアの報道に眼を凝らすうちに、「事件」の主役たちの姿が浮かび上がってきた。抗議活動をおこない、イベントを中止に追い込んだ女性たちが、原発事故以来、福島や関東圏から避難している人たちであることを、いくつかのメディアが明らかにしていたのである。くりかえし非公式の場で囁かれてはきたが、わたし自身はマスメディアの報道のなかではじめて触れることになった事実である。これまでの類似の「事件」においても、強硬に抗議していたのは十人とか二十人ほどで、「事件」の発覚後は、その抗議によって方針を変更した行政当局にたいする批判が逆に、数百件のレヴェルで寄せられてきたのではなかったか。報道されてこなかったわけではない。しかし、つねに匿名の抗議行動であり、主役たちの姿は見えなかった。

主役たちの断片的な声も拾われていた。せっかく放射能汚染を嫌って沖縄まで避難してきたのに、「安心」を脅かすようなモノが入ってくるのは許せない、沖縄も安全でなくなったら、さらに遠くへ避難しなければならない……。そんな肉声らしきものにも触れた。さて、これはいよいよ、問題が捩れてきたな、と感じている。なぜならば、あきらかにそれと同質の、あるいは類似の声を、瓦礫の処理とその受け入れをめぐる騒ぎのなかで耳にすることが多くなってきたからだ。しかも、それが東北の内部から、「進歩的」と思われてきた知識人のなかから、まっすぐに語られはじめるのを聞き及んでは、とうてい心穏やかではいられない。

どうやら、中世以来、西日本の社会を厳しく覆ってきた「ケガレと差別の風土」といったものに、一連の「事件」の原因のすべてを帰すことはできなくなったようだ。「差別なき東北」の誇りに賭けて、わたしはこの問題をきっちり追究してゆくべき責務を負わされた、と勝手に感じている。白河以北の、みちのく(道の奥)にたいする屈折した差別意識、被差別部落にかかわるケガレ意識とタブー、そして、放射能という見えないケガレが惹き起こしつつある、あらたな差別の状況といったものが、複雑怪奇に絡まり合いながら、われわれを未知なる領域へと導こうとしているのかもしれない。

フクシマはここでも、時代の最先端の問いがむきだしに折り重なる、知の闘いのフィールドとなってしまったのではないか。問いの立て直しが求められている。

地震の後に我々が聞いた「声」

文芸批評家／都留文科大学教授
新保祐司

東日本大震災から一年余りが経った。このような甚大な被害と原発事故という文明の在り方を問い直す衝撃を受けたのだから、日本は深く変わるだろうと私は期待した。しかし、現実には日本と日本人の本質は変わらずに日々が過ぎていくのに失望感を覚える。

このような悲惨を前にしても、憲法改正や教育改革など国家の根本を見直すことに取り組まないとすると、中国が尖閣諸島を占拠しても当座は大騒ぎするだけで、何も変わらないかもしれない。さらには、北朝鮮から核ミサイルが飛んで来ても落ちる所が、東京でない限りは覚醒しないのではないかとさえ危惧される。

今日の日本人は、ネット検索的情報と池上彰的教養を亀の甲羅のように身につけて自足している。何ものかに打ち砕かれるということがない。

このような日本人にとっての頂門の一針は、果して何であろうか。日本人は、もはや知識や情報では、何も変わらない。そういう水平的なものではなく、何か垂直的な頂門の一針が、亀の甲羅を突き破らない限り、日本人の真の覚醒は起きないであろう。

この頃、折に触れて思い出されるのは旧約聖書の「列王紀略上」第十九章の九節から十二節である。


彼処にて彼洞穴に入りて其処に宿りしが主の言彼に臨みて彼に言けるはエリヤよ汝此にて何を為すや　彼いふ我は万軍の神ヱホバのために甚だ熱心なり其はイスラエルの子孫汝の契約を棄て汝の壇を毀ち刀剣を以て汝の預言者を殺したればなり惟《ただ》我一人存《のこ》るに彼等我命を取んことを求むと　ヱホバ言たまひけるは出てヱホバの前に山の上に立てと茲にヱホバ過ゆきたまふにヱホバのまへに当りて大いなる強き風山を裂き岩石を砕しが風の中にはヱホバ在さざりき風の後に地震ありしが地震の中にはヱホバ在さざりき　又地震の後に火ありしが火の中にはヱホバ在さざりき火の後に静なる細微《ほそ》き声ありき

地震そのものの中には、神はいなかったのである。その後の「静なる細微き声」の中にこそ、神はいたのである。3・11後の数カ月間を思い出してみよう。地震の衝撃と原発事故の不安のただ中に生きていたとき、我々は「静なる細微き声」を確かに聞いたのではないか。

しかし、復興への掛け声や騒がしい政争、あるいは日常性の回復などによって、この声は聞こえなくなり、聞いたことをよく考える間もなく、もう忘れてしまっているということであろう。これには、「喉元過ぎれば、熱さを忘れる」という国民性も関係しているのかもしれない。

地震の被害そのものは、復興に努めるべきである。復興庁もやっとできたのであるから、着実に取り組んでいくのを期待するばかりである。しかし、この災害から日本人が汲み取るべき意味は、地震それ自体を振り返り、その悲惨さを確認するという行為の中にあるのではなく、地震の後に我々が聞いた「声」の中にあったはずである。

これからの日本や日本人の進むべき方向を考えるときに、あの時の、ある意味で貴重な時間に聞こえてきた「静なる細微き声」は何だったのかを忘れずに心に深く留めておくことは極めて重要なことである。これが、体験と経験の違いを生むものかもしれない。体験と経験を区別したのは、森有正であったが、この「声」に耳を澄ませて聞きとり、その意味を深く考えることが、大震災という体験を、日本人の真の経験にするためには必要なのである。

この「声」の中で聞こえたものの一つは、人間の分際を知れ、ということではなかったであろうか。大震災前の日本を振り返ってみれば、人間の分際を逸脱した欲望にとらわれていたのではないか。照明は不必要なまでに明るく、さらには余計なライトアップが諸所でなされていた。食にしても、衣にしても、あるいは住にしても人間の基盤としての衣食住の範囲を超えた異常さを示していたと思われる。欲望は現代文明の先端的技術によって刺激され、もう止まるところを知らないような肥大振りであった。

東日本大震災の衝撃の中で、日本人は、この逸脱に気づかされたのである。何かとんでもない思い違いをしていたのではないか、戦後民主主義の風潮の中で醸成された人間観や国家観というものは、全くの虚妄だったのではないかと、ふと覚醒したのである。

　そのような人間観は、近代の人間主義に他ならないが、特に日本のうすっぺらな近代の中で成り立っている人間主義は、人間の分際を忘れてしまった。しかし、それは、この大震災の衝撃でもう実質的には破綻したのであり、まだあまり社会の表面にその崩壊が見えていないのは、惰性で続いているからに過ぎない。

　内村鑑三は、関東大震災の後に、「震える世界」の中で「震えざるもの」を求めよ、と言った。昨年末に生誕百五十年を記念して藤原書店から、『別冊・環⑱　内村鑑三　1861–1930』を編集して刊行したのも、いまだに耳を澄ませて世の雑音の向こうに「震えざるもの」を聞き取ろうとしている人々に内村鑑三の「声」を届けたいとの一念からである。そして、そこから日本人は精神的支柱を打ち立てなければならない。

システムの信用失墜と機能不全——科学界・マスコミ・政府

東京大学教授／哲学
金森　修

あの衝撃的な津波の映像はもちろん忘れられない。どこの町かは覚えていないが、家が流されていくのを横の小道でみて子供が泣いていた姿が、いまでも目の前にちらついている。その後の復興が思うように進まないこの国のあり方には怒りを覚える。

そして何よりも、福島第一原発事故が露わにした、日本の機能不全の総体。もし政府や関連省庁が、最初の二週間、より的確かつ迅速な処置を行っていれば、原発は現状よりもましな状態に収束していた可能性がある。対応の遅れが、事故前には想像もできなかったほどの放射能汚染をもたらした。日本人は海と深い繋がりをもって生きてきた民族だが、その海を汚してしまった。これは日本史に残る汚点になった。

しかも、事故そのものもそうだが、その後のいろいろな姿勢が怒りと不信を呼んだ。政治家たちが頼りなげだったのは、いわば想定内だった。ところが、意外だったのは日本の科学者集団の対応の仕方だった。事故直後、破局的事態も到来しうるという予感から固唾をのんで事態を見守っていた国民の前で、テレビなどのマスコミに登場した科学者たちは「大丈夫だ」、「冷静な対応を」、「直ちに健康に影響はない」云々の鎮静効果や麻痺効果をもたらす言葉を呟くだけ。素人相手にやり過ごしを狙っただけだと言われても仕方がない。福島北西部など、少なくともほぼ明らかに危険性が高いと推定される地域の特に若年層の人々を、結果的に被曝させてしまった。海も含めれば〈被曝地図〉の広がりは、実は現時点でさえ明確には分かっていない。しかもその後、その科学者たちが、少なくとも理念的には体現しているはずの〈公益〉の保護というよりは、自分の研究環境の保護や自分が関係する業界全体の利権の保護に配慮していたという事実が徐々に明らかになっていく。何度もコメントをしていた教授が原子力関連の業界から多額の寄付金をもらっていたというような報道が何度かなされた。確かに彼らはその資金を純粋に私的に使用しているわけではない。だが報道の際に彼らが述べる、「資金受領があるからといって、判断に影響はない」云々の言葉を、誰が本気で信じるだろうか。彼らの姿勢は、もっとまともな他領域の科学者の信用さえ落としている可能性がある。なぜ科学界はそれに気づかないのか。〈公益性〉が毀損されれば、科学は科学ではなくなり、普通の企業体と同列に並ぶことになる。別格の保護や尊敬の対象にはならなくなるということだ。放射能汚染の程度を低く見積もり続ける多様な研究機関、それに、保安院のような責任機関。これらの総体が優先的に何を保護しようとしていたのか、それが明らかになればなるほど、この社会に或る種の絶望感が漂う。しかも、それまで関連機関や委員会の中枢にいた人たちはほとんど責任を取ろうとさえしない。

多様な既得権の保護のためには、数字の調整、情報の選択と統制などはお手の物というその姿は、しかし完全に隠蔽されているわけではない。現在のような多元的情報社会では、どこかから、その醜い有り様が暴露され、敏感にアンテナを張っている人たちの怒りと軽蔑を買う。事故直後、東電の関係者たちは職場を放棄して撤退したいと述べたとか、社長がしばらく雲隠れして自分のローン返済にかまけていたとか、そんな情報が流れるにつれ、あきれ果てるのを通り越して、悲しみが心を覆い尽くす。

そして、本来その惨状を告発し、改善を強く求めるべきマスコミもまた、エネルギー産業の巨大な資金や権力に惧れをなしているらしく、充分な機能を果たしていない。政府、科学界、マスコミ、そのどれもがおかしくなっている。日本は、もう駄目になっているのだろうか。

しかも依然として、産業界の重鎮たちは、これほど多様な意味で問題性が露わになっている原発体制を維持するという姿勢を変えようとしない。確かに産業保護は大切だろう。だがそれも、結局、一人ひとりの国民の安全や健康があってこそ意味のあるものではないのか。特に年少者に集中する可能性のある危険を見て見ぬふりをするというのは、人間として完全に終わっているということではないだろうか。

だから3・11は、私にとって、これまで多忙にかまけて、というより怠惰なままに見過ごしてきた社会システムの多様な不合理と、権力層の醜悪さが、一気に露呈する重要な契機になった。救われるのは、現状の存続に異議申し立てを行い、少しでもまともなエネルギー生産体制や、権力分散体制を作るべきだとする論陣を張る論者が増えていることだろうか。また当然ながら、何人も、科学界の現状を憂えて素晴らしい活動をしている科学者たちもいる。だがそれも、充分とはいえない。われわれが世界に誇る文化の姿を提示できるためには、まず何を大切だと思うべきなのか、その価値意識の錬磨が本当に必要だ。それを怠り、なし崩し的に旧態依然としたシステムが存続していくとするなら、日本は終わりなのだ。

深井の面の影で

東京外国語大学教授／文化人類学
今福龍太

「あの日以来。日常的な思考の惰性は一気に振り払われた。出来事と言葉は相互に絡まり、もつれた。受けとめ、思考し、理解することへの希求、その困難、その痛苦が私たちを襲った。もどかしいほどに現前化した言葉の限界と窮地を見つめるうちに出来事から一カ月がたち、四月という新たな学期の始まりが暦どおりに到来した。学び教える現場で、津波と放射能をめぐる災厄の存在を心に収めて、どのように語りだすことが可能なのか。それについて考えるためには、一カ月は短く、同時に長い宙吊りの期間だった。

学問という遅延の言語、遠くにある本質的な言葉を求めようとするこの探究心が、混乱と逡巡を隠すべくもなく、薄倖の春の入り口で静かに開始された。〈津波の後の第一講〉は、どれほどの日常性《ルーティーン》と非常性《エマージェンシー》の混合体となったのか。出来事のトラウマから抜けだして、真摯に知ろうとする若者たちの目の輝きと焦燥を前に、講義の現場は、災厄の現場とのあいだの深い連続性を欲望しつつ、同時に超えがたい断絶をみずから引き受けて踏み出す、知の新たな挑戦となった。」

こんな言葉とともに、昨年四月末、私は大学で教える友人たちにむけて、一冊の論集のプロジェクトへの参加の呼びかけを始めた。思い当たるままに、一人、また一人と個別に会っては参加を誘いかけ、企画の趣旨をめぐって議論し、意見を交換していった。新学期の開講の時、誰もが、自分たちが三月以前から計画していた講義の枠組みと、新たに生じた災禍への思いとを何らかの形でつなげ、講義の射程をアクチュアルで真摯なものに改訂しようと努力したであろう。その挑戦的な試みの記録を編んでおきたい。とりわけ、第一講の場で何を語ったかは、教える者としてのいままでにない新たな思想的決断と社会参加の意思表示の場として、おおきな意味を持っていると私は考えたのである。

編集作業には予想以上の時間が費やされた。季節もめぐり、編集が大詰めを迎えるころには「第一講」の時期に比べて知りうる事実も情報も格段に厚みを増していた。第一講は、もう乗り越えられてしまったのではないか？　そんな疑念も頭をもたげた。だが、直接的な情報や時論的な言説の蓄積が、三月一一日の出来事とその帰結について考えるための私たちの想像力をはるかに豊かにしてくれただろうか、と問えば、一概にそう断定することもできない、と私は考えた。災厄の直後の煩悶と失語症のなかで、不可避の迂回とともに行った思考の隘路をたどるほかなかったあの「第一講」の語りの経験は、「情報」への依存から切り離されていたからこその本質性、起源性を持つかも知れない。

こう確信し、編集を続けてきた『津波の後の第一講』（今福龍太・鵜飼哲編、岩波書店）を、ちょうど出来事の一年後に上梓することができた。いわゆる「震災本」とは少し異なった視点から、思考することと状況との関わりについて本質的に問い、互酬的・対話的に学ぶ場としての大学の教室が火急の現実といかに切り結ぶことができるかを深い所から掘り下げる試みであった。「第一講」の内容もスタイルも、一二人の寄稿者の居住地、学問領域、語り口に応じて、みごとに一二通りの異なったものとなった。大学教育のルーティンとして組まれた講義の枠組みの最初に、いまだ粉塵をあげる災禍をいかに咀嚼し、それを思考の原点として組み込む努力が行われたのか。そのさまざまな介入と干渉、迂回とディタッチメントの多様性をこの論集で示すことができたかもしれない。

読者はどこにいるのだろう？　大学や都会のなかでだけこの書物が流通することは私の本意ではない。この書とその精神を抱いて、私はおそらくある種の巡礼、ある種の対話の旅を義務として行わねばならないだろう。その巡礼先は、かならずしも被災した東北だけではない。3・11が露呈させた現代社会のある決定的な構図、人間の真の自立と自存を阻んできた傲慢な社会機構のからくりは、世界全体を覆い尽くしているからである。人々の内部にひろがる廃墟にも、私はこの本とともに踏み込んでいかねばならないだろう。

一年がめぐり、瓦礫の陰や崩壊した汀の傍らで佇む人々の姿と表情を映像を介して見た時、不意に、

生き残るということ

稲賀繁美

いま生きているものは、すべて生き残ったものたちだ。
その陰には、生き残らなかったものたちが潜む――膨大に。
生は氷山の頂にすぎない。水面下は、死者たちの闇の領分。
その見えざる影によって、われわれは生かされている。
生かされていることに感謝を捧げよう。なぜならそれは、
生き残れなかった仲間たちを誉め讃えることだから。

己が生き残る確率に右往左往するのは、やめにしよう。
最後に生き残るのは、いま生ける「私」ではないのだから。
生き残らなかったものたちが譲ってくれた場所にのみ、
光が射し、闇が払われ、あたらしい命が生まれてくる。
伐採された森や、焼き払われた野原に芽吹く、蘖《ひこばえ》のように。

死は生の敵ではない。死は生の苗床、死は生の揺り籠。
死者から賜った活力に拠って、我々は偶然に活かされている。
生き残らなかったものたちの思いが、生命の内に託されている。
その託された生命を尽くす義務は、死者からの贈り物だ。
生きる苦しみを分かち合おう。それが死者への礼節だから。

ことばを失う体験のなかから、ことばは生まれ、紡がれてゆく。
その言の葉も、やがて腐敗土となって湖底に降り積もるだろう。
樹木が年輪を刻むように、湖底には堆積泥が年縞の綾を重ねてゆく。
何万年にもわたる地殻変動と気象異変が泥の文様に保存される。
その地球の年代記のなかに、生命の痕跡も織り込まれてゆく。
個体の生死を越えた命の連環――そのなかに魂の尊厳が宿る。

東北大震災の年の暮れ
香港での学会で震災について論じたのちに
Dec.19, 2011

＊なお、本稿で触れるのは、地震と津波とに限定された省察にすぎない。
いわゆる「原発事故」にかんする考察には場所を改めたい。
その一部は『図書新聞』2011年7月16日のコラムに掲載した。

（国際日本文化研究センター・総合研究大学院大学教授／文化間葛藤の気候学）

Survival

-At the end of the year 2011-
To the memory of the lost lives at the 3.11 Earthquake

Shigemi INAGA

All of us
Who live on Earth are no other than the latest survivors.
In our shadow are hidden all that could not survive.
Life is nothing but a peak of an immense iceberg;
Under the sea level lies the vast domain of the Dead.
The enormous amount of the Dead sustains our Life.

Thanks to the invisible dark shadow of our dead companions,
We are allowed to live; entitled to a moment of survival.
Let us express our innermost thanks of being kept alive now,
For, it is the only way to praise those who could not survive.
The Dead are accompanying us so long as we live.

Let's stop worrying about the probability of our own survival rate.
For the last one who can happily survive is not the "I" who am alive.
It is only where the not-survived have given the place to the survivors,
That the sunlight reaches, and the darkness is wiped away to nurture new lives.
Just like the stump of a cut-down tree which put forth the new crimson buds,
Just like the carbonized stubbles nourishing the green sprouts on the burnt field.

Death is not the enemy of Life; it is a seedbed, a cradle for Life,
The dead provide us with the vigor, blessing us with the chance to live.
The mindful thought of the non-survivors is bestowed upon our lives.
It is our duty to accomplish this entrusted life, a gift sent from the dead.
And let us share our suffering of Life, in token of our respect to the Dead.

Facing the calamities beyond description, words fail us, we are kept voiceless.
Yet the voiceless silence gives birth to voices; words are spun again into yarn of stories.
Yet the reanimated words will one day fall on the ground again, like the dead leaves;
And the leaf mold heaps up slowly and silently at the bottom of an unknown lake.
The soil accumulates annual sediment, while the trunk of a tree ages year by year.
The layers preserve the traces of climate mutations & earth-tectonics of the millennium.
Like the archival documents, the sediment of soil composes the chronicle of the planet.
The patterns of Lives are woven in the layers of fossilized terrain to record
The irreplaceable Chain of Being for eternity,
Crossing the animated and the in-animated.

The dignity of a soul lies in its transmigration, beyond individual Life &Death.

Inspired in Hongkong on Dec. 12, Second English draft, Dec. 27;
third and fourth draft, Dec. 28, 2011.

能の「深井《ふかい》」という面のことが思い出された。深井とは、子どもを亡くした若い母などに用いられる面である。少し目を細めてややうつむき、かすかにこけた頬と口元に愁いを秘めた、中年というにはまだ若い女の面。その中間表情は、しかしこうした面が生まれた時代背景の権力構造と、さまざまな災禍や不幸の記憶を刻み込んでいる。現在の東北の瓦礫の傍らでうなだれつつも、深く研ぎ澄まされた眼差しで、失った小さな子供たちの面影をたどろうとするいまだ若い母親たちの表情が、私には「深井」の面と瓜二つに見えた。不思議な連想だった。髪もほつれ、衣服も日常のものでありながら、彼女たちは美しく見えた。凝縮された感情を内に秘めた「深井」の面の影で、女たちは言葉を待っているようにも思えた。あの深井たちにいつか静かに声をかけたい。私の願いは、淡いままに立ち消えそうだった。

思考停止とは何か

京都大学教授／東アジア哲学
小倉紀蔵

3・11以後、日本では、「フクシマの後、われわれは何を考えなくてはならないか」というコンテストをずっと続けたのですが、これは充分に内容のある、意味のあるコンテストだったといってよいのでしょうか。これが私の疑問なのです。この一年、学者やオピニオンリーダー、ジャーナリストや宗教家やタレントや一般市民たちがさまざまなメディアを通していろんなことをいってきたわけですが、ほんとうにクリエイティブな見解は聞こえてきたでしょうか。

意味のある発言をした数少ない人物のひとりとして、中沢新一氏がいます。彼は、太陽圏の現象である核融合と原子力発電の核分裂とを同質なものとして把え、そのような反生態圏の現象を生態圏の内部に組み込むことはそもそも間違いだったといいます。そして太陽と原子力発電の類似性から、原発を世界の外側に存在する一神教的な神と同質なものとします。さらに、貨幣の特権的位置を中心にして、すべてを交換価値に転換することによって利潤を増殖させてゆく資本主義と一神教の世界観を同質のものと見ます。そして、資本主義からの脱却のためには太陽からのエネルギー贈与に依拠した第一次産業に回帰しなければならないと説きます。

非常に魅力的な論です。しかしこの論には、何か道徳的な説教のような匂いが、含まれていないでしょうか。いま、それを脱臭して論をもっと進めてみると、どうなるでしょうか。

人類の知的営為の歴史とは、何よりも太陽と同一化したい、あるいは太陽に匹敵する存在を創造したい、イメージしたいという欲望の歴史だったと考えられます。

農業という行為もまた、植物の中に太陽の核融合エネルギーを摂取して擬似太陽を人工的につくり、それを体内にとりこむことによって太陽圏の無限大的な時間性と合一したいという思想運動だったと考えられます。すなわち、基本的には農業もまた一神教的ですし、原子力発電とさしたる変わりはないのです。

つまり生態圏の中で太陽圏のエネルギーを再創造したいという欲望から、農業は始まっているのです。農作物は太陽から核融合エネルギーを単に贈与されているのではありません。太陽の核融合に近づくために、人間が人工的に核融合エネルギーを再創造できる何らかの装置を創作しようとしたのです。原子力発電のように自己完結型ではありませんし非常に原始的ではありますが、キュウリやナスのひとつひとつが単なるレシーバーではなく、核エネルギーの再生を意図していることはあきらかです。農業は現代人が考えるほどイノセントで「善」なる世界観の営みではありません。

一神教を資本主義のみと結合させるのは、人類の歴史に対する誤解ではないでしょうか。一神教はまず牧畜や農業という生の営みと結合していました。太陽圏を希求する人間の精神が、牧畜や農業や贈与や無利子経済や工業や資本主義など多様な形態であらわれるのだと考えなくてはならないでしょう。そうでないと、「日本の神道は反一神教→反資本主義→反グローバリズム→これこそが未来の生態圏の思想」という、きわめてナショナリスティックな閉じた回路の中に再び自己を封入してしまうことになってしまうのです。

仏教にだって、太陽エネルギーの単なる贈与ではなく、その再創造を試みた形跡があります。毘盧遮那仏や阿弥陀如来はその典型でしょうし、井筒俊彦は華厳思想をプロティノスやゾロアスタ教やスフラワルディーの「光」の宗教と同類と見ています。あるいはプルトニウムなどの半減期の気が遠くなるような時間は、彌勒菩薩が五十六億七千万年後に下生するといった仏教の時間観に、われわれを少しだけ近づけたといえないでしょうか。なぜ宗教者たちはそのような切り口から語らず、すぐに「絆」という安易なプラスチックワードにすがってしまうのでしょうか。

あるいは、人類が放射性物質に適応する条件を科学するという新しい発想を準備したのだ、となぜ考えてはいけないのか。そのようなことを公言するとなぜ道徳的な非難を受けなくてはならないのか。人類がクマムシのような能力（クリプトビオシス：無代謝状態）やセシウムをえらから排出する魚の能力を持つ生物に進化するとまではいいませんが、ゼロではない可能性に向かって何かを考えてみたり実行してみたりすることが、思考停止からの脱出でしょう。逆にすべてが道徳化された空間こそが、思考停止の空間なのです。

たしかに東電は取り返しのつかないことをしました。怒りにふるえます。私は原発支持者ではまったくありません。しかし、東電という一企業にわれわれの無限の想像力を冷温停止させてはなりません。

クリシェ化した道徳意識が想像力を破壊することを何とも思っていない知識人が、これほど増殖したこと。これがおそらくはフクシマ以後の知的状況なのでしょう。東電の完全勝利だと思います。なぜなら原子力発電を止めることも再開することも、いずれも道徳的な理由づけのもとでなされるからです。

つまり、すべてを善と悪とに分けて、ある一定のもの（たとえば原子力発電や一神教や資本主義）をアプリオリに悪の陣営に閉じこめ、その枠組みから出てくる陳腐な結論を延々と繰り返すことが、思考停止なのです。

そのことこそが、日本の危機なのではないでしょうか。

危機を見る内外のまなざしのずれ

東京大学社会科学研究所教授／政治学
宇野重規

私が3・11を迎えたのは、アメリカでのことである。一年近い滞在の終わりの時期であり、子どもの学校の手続きなど、帰国の準備にようやく本腰を入れつつある頃であった。

明け方、日本の知人からのEメールで震災のことを知った。テレビをつけたが、同じ津波の映像が繰り返されるばかりで要領を得なかったのに対し、インターネットの世界のリアルタイム性は凄まじかった。Twitter や Facebook では、救援を求めるメッセージなどが生々しく飛び込んで来る。何もできない自分がいたたまれなかった。

以後数日、ひたすらコンピュータに向かう日々が続いた。少しでも正確な情報を知ろうと、世界中の報道機関のサイトを見て回ったが、とくに原発危機の色が濃くなるにつれ、論調の違いが目につくようになった。英米仏などの有力メディア間にも微妙な調子の差異があったが、やはり目がついたのは日本との「内外格差」である。

概して、日本の報道は個別の出来事の速報性には優れているものの、危機の全貌を知ろうとすると、ポイントがつかみにくかった。これに対し、海外のメディアは、被災地から遠い分、現状をなるべく総合的・全体的に捉えようとする視点が強かった。

現在、いかなる危機があり、それが現実化した場合にどれだけの被害が出るのか。数字を含めて、専門家の分析が並んでいた。ある意味で「残酷な」予測であったが、もしそうなった場合に各国として何をなすべきか、極めて具体的であるのが印象的であった。

予定通りに帰国して以後も、3・11を見る私の視点には、どこかこのときに感じた「内外格差」の影響があるように思う。とくに原発危機をめぐっては、日本の報道と海外の報道を比較して考える癖がすっかりついてしまった。

もちろん、日本のメディアが信じられないというわけではない。とはいえ、海外のメディアのいくつかと比較検討してみないことには、「現実はこの辺りではないか」という見当をつけることができなくなったのも事実である。

当時、海外にいた私の特殊事情もあるだろう。とはいえ、あふれる情報のなかで何を選択するか、複数の情報源の間でいかに知の「遠近法」をはかるかということが、3・11以降の私たちにとっての共通課題になったという気がする。逆にいえば、メディアに対する一定の不信や懐疑心が、私たちのなかに植えつけられたというわけである。

もう一つ、３・11に海外にいたことの影響が、私にある。海外から見て、いまの日本はどう映っているか、という視点が一瞬たりとて脳裏を離れなくなったのである。

３・11直後には、当時私が住んでいたアメリカの小さな地方都市においても、被害者に対する追悼のセレモニーが行われた。隣人や郵便屋さんを含め、町行く人々から励ましの声をもらったことが暖かい記憶として残っている。子どもの通っていた小学校では募金が行われ、被災地に送り届けるよう善意のお金が我が家に預けられた。

しばしば報道されているように、災害時における日本人の冷静さ、我慢強さに対する賞賛の声が海外にあふれたのは確かであろう。とはいえ、その後の日本に対する目には、もう少し微妙なニュアンスがあるように思われてならない。

実際に聞かれることがあったのが、次の二つの発言である。「どうしてそれほど津波が多いのに、日本人は海辺に住むのか」、「なぜ地震国なのに、日本はそれほど多くの原発を建設したのか」。いずれも素朴な問いであるが、とくに二つ目は、答えに窮した。

もちろん、これらを「日本に無知な外国人の疑問」と一蹴するわけにはいかない。ある意味で自然な疑問でもある。これに答えるだけの準備が自分の中にないことに衝撃をうけた。今もそれは変らない。

そして多くの「外からの目」にとって最大の謎として映るのは、日本の政治であろう。災害に傷ついた国土と国民をいかに回復させるのか。原発事故を起こした国として、いかなるエネルギー政策を、どのようにして選ぶのか。このような重要な問いを前にして、政治家たちは、なぜ政争に明け暮れているか。いずれの問いに対しても、政治家たちは明確に答えられないのではないか。私自身海外の友人に、胸をはって答える自信がない。

現在もなお、世界の多くの関心が日本に注がれていることを感じる。しかし、そこには、「日本人が何を考えているのかわからない」、「日本人は災害から何も学んでいないのではないか」という声も含まれていることを忘れてはならない。この疑いを払拭し、いまの日本が目指すものを世界に示すことが、日本の民主主義の緊急の課題であろう。

Photo by Ichige Minoru

優しいけれども怒ると怖い日本列島の自然との共生

大阪経済法科大学特任教授／国際政治学
武者小路公秀

３・11大震災、とくにこれに伴って起こった福島原発爆発事件は、私にとって、日本列島に住む知識人として、これまでの無自覚から呼び覚まされた大事件であった。そして、これに続く日本国家と日本市民との分極化は、日本がもう一度世界史の中で未来を開拓する役割を帯びる可能性、すなわち近代文明の転換の可能性を含む好機でもある。３・11大震災が私にとってそうした文明的な課題を残したことを痛感している。

大震災からの復興にあたっては、復興のために設立された東日本大震災復興構想会議が中心になったが、被曝者を含む被災者が平和に暮らせる被災地域の復興よりも、「総力戦国家」日本にしがみついて日本国家とその経済の再建を優先させ、原発中心の経済復興を目指す財界と政府の意向を正統化する機関として立ち現われた。しかし、「福島の母親たち」を始め、地域の復興を進める被災地市民とその全国のサポーターは、明治以来の「総力戦国家」が作り出した自然に挑戦する大量生産・大量消費・大量廃棄・大量破壊の金融国家資本主義と決別すべきことをはっきりと主張し、「世直し」の動きを盛り上げている。

この動きは、日本国家が第二次大戦敗戦時に一度はその確立を決心したはずの「恐怖と欠乏を免れて平和に生存する世界諸国民の権利」を、すべての生命体に拡張して、自然の生きとし生けるものが平和に暮らす権利を認める方向へと拡大解釈する可能性を開いている。そのことを我々日本市民の未来の選択肢の一つにしてくれていることを、真剣に考えるようになっている。

こうしたことは、私が所長をしているアジア太平洋研究センターの東京タワーに近い研究室で、船のなかのような大揺れに揺れるデスクの下にもぐって震災を経験したときには、考えもしなかったことである。

津波と福島原発「事故」の知らせに接し、仲間が東北被災地のサポートに立ちあがったときには、復興に立ち上がる被災地の力強い息吹を感じつつ何もできない老人の無力さだけを感じていた。しかし、その後、世界平和アピール七人委員会の仲間と共に、原発爆発「事件」への責任問題が不問に付されていることに怒りを燃やしながらアピールを作成したこと。そして、名古屋ＣＯＰ10以来、生命と文化の多様性の破壊と闘ってきた環境運動の仲間と共に、寺田寅彦が指摘していた日本の自然の破壊的な側面への畏敬の気持ちを持つ必要性を痛感するようになったこと。この二つの経験が重なって、歴史的、文明的な大転換への「世直し」のキッカケとしての、3・11大震災のメッセージに注目するようになった。

それで、一九六〇年代の米国滞在中に取りつかれたヴェトナム反戦フォークソングを思い出して、ギターを取りだし、「反原発えーじゃないか節」を弾き語りしはじめた。「福島原発事故のおこりは津波なんかじゃない、日本に原発入れたときから起きるに決まってた」ということを、比較的無関心な周囲の若い世代の学生諸君に訴えている。「やさしいけれども怒ると怖い自然と和解して、みんなで仲良く平和に暮らせる故郷つくろうよ、えーじゃないか、えーじゃないか、えーじゃないか」というのが、私の考えたことを要約している。

寺田寅彦が指摘したように、「文明が進むに従って人間は次第に自然を征服しようとする野心が生じた。……そうしてあっぱれ自然の暴威を封じ込めたつもりになっていると……自然が暴れだして高楼を倒壊せしめ堤防を崩壊させて人命を危うくし財産を滅ぼす。その災禍を起こさせたもとの起こりは天然に反抗する人間の細工であると言っても不当ではないはずである」。3・11大震災は、まさにそういう近代科学技術文明の「おごり」の顕われであり、そのなかで起きている反原発運動は、この文明への根本的な疑問を投げかける日本民衆の声である。ある意味では、「総力戦国家」日本の裏に生き続けていた本当の日本文化の知恵の顕われである。

ウォーラーステインが「西欧普遍主義の時代の終焉」を確認し、ボリビアの先住民族大統領モラーレスが「母なる自然の権利」の名において巨大多国籍企業による環境破壊と闘っている今日、すなわちイリイチが生きていたら「伝統的な知恵」への回帰を主張するであろうこの「近代の超克」の必要な時代に、日本が、鶴見和子さんが高く評価していたそのアニミズムの知恵を世界に普及する「平和への権利」の声となる可能性は、ないものであろうか？

近現代史の新しいページを告げる3・11

早稲田大学名誉教授／国際経済学
西川　潤

原発事故を伴った東日本大震災は、戦後日本の歴史の歩みに一つの区切りを示すものとなったし、またひろく近現代史の歩みにも転換を画するメルクマールの一つとして後世評価されることになろう。

原発事故は、起こるべくして起こった人災であった。日本は先進国キャッチアップ時代に中央集権的、国家主導型の経済システムをつくり上げた。この「政官業」体制は、政治的には「五五年体制」と呼ばれた。この体制のエネルギー政策を担ったのが、「原子力ムラ」と呼ばれる政・官・電力会社・学界・マスコミが癒着した支配体制である。開発独裁時代に日本の政・官・財指導部は、安全保障、高度技術開発競争への関心ともリンクして、原子力の開発・利用を重視した。政・官は電力会社に地域独占権を与え、電力業界はこの独占利潤を使って、原子力ムラの支配を築いてきた。

五五年体制は一九九三年に崩れたのだが、原子力ムラのエネルギー政策支配はそれから更に二〇年近く、今回の原発事故まで継続してきたわけである。

原子力ムラの支配は、一方では大都会が必要としながら自分では引き受けようとしない危険性を持つ原子力発電所を農漁村部に押し付け、その代償として莫大な補助金を周辺部にばら撒くことによって、達成された。他方では、原子力の「安全神話」を振り撒き、世論を統制した。

このような政官業による中央支配構造は、国際的、国内的な分業体制の上に築かれた。日本の四大工業地帯での工業化は、南の国から輸入する原料・資源により賄われたが、国内的には、農漁村地域が食料、労働力を提供してきた。そして、高齢化、過疎化に悩む農村地域に原発が割り当てられた。

このトップダウン型支配体制の矛盾は、政策決定過程が仲間内で取り仕切られたためにブラックボックス化し、誰もこれを監視するメカニズムが存在しなかったことにある。金融面での同様の仕組みは、一九九〇年代初めにバブル崩壊により明るみに出たのだが、原子力面でのこの仕組みは、支配層自身が安全神話にあぐらをかいていたために、地震や津波等の「想定外」（実際は体制内のレポートでも全電源喪失のリスクは指摘されていたにも拘わらず）の天災に際して、深刻な災害を導いたわけである。

この意味で、3・11原発事故は、日本における開発独裁体制の行く末を示した人災と言える。

高成長時代の骨組みをなした開発独裁体制は、一九七〇年代半ば以降、石油ショック等、途上国が国際分業体制に異議を唱え始めるに及んで、崩壊の道を歩んだ。日本は八〇年代には中成長、そして九〇年代以降は、低成長期に移行している。

つまり、日本は既にポスト成長時代に入っているのであり、新しい時代に見合った経済、社会、文化、政治システムが形成されなければならない。

今、支配体制がつくり上げた安全神話の虚妄も白日の下に露わになり、脱原発は脱成長の不可分の一環であることが明らかになった。日本は、脱原発に転換し、原発政策の下で大きく遅らされてきた再生エネルギー利用を進めることによって、既に始まっている脱成長の道に確実に踏み出すことが可能になる。

福島第一原発事故によって、ヨーロッパでもドイツ、イタリア等、脱原発の道に踏み切る国が増えた。アメリカの核軍縮政策、宇宙開発からの撤退等、人びとは、人間が自然をどこまでも支配出来るとする近代人の傲慢さを見直し、自然や環境に優しい政策、自分の足元を再び見る政策に立ち戻り始めたように見える。近代史自体が新しいページに進み出し始めた。

日本の復興過程では、今日、二つの路線が現れている。一つは、福島県の復興ビジョンに示されるような、再生エネルギー、住民参加、地産地消を重視する「身の丈に合った」復興計画である。「地域主権」を重視した内発的発展の道と言ってもよい。

他は、大会社の農漁業参入を促進し、外来資本、輸出主導と成長指向型の復興路線で、これはＴＰＰ参加による自由貿易路線に結びつく。

このような復興路線の相違は、じつは、脱成長期における日本の異なる選択とも関連している。一つは、高齢化、人口減少、大企業の海外移転といった低成長期の現実を前提に、格差縮小やコミュニティ事業等の社会発展、社会保障の充実、住民参加、新しい公共（公民提携）等、生きがい重視の日本を築いていく路線である。他は、経済成長の再現をはかり、財政金融政策で経済活力が生まれるとし、ＴＰＰ等自由貿易推進で輸出主導型の経済回復を優先する路線である。前者は脱原発、後者は原

発維持にもつながる。(1)

既に、二〇〇九年、民主党による政権交代はこのような日本の脱成長期、脱開発独裁体制への転換期を告げるものであった。しかし、民主党の内部でも以上のような路線対立が現実に存在しており、日本の脱成長期への移行は未だしばらくの期間を要するのだろう。

だが、国内でももう十数年来、行財政改革、地方分権、NPO公認、循環型社会形成等、大きな改革の流れが始まっている。政官業の開発独裁体制からより民主的な体制への移行が課題となっている。それは、世界的な変化の方向とあいこだまするものである。

3・11以来、私たちは確かに、コミュニティ、絆と言った、グローバル化のなかで忘れられてきた社会的価値に目を見開くようになった。だが、3・11をきっかけに世の中が変わり始めたと言うよりも、3・11は世界と日本の近現代史上の大きな変化の象徴となりつつある、と見るのが正確だろう。

(1) 二〇一二年一月八～一〇日の『朝日新聞』は、この路線対立を、政治家の名前を冠して「エダノミクス vs マエハラノミクス」と報じた。

石巻の大津波と縄文時代の海進

龍谷大学フェロー／地域経済論
中村尚司

阪神・淡路大震災と比較すると、東日本大震災は、「大震災」という名称が共通するものの、実相は大きく異なる。高層ビルや高速道路が瓦解し、多くの死者や負傷者を出した前者に比べて、東北では建物の倒壊による死傷者が少ない。死者や行方不明者は後者が多いものの、そのほとんどが津波被災者である。言い換えると、地震のあと津波が来るまでの数十分、多くの被災者が生き残り、予期される津波からの避難や、地震被害の善後策に大わらわだった。数十分間にできることは、限られていた。東京電力福島第一原子力発電所を管理していた人たちの脳裏に去来した思いも、いずれ明るみに出る日が来よう。

筆者は大震災のあと、福島原発被災地の南相馬市や川俣町へ、毎月のように足を運んだ。二〇一二年の正月休みに、一〇回目の訪問をした。その機会に、宮城県石巻市まで足を伸ばした。福島の浜通り同様、宮城でも津波に襲われなかった地区は、一時的に交通網やライフラインが寸断されたとはいえ、日常生活を再建する目途が立っている。二〇〇四年一二月二六日コロンボ市内のホテルに滞在中、インド洋大津波に襲われたスリランカの沿海地域を思い出す。午前八時半ごろ大きな揺れを感じたものの、大津波の来襲による被災まで約四時間、人びとは無策だった。午後になって、家屋、学校、病院、道路、鉄道だけでなく市場や墓地まで流失し、二千万人の島民のうち、約四万人の人命が失われた。他方、津波に襲われなかった地域では、学校や病院の再開も容易であった。予知しがたく、前兆の乏しい地震に比べて、大津波は大地震のあとに来る。その分だけ、なにほどか人災の匂いがする。

日本列島における定住の歴史という点から見ると、石巻地域は類例の少ない地位を占める。大規模な貝塚の深い地層が、その歴史の長さを教えてくれる。貝塚研究の歴史も、世界に先駆けている。江戸時代の一七七三年に仙台藩士田辺希文が編纂した『牡鹿郡陸方沼津村風土記』に、石器や土器が混在する貝塚が報告されている。ヨーロッパにおける貝塚研究より、百年近くも早い。

郷土史家の今野照夫(石巻市北上総合支所)によれば、今回の大津波は、〈縄文海進〉に重なる。通説では、氷河期が終わった縄文早期(約一万年前)の地球温暖化により、太平洋の水位が上昇したといわれる。貝塚の分布線が、縄文時代の海岸線と想定され、〈縄文海進〉説を根拠づける。しかし通説に逆らって、縄文人は大津波の襲来に備えて、高台に生活の本拠を置いた、と見ることも可能である。次世代に向けた居住地区の復興計画は、縄文人の知恵を学び「縄文海進」線にすべしという。筆者も同感である。

北上川はたいへん大きな河である。波浪状起伏地形の狭小な盆地に暮らす関西人が、北上川の下流域を歩くと、まるで大陸の大平原を旅している感懐を抱く。定住系倭人が長く生活の本拠を置いた水系である。彼らはエミシと呼ばれたが、アイヌ系とは限らない。日本列島における定住生活者の原像である。この地域は、古墳時代以降、朝鮮半島由来の稲作技術を手に北上する渡来系日本人の軍事拠点となった。多賀城と石巻は、エミシの在地権力とヤマト政権が、長期にわたって攻防を繰り返す最前線でもあった。

信仰のかたちがアニミズムや素朴な祖霊崇拝から大きく出ることのないエミシに対して、ヤマト側には鎮護国家や加持祈祷を掲げる奈良仏教が対応していたであろう。奥州仏教界指導者の徳一と征夷大将軍の坂の上田村麻呂は法相宗（興福寺や清水寺）に属し、中国から最先端の仏教思想を持ち帰った比叡山（最澄）や高野山（空海）からは守旧派と見られていた。現代の石巻にも、人生の危機に際して神仏の加護を求める祈祷が、民間信仰として残っている。

多くの住宅では、敷地内に小祠が祭られている。大津波で家屋が流失したあと、家屋を再建する場合も屋敷内の祠が優先される。祖先崇拝の証人である。石巻の街並みを見おろす日和山の鹿島神宮は、長くヤマト側の祖霊を鎮め、慰めてきた。奥州支配を強固にした坂の上田村麻呂は、攻めのぼるヤマト権力側から見れば、古代における「坂の上の雲」である。稲作文化を掲げる支配者の北上とともに、北上川の水利開発が進む。定住系倭人と渡来系日本人との最終戦は、平泉で戦われた。奥州藤原氏四代が築いた平泉文化は、仏教を基礎に置くものの、鎌倉時代以降の仏教思想とは大きく異なる。中尊寺金色堂の須弥壇の中には支配者のミイラが納められ、祖霊崇拝が具象化されている。

平泉の決戦以降、中世武将の主要任務は、土木開発に豹変した。彼らの土木事業は、北上川上流部で盛岡を涵養し、下っては花巻、平泉、一関の順で流路変更をしながら都市の形成を支えてきた。その終着点が石巻である。伊達政宗の重臣、川村重吉は護岸改修工事と流路変更工事により水利の安定化に力を尽くし、新田開発を進め、水稲四〇万石（六万トン）の増産を可能にした。かつて派手な衣装を身にまとい、江戸や上方の郭でキセルの雨を浴びた「伊達男」は、北上川下流域開発の賜である。このような稲作偏重の開発事業は、伊達藩が西南雄藩に対抗できるほどの富を蓄積する一方、冷害の年には多くの餓死者を出す過剰開発であった。宝暦（一七五五年）、天明（一七八三年）、天保（一八三三年）の大飢饉に際して、石巻郷土史が記憶する一揆や打ち壊しの頻発は、近世における過剰開発の副産物でもある。

明治以降も増産を目指す土木事業は、〈縄文海進〉に学ぶことがなかった。その結果、東日本大震災で人命を奪ったのは、地震や原発事故よりも大津波であった。人口当たり最も多くの死者を出した自治体は、石巻市である。長面地区に迫りくる大津波を前にして、百名を超える犠牲者が逃げ惑った大川小学校の苦難は、復興計画を立てる上で多くの事柄を教えてくれるに違いない。

東日本大地震が露わにしたもの——共同体の再生と地域エゴの克服

拓殖大学総長・学長／開発経済学
渡辺利夫

東日本大震災を受けて考えさせられたことが二つある。この内の一つは美しく、一つは醜い。要するに断裂的な感覚である。感じるままに述べておきたい。

東日本大震災以前、多くの日本人は、家族を中心とした血縁・地縁共同体に価値を求めず、自由な個として生きることを善《よ》しとする気分の中に漂っていた。むしろ血縁や地縁は自由な個として生きることを拘束するものだとさえ考えられていたのではないか。「個人の尊厳」といえば、大抵の無理が通ってしまうような空漠たる社会の中を私どもは生きてきたのではないか。

しかし、東日本大震災が私どもに露わにしたのは、少子高齢化に悩まされながらも逞しく息づく共同体の姿であった。あの悲劇に立ち向かったのは、共同体に寄り添い力を合わせて復旧・復興へと向かう血縁・地縁共同体の強靭な絆であった。惨劇に見舞われながらも、地を叩いて泣き叫ぶ者はいない。巨大な悲しみが静かに広がっているだけであった。

秩序と規律を乱すことなく、死せる者を深く哀悼しみずからを癒しながら立ち直っていく人々の姿に、屈することのない共同体の姿を私どもはありありとみることができた。血の通い合う共同体なくして人間は人生をまっとうできない。個としての人間がいかに儚く頼りないものであっても、それぞれの個は共同体につながることによって生きる力を与えられるのであろう。

しなやかな共同体に支えられて、国家もまた初めてしなやかな存在となる、少なくとも私はそのように想像力を掻《か》き立てられた。あの惨事に際して自己犠牲を厭わず救援活動に打って出た自衛隊、警察、消防、海保の隊員達、医療従事者の行動の中に私どもが再発見したものは国家ではなかったか。決して政府ではない。首相官邸の司令塔機能は信じ難いほどに拙劣であった。政府の対応がいかに拙《つたな》くはあっても、むしろ拙ければ拙いほど、公の意識をもって献身する隊員達の行動の中に、人々は国家というものの存在を心に深く刻みつけたにちがいない。

国家とは、国民が安んじてそこに帰属し、主権を断固として守り、国民の生命と財産を守護することを運命づけられた大いなる共同体である。政府とは、国家を運営するために必要な機能体以上のものではない。災後に首相や担当大臣が発した言葉には嫌悪の情しか湧かなかったが、陛下が残されたビデオメッセージや被災地慰問のお姿に心を揺るがせた国民はきわめて多かったと想像される。国民は、国家と政府が異次元の存在であることを本能的に知っている。局限状況におかれていよいよ強く、そう知らしめられたのであろう。

日本人の精神の一番奥深いところにある共同体の精神と原理が消失していない以上、いずれ被災地は復興するにちがいない。長い平成不況の中を漂い、かといって食うには困るわけでもなく、ただ寡黙に沈殿してきた日本の国民に、国家と共同体の重要性を悟らせたものが東日本大震災であったとすれば、これは天罰ではなく天恵であったと受け止めねばならない。

陛下のお言葉には、私どもが求めねばならない共同体のありようが深々と表出されていた。東日本大震災が日本人に問いかけているものは、懐の深い共同体をもたずして人間が豊かな生をまっとうできない、そういう人間としての本質にかかわる問いではなかったかと思う。

大震災から一年が経つ。肉親や地縁の人々を失い、行方不明の人々がまだ三〇〇〇人を超えている。さまよえる魂に慚愧の思いを深くし身をよじるような苦しみに苛《さいな》まれ、哀悼と鎮魂を繰り返してなお癒されぬ己れに鞭打ち、復旧・復興へと歩を進めているというのが被災者の現実なのであろう。これら同胞の窮境に対して、何という仕打ちであろうか。県内施設では処理不能な瓦礫が、県外自治体の受け入れ拒否に遭っていきどころを失い堆《うずたか》く積み上げられ、復旧への重大な障害となっている。福島県では県内処理が原則とされている。何と酷いことか。

瓦礫の受け入れを表明した神奈川県の黒岩知事が県民の理解を得ようと開いた対話集会の模様をユーチューブでみた。知事が受け入れを表明している宮古市や南三陸町の瓦礫の放射線量は、東京都が受け入れている瓦礫の線量より低く、政府が設定した基準値を超えるものではないと知事の説得は条理を尽くしていた。しかし、会場は異様に剣呑な雰囲気に包まれ、〝嘘をいうな〟、〝万一被害が起きたら責任はお前だぞ〃といった怒声がとぎれとぎれに聞こえる。

神奈川県民の抵抗がここに写し出されたほどに強いとは到底思えない。むしろ大半の人々は〃日本人として瓦礫の受け入れは当然のことだ〃と考えているにちがいない。他方、不安に耐えられず安心を徹底的に追求しなければ心休まらない過剰心理の人間集団は、いずれの社会にも必ずや存在する。この心理を煽る政治集団もまたどこの社会にも棲息する。彼らは合理的な説明のすべてを拒絶し、あたかもそれが正義であるかのように振る舞う。小集団ではあれ、いや小集団であればあるほどその声は一段と大きい。

「東日本大震災が日本人に問いかけているものは、懐の深い共同体をもたずして人間が豊かな生をまっとうできない、そういう人間としての本質にかかわる問いではなかったかと思う」。別のアングルからだが、前節の終わりのフレーズに再び戻らざるをえないのである。

未来に負担を残す原発

小樽商科大学名誉教授／社会思想史
倉田　稔

三月一一日（二〇一一年）の東北地方太平洋沖地震と大津波にあって、とりわけ大きい問題は、東京電力の福島第一原子力発電所のメルト・ダウンである。

原発についてはすべてが魑魅魍魎の世界である。

原発は、これまで政府を中心に推進してきた。これは過去に日本が戦争を進めてきたことと類似していた。原発への批判は許されなかった。

今回の大事件で、日本人はこれを教訓として学び反省しないと、無駄な被災に終わってしまう。ヨーロッパではドイツ、イタリア、スイスが、原発をやめるという反応を見せた。だが、お膝元の日本では対応が弱い。オーストリアでは原発は国民投票で決めるものだった。日本では原発の是非を国民投票で決めることは拒否されている。

少なくとも、東電が原発の技術をよく知らないという、おどろくべきことが、今回分かった。福島第一原発の一号機は、アメリカのゼネラル・エレクトリック社（GE）から買った物だが、これは耐震性を考えていなかった。これはずさんなものなので、日本に売るのであればと、同社の技術者三名が抗議の辞職をした。原発事故があっても、このGEやフランスのアレバはびっくりしない。それどころか、事故処理の補修や技術提供で、途方もない費用を日本に払わせて、儲ける。

電力会社と政府がつるんでいたことも分かった。資源エネルギー庁の高級公務員が全国電力会社の副社長へ天下りしていたのだ。原子力安全・保安院も、官僚の天下り先の公益法人だった。

東大や京大の原子力学科では、原発推進者でないと、教授にはなれないことも、分かった。

電気料金は、電力会社の資産にもとづいて決めるという法律を、政府と電力会社と関係政治家が作った。そこで原発を設置すると資産が増大するから電気料金を上げられる、ということになった。その中で、いま、東電は電気料金を上げたいとしている。大きな責任のある東電の重役は、自己批判をしたのだろうか。政府と結託するのをやめ、経営陣の高い報酬は削り、多数ある保養所・厚生施設を売却するなどして、体質改善をまず先にする必要がある。

原発は耐用年数が三〇年と言われていたが、いつのまにか、政府は四〇年ときめてしまった。

原発による電力生産の費用計算でも、一番大切なのは、使用済み核燃料の処理費用であり、これは膨大だ。これを費用計算に入れていない。廃炉費用も入れていない。事故が起きた時の補償も低く見積もっている。

日本では、どうして、原子炉を地盤の緩い所に建てるのだろうか。

今回どれほど多くの日本中の産業で、原発被害で損失が起きたのか、東電は自覚していない。観光業から始まって、あらゆる商売が損失を被っているのだ。

北海道電力は泊村に原発を建てた。ここの村会議員は全員原発容認である。過疎地のために原発で生きようとしている。

電力会社は、大都会に原発を建てて数百万人が死ぬよりも、過疎地に建てて一万人が死ぬ方が、災いが少ないというので建てている。

原子炉一〇〇億円を設置するのに、政府と電力会社は二〇〇〇億円の補助金・援助金を出す。こうして地域住民の歓心を買っている。

福島市内で、「原発はクリーン・エネルギーです」という横断幕が掲げられていたが、すくなくともそういう虚偽だけはやめたほうがよい。放射能被害に遭うと、五年後にガンが多発する。今は問題が出ていないだけなのだ。福島へ元の住民が帰れるかのようなことが言われるが、そういう誤った方針を政府は言って欲しくない。それはできない相談なのだ。

私は、原発を否定しているのではなく、放射能汚染が起きない原発が作れるまで、現在の原発はやめるべきだという立場である。

原発を設置して放射能の危険を残すこと、使用済み核燃料＝放射性物質を数百年も残すことを、未来の人々にまで及ぼす権利は、現代の人間の誰にもない。

国際発信を考え直すために

元マッコーリー大学（シドニー）日本教育研究センター長／日本研究
チャオ埴原三鈴

シドニーと日本は時差がほとんどない。だから三月一一日、地震と津波の情報は生で入ってきた。テレビの画面に次々に現れる信じられない映像に、ただ呆然として立ち尽くした。どれだけ時間が経ったのかも分からなかった。突然電話が鳴り始めた。オーストラリアの友人からであった。「テレビで見た。大変なことになった。被災地に親族や友人がいるのか。彼らの安否を知る手だてはあるのか」。心底心配してくれる気持ちは、電話の声からありありと伝わってきた。電話は次々にかかってきた。

Eメールも届き始めた。国内各地、海外にも散らばっている、大学の教え子たちが、私の親族・友人の安否を尋ね、私の心境を心配してくれるのに、心が暖まった。それだけではなかった。消防局災害対策部勤務の卒業生は、日本語ができるのを武器に、即刻、特別救助隊を編成、豪空軍機で現地に飛んだ。瓦礫の山に囲まれて必死に生存者を探す彼の映像をテレビで見て、目頭が熱くなった。母校で障害者学生支援部責任者となっている卒業生は、直ちに日本学科在学生、OBに連絡し、被災地の障害者援助の募金運動を開始した。

シドニー在住のカソリック神父、パウロ・グリン氏は日豪両国で知られる人である。十代の頃、神父への道を選び、戦後の日本で暮らした。自身の生涯を「戦争によって残された日豪間の傷を癒す」ことに捧げると誓った。永井隆博士を描いた『長崎の歌』、蟻の街のマリアを描いた『蟻の街の微笑』など日英両語による多くの著書は、両国で広く読まれている。3・11の災害にあたって彼は、新著の総収入を災害援助に寄付するばかりでなく、勢力的に募金活動を始めた。一週間以内に、一人で七万ドルを集めた。

災害から二週間後の三月二七日、シドニー郊外の教会で、パウロ神父による被災者のためのミサが行われた。参会者は数百名に上り、教会に入りきれず、敷地内の講堂が使われた。集まったオーストラリア人は、出身国も宗教背景も様々であった。カソリック神父でありながら、仏教、禅、神道にも造詣が深いパウロ神父を反映して、普段、教会に足を踏み入れたこともない人も沢山いた。会場には神父の心入れで、長いテーブルがいくつも置かれ、焼香の準備がされてあった。ミサを終え、神父が焼香の意味と、そのやり方を説明した。各テーブルの前に長い列が出来た。人種や背景の異なる様々なオーストラリア人が、慣れない手つきで、しかし心を込めて焼香し、頭を垂れて祈る姿は感動的であった。

日本人が、悲劇を前に精神的強さを発揮し、着実に救助にあたっていること、被災地における人々の勇気を物語るエピソードなど、連日報道され、日本への暖かい心情が全国に高揚した。しかし、長続きしなかった。ニュース報道の焦点は、災害の人的悲劇から、福島第一原発の被害、派生する危険性に移っていった。日本からの確実な情報の不在を反映し、内容はあいまいで、矛盾が多く、人々の不安感を募らせる報道ばかりであった。

四月に桜ツアーで日本に行くことを楽しみにしていた友人幾人もが、状態が分からず、怖いので日本行きを見合わせると言い始めた。旅行会社にしても、確実な情報なしにツアーを押し進めれば、訴訟問題も起こりかねない。ツアー自体のキャンセルも相次いだ。ヨーロッパへは、いつも日本経由で行く友人が、今年は航空会社を変えて、別経由で行くと言った。成田での待ち時間、水一杯飲むのも怖いから、という理由だった。知識も教育も常識もある人たちが、言わばパニックともいえる行動をとるのを見て、愕然とした。しかし、ニュース報道を見ていれば、日本全体が汚染され、政府はとる手段を知らず、日本はどうなるのか分からない、という印象を受けても仕方ない状態である。

豪一国に限らず、知る限り、英語圏の報道は皆、似たり寄ったりである。この状況は一年たった今も続く。これは海外のメディアのみの責任であろうか。私は日本からの発信そのものに疑問を持つ。このような大災害が起これば、世界の注目は日本に集まる。それに対応して、海外への情報発信をどうするか。日本にははっきりした施策があるのであろうか。情報があいまいであれば、海外メディアは想像をたくましくし、誇張、誤報の余地を与える。

シドニー総領事館から在住日本人宛にEメールが来た。「東日本大震災・津波について、このところ誤報が大分ある。ご自分の友人などを通じて、誤報を是正するようお願いする」という趣旨であった。受け取って唖然とした。誤報の是正は肝要である。しかし、人口の〇・一パーセントにも満たない、在住日本人の口コミにだけ頼る問題とスケールが違う。駐在日本大使、あるいは然るべき日本政府代表者が、直接国民に訴えることは可能でなかったのだろうか。例えば日本大使が災害について記者会見すれば、メディアは必ず集まる。そこで、日本での災害に対するオーストラリアの支援に感謝し、現状を出来る限り正確に伝え、更なる協力を求めることができる。誤報を最小限に止める効果ばかりでなく、国民の善意に呼びかけ、日豪友好関係に寄与する。しかし、そのようなイニシアティブはなかった。

3・11の悲劇は、同時に涙なしでは聞かれない美談、日本人の勇気、助け合いの強さなどを露にした。それが海外にはほとんど伝わらなかった。せめてNHKの国際放送なら、それを伝えるであろうと期待した。しかし、その努力は見られなかった。

パウロ神父は災害地で起こった感動的な美談、勇気を語るエピソードを集め配っている。しかし、個人の努力は、原発の危険と日本の無責任を糾弾するメディアの大勢とは対抗しようもない。パウロ神父や、心底日本に愛着を持つ人たちの活動は今も続く。しかし、日本からの発信に真剣な努力がなされない限り、彼らの仕事は困難を増す。3・11は大悲劇であった。しかし、日本人の美しい心情や、最新の科学技術を駆使する対応力を世界に知ってもらう機会でもある。今からでも遅くない。国際発信が何であるか、それにはどのような施策が必要か、考えるべき好機ではないか。

三号機プール核爆発の可能性

同志社大学教授／経済学
室田 武

3・11以降、東京電力福島第一原発同時多発事故に関し、言論統制が強まっているように感じる。東京電力も原子力安全・保安院も事故の根幹にかかわる重要なデータを極力発表しないように努めている。その一方で、マスコミもいわゆる「大本営発表」の情報しか流していないのではないか。

特に重大な問題として二つがある。一つは、三号機の爆発箇所が特定されていない点、もう一つは四号機の大破の原因が全く明らかでない点である。拙著『原発の経済学』（朝日文庫、一九九三）などを通じて世界の原発事故の歴史を調べてきた私としては、福島事故の真相が闇のままでよいとは到底考えられない。そこで、上記の二点に絞って、事故の隠された部分を考えて見たい。

二〇一一年三月一四日、一一時〇一分の三号機の爆発では、陸側の固定地点から第一原発を撮影していたテレビカメラが、三号機の手前の閃光と周囲の赤輪をとらえた。続いて建屋から黒煙がまっすぐ空に駆け上がった。噴き上げるキノコ雲からは、外側に吹き飛ばされた大きく、重そうな瓦礫や塵状の物体が次々と落下していった。

東電や保安院は、事故発生から一年たった今もこれを水素爆発としているが、私にはそうは思えないので、別の可能性を指摘するミニコミ等の記事を調べ続けて来た。即発臨界という専門用語があるそうだが、その用法でいえば即発臨界の核爆発が、炉心部ではなくその隣の使用済核燃料プール(以下、プールと略)で発生した可能性を指摘する人々がいることがわかった。

三号機プールでの即発臨界が大爆発を導いたという説は、アメリカの原子力技術者アーニー・ガンダーセンが早くから指摘していた。彼の議論は、YouTubeの動画映像を通じて世界中で知られている。日本の物理学者・槌田敦も、ミニコミ誌などで、早くからプールでの核爆発を論じてきた。彼は、六月一一日付の原子力安全委員長と原子力安全・保安院院長への質問状においてもその点を指摘した(返答はなし)。プール核爆発説は、二〇一〇年春まで日本原子力安全基盤機構(JNES)に原発検査員として勤務していた原子力技術者の藤原節男も最近主張し始めている。

これらの人々の分析を私なりに解釈して述べると、先ず一一日の地震で燃料プール用のポンプが停止し、冷却不能となり、水は沸騰して蒸発が続いた。このためプールの水位が下がり、燃料は水から露出し、被覆管であるジルコニウム合金と水蒸気との反応熱などで被覆管は脆くなり、むき出しになった多数のウラン・ペレットは、バラバラとプールの底部に落下していった。それらは、底にはまだ残っていた水を減速材にして、臨界に達した。そして、核暴走から核爆発に至った。

ミニコミレベルでの様々な指摘にもかかわらず、日本の多くの科学者、政治家、マスコミは核爆発への言及を避けてきた。しかし、二〇一一年一二月、ついに沈黙は破られたかのように思えた。衆議院議員の平智之と鳩山由紀夫の二人が、英誌『ネイチャー』一二月一五日号のコメント欄に共著の短文を寄せ、三号機の爆発は、様々な状況証拠から考えて、プールでの使用済み核燃料の核爆発であった可能性が高いという趣旨を述べたのである。塩素38、プルトニウム238、キュリウム234などの近隣、あるいは敷地から四五キロメートルも離れた地点での検出がその証拠とされている。

ところが、とても奇妙なことに、全世界の自然科学者の間で広く読まれている『ネイチャー』誌において、日本の元総理大臣である鳩山が共著者の一人としてそのように重大な問題提起をしているにもかかわらず、多くの研究者もマスコミもこれにまともに反応せず、相変わらず東電の三号機水素爆発説を繰り返している。

地震発生当時は定期点検中で運転を停止していたはずの四号機の事故については、三号機事故以上に謎だらけである。三月一五日、六時一〇分、第一原発構内にいた東電の作業員たちは四号機方面から衝撃音を聞いた。しかし、彼らには何が起こったのか分からなかったらしい。間もなく分かったのは、原子炉建屋の屋根はゆがんだ骨格だけを残して吹き飛び、四階、五階が大破していたということである。やがて建屋全体の崩落さえ危惧される深刻な事故が発生したことがわかってきた。それにもかかわらず、東電も保安院も、今日に至るまで事故の真相を全く語ろうとしていない。

当初は、燃料プールでの水素爆発などといっていたが、早くも五月の段階で、燃料プールはさほど深刻な破損を被っていないことが分かった。そこで東電は、三号機事故で発生した大量の水素が、三号、四号共通の排気塔につながる配管を通じて四号機に逆流し、そこで水素爆発を起こした、といい始めた。しかし、軽い気体である水素が、三号機の上部から地上に敷設されている配管の中に降りて行って四号機に達し、そこで建屋全体の崩落の危機さえ招いているほどの大爆発を起こしたというのは、きわめて不自然な想定である。

これに対し、槌田やその他の匿名の人々は、定検中で炉心に燃料は全くなかったという説明そのものに疑念を呈している。東電の説明を「炉心空っぽ説」と呼ぶことにするが、それとの対比でいえば、槌田らの推定は「炉心燃料存在説」である。「福島原発四号機と仏アレバ従業員」と題されたあるネット記事によれば、福島原発にはフランスのアレバ社の従業員が常時二〇〇人ほど駐在しており、四号機では一八人が働いていたそうだが、地震発生直後、その一八人は、フランスに急遽帰国してしまったという。彼らは、東電社員やその下請け作業員たちとともに、地震発生まで四号機で何をしていたのだろうか。「炉心空っぽ説」は、果たして事実なのであろうか。

「炉心燃料存在説」によれば、四号機の爆発は炉心の燃料に起因し、その核暴走と併発した水蒸気爆発が建屋を大破した、という想定が成り立つことになる。爆発が起きた朝六時一〇分までに現地では日の出時刻は既に過ぎており、しかも晴れていたという。それにもかかわらず、一号機、三号機の爆発が動画映像になって広く世界中に配信されたのと全く異なり、四号機の爆発については、ほとんど画像が公開されていない。実際はどこかにあるのだが秘匿されている可能性が高い。戦時中の「大本営発表」時代への逆行を避けたい。

付記　『ネイチャー』コメント欄の平・鳩山の論考について、『朝日新聞』二〇一二年二月一日付の「記者有論」は、高橋真理子編集委員による「鳩山さん、ネイチャー論文、ヘンです」という記事になっている。その中で同編集委員は、もし三号機で核爆発があったのならば「原子炉容器が吹っ飛ぶはずで」と記している。しかし、平・鳩山の原文を見ればわかるように、彼らは原子炉容器で核爆発、などとは述べていない。プールでの使用済み燃料を問題にしているのである。この意味で、同編集委員の批判は的はずれといわざるをえない。

3・11以降の世界——大西洋上から考える

明治学院大学教授／国際政治経済学
勝俣　誠

頽廃より荒廃へ向かうクニ

ジャマイカに行くために米国の航空会社の便でニューヨークに向かい、空港近くのビジネスホテルに一泊することとなった。いまどこの航空会社でもそうかもしれないがエコノミークラスの機内食はいつの時代にもましてジャンクフード化している。そしてフライトアテンダントがやたらに忙しくしている。たまたま座った席からは、機内厨房で白髪の中年の女性フライトアテンダントが乗客の飲んだ後のアルミ缶を一つずつボックスに整理しているのが見えた。リサイクルのためなら納得がいくが重そうな体を引きずって歩く彼女の労働量が気になる。到着したケネディ国際空港施設は、機内の窓から見るとターミナルの煉瓦壁に補修のため急いでセメントでふさいだような跡がはっきりとみえる。老朽化した一昔前の公共施設を想起させた。アフガニスタンとイラクでの自分たちのしかけた戦争の莫大な戦費捻出の影響かと思ってしまう。

次に乗客の長蛇の列が広がる入国審査が待っていた。コンクリート壁にペンキを塗っただけのような殺風景な審査場には、どのように各自が入国審査官に協力するかの段取りを説明するヴィデオとCNNが絶え間なく流されている。CNNでは、アフガニスタンの米軍基地内でコーランが燃やされた事件で激怒した住民デモの様子と、シリア政府による反政府デモの弾圧シーンが繰り返し流されている。前者の事件ではオバマ大統領の謝罪が伝えられ、後者の事件ではクリントン国務長官がこのシリア政府による殺戮を何としてもやめさせるための国連安保理による対シリア制裁の強化を訴える姿が映し出されている。

やっと自分の番が来て審査官の指示で両手の指紋と瞳孔のデーター採取。着いた空港ホテルは工事現場のさなかにあるような空き地にポツンとあって、まわりに歩いていけるレストランなどはない。インド系のフロントスタッフは安全のため市内にタクシーで行くか、電話で出前を頼むしかないと教えてくれる。

次の日の朝、早朝便に乗るためまだ暗いうちに空港に向かう。午前二時なのにホテルではサーヴィス業者がすでに仕事を始めている。みなアジア系かラテン系だ。ガランとした空港でも朝四時からショップが開きだした。みんな忙しく働いているクニだ。こうした短い滞在体験で勝手な思い込みはなるべく避けなければいけないが、少なくとも見た限りのこのクニには何か頽廃というより荒廃と言ったほうがぴったりする空気が漂っていた。頽廃には贅沢さの匂いがつきまとうが、荒廃とは実用の名においてただ荒れているだけなのだ。

やたらと巨大でやたらに速かった飛行体が、もはやそれを支えてきた力に陰りが見え出し、行き先を失って、何とか胴体着陸を試みているような姿だ。

誰も生きたふりはできる世界

私にとって3・11以降の世界は二〇〇一年の9・11以降の世界の延長線上にある。あの時から大きくこのクニから世界の何かが変わったのだ。この何かという正体にいまだ明確な輪郭を私は与えかねている。

ただ臭覚レベルの段階で表現すれば、効率ないし利潤という目的達成のためにはひたすら社会のカタチをシェープアップする以外にはないという時代思想がある限界に達したのではないか、ということだ。そしてその背後には雇用や待ち時間などのムダは減ったもののイミはますます失われていく広大な無縁な空間だけが残されたのではないか。誰も生きたふりはできる世界。しかし生きているという実感が薄くなっていく世界。

二一世紀の負の国際連帯

それだけではない。9・11以降、万人はすべて潜在的にテロリストかもしれないという想定のもとで、万国の「国民」がテロリズムに対して団結して闘うことが強調された。二一世紀の負の国際連帯である。日本に関して言えば、電車の車内や空港で日本語と英語で不審なモノやコトを見つけたら通報してほしいというメッセージが否応なしに目につくようになった。

これは万人が万人に敵対する世界で、万人が万人と市場を通じてのみ交通し欲望を実現する世界と奇妙にも親和性が高い。近代とは、誰が誰かの認証は個人の自由、平等、尊厳を守り合う人権問題として相互認証の上に立っていた筈なのだが。相互不信の関係を煽ることなしに機能しなくなった世界とは一体どんな世界なのか。それはイミを失った世界の究極の形態だ。購買力によって欲望を満たす以外にその存在意義を見いだせない王国に対して、神への祈りによって天国を目指す目的の王国の実現のためになされたジャンボ機の突入は、イミなき世界に対する一つのイミづけの試みだった。

3・11はこうした世界を加速化したに過ぎないのではないか。人々を幸せにする筈の原子力発電装置というエネルギー生産手段が想定外の失敗を生み、逆にヒトの生命の再生産というサイクルを破壊しだした。換言すれば目的と手段との間に存在してきた主従関係が逆転したのだ。もう一度単なる手段を単なる手段に戻して、人間を回復する試みこそ3・11以降の知的課題に思える。

（二〇一二年三月大西洋の船上から）

誤った震災復興策を止めさせなければならない

早稲田大学教授／東京財団上席研究員
原田　泰

二九階のオフィスにいた私は、なぜ揺れが収まらないのかが不思議だった。揺れがいつまでも続くのは高層ビルにいたからだと思っていたが、地上でも揺れは長かったと後から聞いた。東北の太平洋岸に被害が出ていると知った。そして津波である。車や船が流され、地震では耐えていた建物が次々と破壊されていく。人間もである。

行政や政治やビジネスに携わる人々、普通の人々も、すぐさま人命救助と復旧に動いた。しかし、福島第一原発事故と電力不足が復旧を妨げ、原発事故への対応は信じられないほど無様だった。不良債権の処理以来、日本が大した国ではないとは知っていたが（リーマンショック後のアメリカもヨーロッパも、それほど大したものではない）、これほど情けない国であるとは思っていなかった。原発に注水する自衛隊や消防隊の活動を祈るような気持ちで見つめていたが、後から現実の効果は気休め程度であると知った。自衛隊や消防隊にも気の毒である。チェルノブイリ事故でも使われた巨大な生コンクリート圧送機による注水で初めて小康を得たのが真実らしい。

事態が落ち着くと共に、東日本の復興のために巨額の公共事業が必要だという議論が盛んになっていた。私は、このような議論にエコノミストとして違和感を抱いた。東日本大震災で毀損された物的資産は一六・九兆円だと内閣府が推計した。この金額から出発して、一九兆円から二三兆円の復興予算が必要だという議論になっていったのだが、そもそも一六・九兆円も壊れているはずがない。

いくら壊れたのか

被害の大きかった福島、宮城、岩手でも、内陸部に入れば被害は限られている。この三県の人口は五七一万人であるが、津波による浸水地域の人口は五一万人である（総務省統計局調査）。この中には、床下浸水地域の人口も含まれている。震災で避難された方は、ピークで四〇万人である（警察庁緊急災害警備本部）。すると、自宅に住めないような深刻な被害に遭われた方はせいぜい五〇万人程度だろう。

一方、日本全体の工場や住宅、道路や橋や港などの物的資産（建設物だけで土地は含まない）の額は一二三七兆円である（内閣府「国民経済計算」民間・公的別の資産・負債残高、二〇〇九年末）。日本の人口は一億二八〇六万人なので、一人当たり九六六万円の資産を持っていることになる。

東北三県で破壊された物的資産は、九六六万円に五〇万人を掛けた四・八兆円程度である。これを少し多めにして六兆円としよう。日本全体の物的資産のうち、民間の資産と公共の資産の比は二対一なので、東北でもこの比は同じとすると、破壊された民間資産は四兆円、公的資産は二兆円ということになる。

このすべてを政府の負担で復旧したとしても六兆円ですむ。一九兆円から二三兆円と言われる復興費は要らないはずだ。では、政府は、何に使おうとしているのか。そのお金の多くは、人々を助けるものではなくて、被災者とは関係のない事業に使うのである。例えば、エコタウンである。これは割高な自然エネルギーを用いる街である。こんな街を造らなくても、漁船や漁具や水産加工場を再建する資金を援助すれば、人々は仕事に就け、自分で日々の糧を生み出していくことができる。

政府は人々の自立を助けるべきもの

にもかかわらず、なぜ震災復興に巨額の効果のないお金が使われるのだろうか。それは政治が、人々を政治に依存させようとしているからである。政府の援助によって自らの漁業を再建した人々は自立し、政治には依存しない。それでは政治はつまらないのである。エコタウンのような割高なエネルギーを用いる町を作れば、人々はいつまでも補助金を求める。それは政治の力を肥大化させる。高台移転のような巨大な公共事業を行えば、その工事には何年もかかる。人々は何年も政治に依存することになる。

人々を政治に依存させれば、政府支出が増大し、いくら増税しても、財政再建などできるはずはない。人々が自立すれば、政府支出は減少し、増税をしなくても税収が上がる。震災のような事態では、政治が人々を助けるのは当然である。しかし、震災という異常事態だからこそ、人々の自立を助けなければ、日本という国が危くなる。

残念ながら、多くの人々が、被災された方々の自立を助けるより、巨額の復興予算の分配に与ることに関心があるように思えてならない。日本はギリシャへの道を歩んでいると思わざるを得ない。ギリシャの勤労者の四人に一人が公務員という。これだけ公務員がいるということは、経済のすべてに公的部門が関与していることになる。すると、人々は、公的部門に頼って生きるしかない。

財政赤字がギリシャの問題なのではない。人々が政治に依存し、政治的な影響力によって自分の生活を守ろうとするしかなくなっていることがギリシャの悲劇なのである。日本の地方は、ギリシャに近付いている。東日本大震災によって、被災した地域はますますギリシャにされようとしている。この流れを逆転させ、日本の政府を、自立しようという人々を助ける政府にしなければならない。

「近代」の終焉

埼玉大学大学院客員教授／経済学
水野和夫

二〇一一年三月一一日、東日本大震災で起きた東京電力福島第一原子力発電所が水素爆発を起こし、なすすべもなかった状況をみて、真っ先に思ったのは「近代」の終焉である。9・11（二〇〇一年米国同時多発テロ）以降、私の頭から離れなかった二人の気になる言葉の意味が3・11で明確となった。一人はカール・シュミットの「二〇世紀は宗教の魔術性が技術の魔術性へと転化した」（『中立化と脱政治化の時代』原著一九二九年）である。巨大システムの二〇世紀を象徴する原子力技術は原発の安全神話に大きな役割を果たしてきたが、それが「魔術」だと知らしめたのが3・11だった。もう一人、スーザン・ソンタグの「蒐集家が必要とするのはまさしく過剰、飽満、過多」（『火山に恋して』原著一九九二年）である。エネルギーも「蒐集」の対象だったのである。二度の石油危機で高価となった原油にかわって原子力を安価だと先進国は信じてエネルギーの中心に据えた。二〇一一年夏、東京電力は計画停電を実施したが、九州電力の火力発電所事故のさいには電力の供給不足は起きなかった。電力の供給力はもともと過剰だった。一方、首都圏では昼間の鉄道の運転本数を減らして節電したが、それで大した不自由は感じられなかった。エネルギーは過剰消費だったのである。まさに「供給自ら需要を創る」に依拠する新古典派経済学の行き着いた先が3・11だったのである。結局、セーの法則とは「過剰な供給が過剰な需要を創る」のである。

シュミットは「近代」を次のように規定する。近代化とは、ヨーロッパの「精神の中心領域」が一六世紀の神学的なものから二〇世紀に「技術的なもの」へと変遷していった過程だという。『精神の中心領域』とは、人々の確信および論証の明証性を規定するものであり、（中略）精神の中心領域が交代することは、政治的な争いが生じる領域が入れ代わることも意味する」（竹島博之『カール・シュミットの政治』）。「二〇世紀になって『技術的なもの』が精神の中心領域として登場し、『中立化・世俗化』

の過程が最終段階へと到達した。技術ほど中立的で世俗的なものはないからである」（竹島博之、前掲書）。「二〇世紀＝技術の時代」に到達したと多くの人が思ったものの、3・11の原発事故が起きると、人類は巨大技術を制御できないことが明らかとなり、初めて政治こそが人類の実在を方向づけることが明らかになった。近代とは「脱政治化」のプロセスだったとすれば、3・11は、シュミットが生涯追求してきた「政治的なるもの」の重要性が改めて認識されたことになる。近代が目標としてきた「脱政治化」が達成されたとたんに、それが幻想だと判った時点で、近代は終わったのである。

9・11、9・15（二〇〇八年リーマン・ショック）、3・11と、そして二〇一〇年五月以降顕在化したギリシャ危機は、すべて「蒐集」という概念で一括りにできる。ジョン・エルスナーによれば、「社会秩序それ自体本質的に蒐集的なのであって、（中略）帝国とは諸国、諸民族を集めた一コレクションなのである」（『蒐集』原著一九九四年）。蒐集する対象が、英米（海の国）はマネーであり、独仏（陸の国）は領土、すなわちギリシャやイタリア、スペインなどPIIGSなのである。そして、資源小国の日本はエネルギーである。蒐集する手段は、米国が市場と資本主義であり、独仏はカール大帝、ハプスブルグ家がもつ帝国理念だった。そして、日本は技術の無謬性神話だった。9・15は高レバレッジで過剰に「蒐集」したマネー自らの重さに耐えきれず、バブルが崩壊した。9・11はウォール街による富の過剰な偏在に対する第三世界からの抗議だった。3・11はエネルギーの過剰な「蒐集」によって起きた事故だといえよう。ギリシャ国家債務危機に象徴されるユーロソブリン問題は、ユーロの実体であるドイツ帝国がユーロ参加基準を緩めてまでした過剰な「蒐集」の結果なのである。

スーザン・ソンタグがいうように「完成したコレクションとは死んだコレクション」なのだから、「蒐集」には際限がない。しかし、地球は有限である。宇宙空間まで考慮すれば無限であるが、それはあくまで概念であって、経済的観点からみれば、いまだ「宇宙空間」は存在しない。3・11が問いかけているのは、津波が押し流してしまった「近代」に変わるものをいかに創造するかである。近代の理念は「膨張」とその結果として必然的にたどり着く「過剰」なのであるから、近代を終わらせるプロセスは「収縮」と「節約」である。これをくぐり抜けないと、近代の次へ到達できない。「収縮」のプロセスが経済的側面からはデフレであり、超低金利である。日本のみならずドイツ、米国、英国の一〇年国債利回りが二・〇%割れ（二一世紀の「利子率革命」）となっているのは、「失なわれた二〇年」は日本の特殊性ではなく、西欧化（=近代化）の終わりである。もはや「蒐集」するものがないから、過去にみられない超低金利となるのである。人口動態的には少子化なのである。「節約」とは、エネルギーの観点からすれば、極力移動しない社会である。グローバリゼーションは不可逆的な現象ではないのであって、「膨張」をもたらすグローバリゼーションの次にくるのは世界経済からみればブロック経済化であり、国内では中心である東京が地方を周辺化する従来の経済構造から各地域が自己完結する経済圏へと変えていくことである。3・11を乗り越えるということは、「近代」の次の社会を構築するということであり、東北の再生とは、日本が近代の次の社会を構築することである。

土地利用計画による新生農業の建設

キャノングローバル戦略研究所研究主幹／食料・農業政策
山下一仁

今回の震災でまず頭に浮かんだのは、土地利用計画だった。地域も原子力発電所も、一定以上の地震・津波には対応できなかった。被害を二度と起こさないような地域を復興しなければならない。それだけではない。シュンペーターに「創造的破壊」という言葉がある。新しいものを作り出すために、今あるものを破壊することが必要だというものである。今回自然が地域を破壊した。その上には、今まで以上のものを建設しなければならない。

私は瀬戸内海の小都市で育った。隣には中国地方でも有数の都市がある。今やわが町の六倍の人口規模である。しかし、母親によれば、戦前はそれほどの違いはなかった。むしろ歴史的に見ると、隣町は藩都だったが、こちらは天領であり、昔はわが町の人のほうが威張っていたようである。しかし、これほどの差が生じたのは、隣町は空襲に遭い、旧内務官僚だった市長の指導のもと、戦後大規模な区画整理事業を行ったのに対し、空襲を受けなかったわが町は、天領時代と同じ迷路のような街並みのままとなってしまったことによるところが大きい。

首都東京も、東京大空襲によって、灰燼に帰した。しかし、目前の復旧を優先させたために、都市づくりを行う機会を、逸してしまった。東京には、幅員一〇〇メートルの幹線道路を八本も建設するという、雄大な戦災復興計画が存在していた。しかし、これを実行に移すことをためらっている間に、バラック（仮設住宅）が建てられてしまった。戦災復興事業を行うと、これらの立ち退きが必要となる。選挙を意識した当時の東京都知事は、大規模な復興を行わなかった。

これに対して、名古屋市の対応は、迅速かつ徹底したものだった。戦災によって、路の狭い古いまちのままだった名古屋の中心部が破壊されたことを機に、約二八〇の寺とその墓地を一カ所に強制的に移転するなどの荒療治を行いながら、二本の一〇〇メートル幹線道路を整備するなど、整然とした町並みを持つ大幅な都市改造を行った。同じ震災ということで、マスコミでは関東大震災の後藤新平の対応が取り上げられたが、同じように破壊され、歴史的には今日に近い戦後復興が話題に上らないのは、残念だ。

戦後の土地利用はどうだったか？　農村では、無計画な土地利用によって、まとまって存在していた農地の真ん中に住宅、倉庫、工場、市役所などが建設された結果、周りの農地は日陰となるなど、農業生産、ひいては食料供給に支障を生じている。このような無秩序な土地利用は、景観をも著しく損ねてきた。都市的な地域が無秩序に農村部に張り出していくという戦後の乱開発は、国民から美しい農村風景を奪った。

今回の震災についても、戦災復興に学ぶとともに、戦後の乱開発の反省に立って、明日の地域の在り方について十分に意見を交わし、しっかりした土地利用計画の下で、災害に強い強固な建物と地域を建設していく必要があった。人口が減少していく地域で旧に復する計画を作れば、過剰な投資を行うことになりかねない。将来の地域の姿を描きながら、土地利用計画を策定する必要がある。そのうえで、幹線道路を整備し、住宅地は一カ所にまとめ、間に住宅などのない、まとまった規模の農業用地を創造すれば、災害対応にも食料安全保障にも美しい農村景観にも、貢献できる。

東北地方は、我が国有数の食料基地である。津波で被害を受けた農地については、高齢な農業者が、塩水につかって使用できなくなった機械の代わりに、多額の資金を投じて新たに機械を購入して、営農を再開することは、困難である。フランスの公社が退出する農家の農地を若手農業者に配分したように、被災地を対象として特別措置法を制定し、土地や機械などの農業資本を若手農業者に集中し、その育成のための積極果敢な対策を講じるべきである。親類や友人から出資をつのり株式会社を作って農地を取得して、農業を開始することは、現行農地法では認められていない。銀行等から融資を受けて参入した場合、失敗すれば借金が残ってしまう。農業は自然リスクが高い産業なのに、リスクを軽減できる株式会社による農業参入をベンチャー的な企業的農業者にも認めていない。資本が一定規模以下の小さな株式会社であれば、特区制度を活用して、特例的に認めてもよいのではないか。土地を提供した高齢農家は地代収入を得て、農地、水路などの維持管理という役割を果たすことになる。こうすれば耕作は若手の担い手農家に任せて、高齢者等は農地や水路等のインフラ整備を行うという新しい農業・農村の姿を構築できる。

また、現在農地整備は三〇アール区画を標準に行われている。福井県で行われているように、一筆の農地を一人が所有するというやり方にこだわらないで、二ヘクタールの大規模区画にすれば、単に区画拡大により労働時間が低下するだけではなく、直播技術の導入によって、さらにコスト・ダウンが図られ、農業収益は増加する。

しかし、現実はどうだろうか？　国の対応が数カ月も遅れたうえ、市町村の担当者も被災したため、そのような土地利用計画を立てる人材が不足した。それならば、国から職員を派遣したりして、計画を作成すべきだったのだが、それも思うようにいっていない。また、特区についても十分な検討が行われているとはいえない。一年も経過しているのに、復興の青写真さえできていないのは残念である。

欲望と科学

神戸大学大学院教授／歴史学
王　柯

東日本大震災が発生した三月一一日の午後、私は北京市内の喫茶店にいた。約束通りに現れた学生から地震発生のことを告げられたが、日本では地震が日常茶飯事になっているため最初大きな地震であることに気付かなかった。しかし話が終わり街に出ると、普段商業広告に使われている巨大なスクリーンに、その時生々しく映し出されたのは東日本大震災の凄まじい惨状であった。町を歩いているほとんどの人は足を止め、口を手で押さえてじっと見詰めていた。三年前の四川地震を上回るほどの自然による人類社会への無情な破壊力に圧倒され、多くの中国国民は東日本大震災から疑いなく大きなショックを受けた。

テレビをはじめ中国のマスコミは連日東日本大震災の惨状をリアルタイムで報道し、人々の日常会話の内容もほとんど東日本大震災であった。では、中国の国民はなぜこれほど日本の地震に関心を寄せたのか。四川地震と重なって見ている部分も当然あるが、もっと大きな理由は、地震に慣れてきた日本の国民さえ地震から身を守ることができず、多くの尊い命が奪われ、自然の本当の怖さを強く印象付けられたことではないかと感じた。中国のマスコミによる報道の重心が地震の被害、津波の被害、さらに原子力発電所事故による被害へと次第に移り、映像によって捉えた地震と大津波のショッキングな瞬間がだんだん過去になるにもかかわらず、中国国民の恐怖心はむしろますます高まってきたのである。その時期に、すでに日本に戻ってきていた私は中国の友人達から中国にさっさと帰ってくるようにとも言われた。

人間の恐怖心は無知・未知から来る部分が多い。地震、津波も怖いが、かつて核の被害を受けた日本と異なり、現在中国など周囲の国々にとってもっとも恐れられるのはやはり原子力事故による被害である。東日本大震災の後、中国では海水から作った塩が汚染されているとのデマが流れ、同時にヨゥ素入りの塩が体にある放射性物質の沈着を防ぐ効果があるという説があっという間に中国全国に広まり、科学的な根拠が弱い、という政府の説明があったにもかかわらず、人々が塩売り場に殺到し、塩を買い占める現象がたちまち全国を席巻した。

今考えると、中国国民の間に起こったパニックは本当に可笑しいことだったが、しかしそれが原子力の怖さ、そして原子力による事故の怖さが国境を越えて周囲のひとびとにも大きな恐怖感を与えることを証明した一面があることを忘れてはいけない。その際、多くの中国国民は日本国民と同じように、これほど人間にとって恐ろしく、そして人間の力でコントロールできない原子力が、なぜ人間の手によって作られたのかと疑ったに違いない。その答えは、人間の欲望を満たすために創りだされた以外のなにものでもない。パンドラの箱を開けたら出てくるのは原子力ではなく、人間の欲望であった。しかし中国の先人は数千年前に人間の欲望は最終的に人間に不幸をもたらすと、すでに警鐘を鳴らしていた。

中国の漢民族社会には誰にでも知っている神話伝説がある。約二二〇〇年前に出来た漢代の書籍『淮南子』に記録された「嫦娥奔月」(嫦娥が月へ)というこの神話伝説で、主人公の嫦娥は夫の后羿の得た二粒、つまり二人分の不老不死の霊薬を盗み出してひとりで飲んだため、過分に吸収した霊薬の効力で自分の意志も利かず体が浮き上がり月に行ってしまい、広くて綺麗な月の宮殿に住み着いたが、かつての人間生活が懐かしく、本来の人間社会に戻りたくても戻れないため月から大地を毎晩覗いて寂しい日々を送るしかなかった。中国のほかの神話と違って、中秋の名月の話にもつながるこの神話の面白いところは、主人公に対する是非善悪の区別を付けなかったことである。たとえば、現在中国で進められている月への有人飛行計画の名前も「嫦娥プロジェクト」である。

では、中国の先人は神話「嫦娥奔月」を通じていったいなにを伝えたかったのか。これに関しては昔から実に様々な解説があったが、3・11以降、私はこの説話から、人間の欲望は否定出来るものではないが、それが無限に膨張し、人類がその破壊力も知らない非日常的なエネルギーを使って欲望を満たすに至れば、本来の日常も失い、いまの人間社会すら取り戻せないという先人の啓示と読み取れた。

かつてなかったような非日常的なエネルギーを作り出すのは「科学」であり、不老不死という人間の欲望を満たす霊薬を作り出すことは中国における化学の始まりとされた。これまで、人類は科学による成果を数多く享受してきた。ところで、科学の力で作り出したのは、人間の欲望を満たすものだけではなく、人間の欲望そのものでもあった。無限の可能性を示した科学は、事実上人間の欲望をますます助長する一面を持っている。われわれは科学の力を信じながらも、科学をパンドラの箱を開けて人間の欲望を放り出す力だけにしてはいけない時代に入ってきたことも忘れてはいけない。

それでも原発を輸出するのか

大阪市立大学教授／日韓・日朝関係論
朴一

東北地方を襲った未曾有の大震災は、日本に住むすべての人々に、地震や津波などの自然災害の脅威のみならず、人間が造りだした原発という凶器の危うさを、改めて教えてくれる切っ掛けになった。日本では、東京電力福島第一原発の事故が起こるまで、原発の安全性を疑う者は少なく、チェルノブイリの大惨事が起こったときも、他人事のように考えていた人が少なくない。原発推進派の人たちは、「被爆国の日本でこそ、原子力の平和利用を考え、実践する必要がある」とさえ主張し、日本各地に原発を製造してきた。

しかし、今回の原発事故で状況が一変した。原発の安全性神話が崩れるなか、さすがの政府も「原発依存からの脱却」を唱えるようになり、老朽化する原発の廃炉問題が浮上するだけでなく、日本国内で予定されていた原発の新規建設も困難になりつつある。

だが国内での原発建設にはブレーキがかかる一方、昨年、ヨルダンなど四カ国に原発を輸出できるようにする原子力協定が国会で承認されたことで、日本の原発メーカーによる原発輸出の動きは勢いづいている。もともと自民党政権下の一九七〇年代から日本企業は圧力機器などの原発関連機器を輸出してきたが、民主党政権は新成長戦略の柱に原発を位置づけ、原発全体の建設を担う丸ごと輸出を官民一体で推し進めようとしてきた。

日本政府は、これまで米国、英国、フランスなど七カ国と原子力協定を締結しており、政権交代からわずか一年半の間にヨルダン、ベトナム、韓国、ロシア四カ国との協定に次々署名。昨年一〇月には、日本・ベトナム首脳会談で、ベトナムの原発建設を日本が受注することで合意した。

事故後しばらく、政府内で原発輸出について慎重論が広がりを見せた時期もあったが、脱原発の急先鋒だった菅首相が退陣するや原発肯定論が高まるようになった。福島の原発事故はいまだ収束しておらず、原発存続についても疑問視する声は少なくない。それでも政府や企業が原発輸出にこだわるのはなぜだろうか。

国内で原発を建設できなくなったメーカーにとって、海外輸出が頼みの綱ということだろうか。電力需要が急増する新興工業国では、依然原発への期待が強いという誘因もある。国内で受注済みだった二基の建設が中断した東芝は、米国で八基の受注をとっている他、今後は東欧にも原発輸出を拡大していくという。三菱重工業も米国から三基の受注を受けており、フィンランドでも受注活動を展開している。日立製作所は社長自らリトアニアに乗り込み、原発受注の優先交渉権を獲得した（『朝日新聞』二〇一一年一一月三〇日）。

確かに、日本はこうした国々と協定を結び、原発の建設を日本が行うことに合意している。ここで、合意した原発輸出をやめれば、日本は大きなビジネスチャンスを失うだけでなく、政府や企業の信頼を失うかもしれない。

しかし、原発の受注獲得には電力会社の協力が必要である。新興国は原発の建設だけでなく、運転やメインテナンス、燃料の確保までをセットで日本に求めている。ところが、運転支援を行う予定だった東電は、今回の事故の影響で海外輸出への協力を断念した。事故の収束と賠償に専念するためだ。実際、東芝が目指すトルコへの原子炉の輸出は、東電が運転支援を行う予定だったが、東電の方針転換で黄色信号が点滅している。

仮に運転支援会社を見つけることができたとしても、原子炉建設から運転管理、燃料供給、廃棄物処理にいたるまで、すべてを請け負えば、事故時の損害賠償を負わされるリスクはますます高くなる。日本が輸出した原発が福島のような事故に直面した場合、民間保険会社の規模を超えるような損害が発生するかもしれず、損害賠償が日本政府、結果的に国民の負担になる可能性もある。原発輸出の儲けは企業が受け取り、国民はリスクだけを負担するという危険性を指摘する識者の見解（吉岡斉「国民が賠償負う恐れ」、『毎日新聞』二〇一一年一一月二五日）もあるなどれない。

韓国やロシアなど原発輸出に積極的に取り組んでいる国は、いずれも企業が政府の強い支援を受け、国がリスクを負いながら原発輸出を主導している。もし日本が原発輸出を強行するなら、国が最終的なリスクを負う覚悟が必要だろう。福島原発事故の収束にも満足な結果をだせない今の日本政府に、こうした覚悟を求めることができるだろうか。日本人は広島、長崎、福島、三度に及ぶ被爆体験の教訓を忘れてはならない。

公共財としての景観や人のつながり

東京大学教授／社会経済学
松原隆一郎

東日本大震災について、ごく個人的な感想を述べたい。

それは一つには、一九九五年の阪神淡路大震災で実家が被災した体験を思い起こさせるものであった。あの震災によって妹と母が亡くなり、残った父も三年前に他界して実家を売却したのが一昨年。家族の人的かつ物的なつながりを震災後一五年にしていよいよ喪った半年後に、東日本大震災が東北を襲ったのだ。

東北地方は、仙台を発祥の地とする武道（「空道」）を生涯の趣味とする私にとって、その仲間が暮らす土地であり、七ヶ浜の知人は家だけを流されて現在二重ローンとなっており、荒浜の知人は家と愛妻を奪われた。

二つには、昨年一月に『日本経済論』（ＮＨＫ新書）を出版した直後の出来事であっただけに、その内容が問われる事件であった。本書で私は、おおよそ二つのことを書いている。前半は、日本がここ一〇年のうちに行ってきた構造改革や新自由主義は、実態としては内需不足を輸出で補おうとする重商主義的な改革であり、海外で価格競争をするためにリストラを進めるものだったが、しかし輸出を重視したところで円高を誘発するだけだから、それは路線として原理的に無理であること。後半は、その結果として生じたのがたんなる格差ではなく、人と人のつながりやそれを反映する公共財の質的な面が失われるということであった。

東日本大震災は、これら二つの点で私に降りかかってきた。

構造改革が支持されたのは、それ以前の自民党政権において、「公共財にかかわる人と人のつながり」が政官財の癒着を生んでいる、ダムや道路といった公共工事にそれは如実である、という見方によるものだった。政治主導や市場の透明性を主張する民主党政権も、それについては構造改革を引き継ぐものと言って良い。だが私に言わせれば、それは公共財の「物的な」面にかんする癒着にすぎない。

ここで言う「人と人のつながりや公共財の質的な面」は、私的な活動やその成果ではあるが、私的だけとも言えないようなものを指す。企業のモラルや、私的に立てた家が町として織りなす景観などがそれに当たる。しかしそうした私の景観にかんする主張は、なぜか「ヨーロッパの街並みを理想化する」などと特定の地域に具体化されて批判を受けてきた。私はどんな国や地方にも維持され守るべき景観があると言うにすぎないのに(ヨーロッパの理想化など、批判者の頭の中にしか存在しない)。

阪神淡路大震災と今回の大震災とで決定的に異なるのは、前者の被害が直下型の震災によるものだったのに対し、後者が主に津波被害によるものだった点にある。直下型だと家が全壊しても、火災が発生しない限り家族の思い出の品や街並みの一部は残る。そうした「記憶」が無残にも失われたのが東日本大震災だった。荒浜の知人は、愛妻の写真のほぼすべてを失ってしまった。

原発からの避難者は、より複雑な心境だろう。なぜといって、故郷は見た目においては美しいままだからだ。高齢者が、とりわけ福島県で原発災害で立ち退きしている地域に戻りたがるのに対し、なぜ私の景観保全論を批判した人々は、「センチメンタリズムだ」等と批判しないのだろうか。景観は住民の記憶や人格を構成する不可欠の要因であり、失われることに抵抗するのは当然のことである。それを批判することなどできないのであろう。

そして現在の日本経済の不条理を象徴するのが、対外純資産を世界一の二五〇兆円も大手銀行が保有しておきながら、たかだか三〇兆円ほどの復興資金も東北に集められないことだ。かつての日本経済は悪名高い護送船団方式を有していたが、それが健在ならば、さっさと大手銀行に「奉加帳」を回し、長期的には損をさせない形で基金を組んだのではないか。「人と人のつながりや公共財の質的な面」とは、そうした公共心ないしモラルのことだ。だが現在、東北では、大銀行が地元の信金にリスクを押しつけるような競争を行っている（NHKスペシャル『〝魚の町〟は守れるか――ある信用金庫の二〇〇日』二月一一日）。民間に競争させ、公共は透明性を高めればよいというのは、平時に成り立つ話である。しかし大震災という「危機状態」では、民間が有するモラルによって復興がなされるしかない。構造改革後の大銀行はそうしたモラルを持ち合わせていないのではないか。

対照的に、これまで悪者扱いばかりされてきた地元の建設会社が、3・11からの四日間、仙台では全社が欠けることなく、家族の安否も知れず津波情報も解除されないうちから幹線道路の「啓開」に当たった。瓦礫から遺体が次々に出てきたため泣きながらバックフォーを駆使し、現在もPDSTに悩む社員も多いという。自衛隊も活躍しはしたが、それ以前に道路を通したのは、彼らであった。そうした東北地方の建設会社が、復興の仕事を始めるために、公共事業の透明性を高めるために書類作りに追われ、二月頃から疲弊し切っている。

私にとっての3・11は、民間部門における「人と人のつながりや公共財の質的な面」の重要性を再認識させられる契機となるものだった。カネ抜きの利他主義では、どこかで息切れするだろう。カネの流れを促すような民間のモラルが発揮されねばならない。東北地方の復興も、それなしにはありえないのだと考えている。

震災が教えた市民の成長

カルチャースタディーズ研究所代表
三浦 展

私の実家は新潟県上越市の近郊に昭和三八年に田んぼを埋めて開発された団地である。大きな川に近い低地にあるため、以後二〇年間で四回も床上、床下浸水にあっている。最初は入居からわずか二年後、台風で増水した川の堤防が決壊し、私たち家族四人は伯父の家の六畳一間に一カ月間ほど暮らすことになった。3・11の被災者とは比べものにならないが、家を買ってからわずか二年後に家が泥流に飲まれることになった両親の気持ちを察すると今さらながら心が痛む。私の家はフクタイキョウ団地といって、小さな子どものいる若い夫婦のために福祉対策協議会の資金でつくられたのだ。それがこの有様だ。だから、今回の震災でも、どんな人がどうやって手に入れた家が流されたのかが気になった。

東北の人々が、なぜ危ない平野部に住んだのかという意見もあったが、新幹線の窓から見ると、われわれは、被災地に限らず、日本中の平野部を家や工場や商業施設が埋め尽くしている様を見ることができる。だが人々は、平野が好きだから平野に集まってくるわけではない。第一の理由は二〇世紀の人口増加である。増えた人口に対して住宅を提供するには平野部の開発が必須だった。第二の理由は雇用である。農林業などでは食えなくなった、あるいは、もっと高い所得を求める人たちが、職を求めて平野部に移り住んできた。第三の理由は進学である。ほとんどの大学、進学校の中学や高校は平野部にあるからだ。

このように考えると、近代という時代は平野を欲するのだと思えてくる。近代日本は開港から始まる。そのまわりに貿易会社や工場ができる。小学校レベルの地理の知識で言えば、日本は加工貿易の国だから、海外から原料を輸入して、加工してまた海外に輸出する。だから、港のまわりに工場ができる。工場は大量の水を使うので、河口近くがよい。そこに倉庫もできる。鉄道もできる。道路もできる。そこで働く人々のための団地もできる。学校もできる。何であれ、平野部、沿岸部の方が都合がよいのである。もちろん原発もそうだ。

原発の問題もあり、今回の震災はわれわれ自身の生活のあり方を根本から問いなおす契機となった。濁流に押し流されて木の葉のように浮かぶ無数の自動車。あれを見たら、相当な人たちが物質文明の限界、物を買うことの空しさを感じたであろう。現代の消費文化は物質に溢れているからこそ、むしろ脆く、復旧が難しい。

私は新潟県で農村的な生活を見て育ったのでわかるが、昭和四〇年代くらいまでは、人々は自分の家庭で食べる物くらいは、かなりの部分を自分自身でつくっていた。秋に収穫した米で餅を作り、柿を干し柿にし、大根や白菜を漬け物にし、鮭を塩引きするなど、多様な保存食を冬になる前に蓄えておく。そして長い冬をしのぐのである。それで餓死した人などいない。それは何百年も、もしかすると何万年も持続してきた生活である。ところが最近は新潟県でも大雪が降ると避難生活をする。新潟県人がなぜ大雪くらいで避難するのかと私は訝しく思う。もちろん高齢者が増えたからだろうが、それだけではない。新潟県の生活が自足的でも持続的でもなくなっているのである。東北でもそうだろうが、全国チェーンのスーパーやコンビニやショッピングモールが幅をきかせている。都会的な暮らしに憧れる人々は次第に昔の暮らし方を捨てて、テレビで宣伝している食べ物を買うようになった。しかしこれらの食べ物は、大雪が降って道路が十分に使えなくなると店に並ばなくなる。こうして昔よりも生活の持続可能性が減少したのである。

他方、今回の震災ではツイッター、フェイスブックなどの文明の利器が非常に役だったことも間違いない。マスメディアでは「大本営発表」とはこれかと思わせる、政府、保安院、東電の会見が繰り返されるだけなのに、ツイッター、フェイスブック上では、安否確認や被災者を支援する情報が流れ続けた。行政や大企業に頼らずに、国民自身が自分の力で、自分のネットワークを活かして、素早く社会的な事業を興すことができるようになったのである。まさに「新しい公共」の主体が育っていると私には思えた。国民はお金をどう使うべきかを自分なりに考えて決定する能力を持っているし、決定したいと思っているのだ。従来は国民の稼いだ所得をシェア（分配）する役割は行政にあった。行政はシェアをフェアに行うべきであり、行うはずだと信じられていた。ところが行政のシェアの仕方に問題があることがわかってきた。だったら自分たちでシェアの方法を考えますよ、と考える国民が増えたのである。政治はたよりにならないが、国民はたよりになる。それは日本に「市民」が誕生しているということである。そのことを私に気づかせたことが、3・11の「成果」であった。

滅び行く国のなかで

北海道大学スラブ研究センター教授／ボーダー・スタディーズ
岩下明裕

金曜日のその瞬間、私は札幌でインドの研究者たちと会議の最中であった。それまで体験したことのない船揺れの永い時間が訪れた。耐震工事でリニューアルされたばかりの建物だったから、そういう揺れになったのだろう。研究室の本が横倒しになるようなこともなかった。二階の事務室でテレビをみたが、誰もがこれほどのものとは思わなかった。その夜、私たちはインド人と予定通り会食し、彼らは翌日、無事、成田経由で帰路についた。東京からの参加者も夜の便で羽田に帰った。ただ羽田からは徒歩だったそうだが。

後日、彼らとデリーで再会したとき、尊敬の念をこめて言われた。「日本人は凄い」「あれだけの災害があって誰もパニックになっていない」「街はずっと静かだった」。本当だろうか。日本人が節度をたもち自制していたとは、私にはどうしても思えない。実際には頭が真っ白になり、何も考えることができなかった。いや考えようともしなかった。ほとんど惰性だけで動いていたのではないか。今の私たちはパニックになって暴れる力さえない。

私が驚いたのは、テレビで見た週明け月曜日の東京の人々の行動であった。どうしてこの人たちはなにごともなかったかのように会社に通勤するのだろう。当然のごとく首都圏で混乱が起こる。こういう場合どうすべきか、自分で考えた上での行動とは思えない。

原発のことは書きたくないのだが、政府に裏切られたって？ 本気でこれまで信じていたの。考えようとしなかっただけだろう。最初に犠牲になるのはいつもあなた。真っ先に逃げ出すのは、本来、現場にとどまって責任をとるべき偉い方々。私は誰もが原発をほったらかして逃げ出すのではないかと本気で心配していた。

報道もむごかった。カメラが伝える凄惨な現場や押し寄せる津波の様相のことではない。そこに本来あるべき絵がまったくなかったからだ。死者を写すのは尊厳を損なうことなのだろうか。現実を直視したくないだけではないのか。眼をつぶり、お祈りすれば、見たくないものはすべて消えてなくなる。結局、私はCNNやBBCばかりみていた。

まもなく一周年。テレビ局では当時のニュースを振り返る特番が組まれている。現場と向き合う新人記者たちのナレーションがきこえる。「目の前で死に行く人を助けるべきか、カメラを廻して記録すべきか、大変な葛藤がありました」。もちろん、その記録された映像が流れることはないが、ナイーブな声ががれき映像と一緒に流れるとキレそうになる。おまえ、いっぺん、中東行って取材してこい。「3・11」の特番があるとチャンネルを替えてしまう、そんな私もまた報道の現実を直視したくない日本人のひとりなのだろう。

政治について。「3・11」を私は戦争だと思った。当然、ここは挙国一致内閣だろうとばかり予想していたが、この国は有事のときにでさえ、自分たちの利益しか考えずに足の引っ張り合いだ。一年たってますますエスカレートしている。そうなるのが見えていたから、バッシングに遭いながらも菅直人は踏みとどまったのではないかと思ったりする。政権を簡単に放り出すさきがけとなった（にもかかわらず、いまだ政治に未練たらたらの）安倍さんよりははるかにいい。ところで、「3・11」がもう一度起こったとして、同じことがまた繰り返されるのだろうか。次の「3・11」は地震とは限らないだろう。北朝鮮と戦争状態になることもありうる。そのときも、みなやはり満員電車で出勤するのだろう。

私の夢想は堕ちていく。例えば、地震が玄海沖で起こっていて、原発事故の影響を受けたのが九州北部だったら、「3・11」はこれほどまでに大きく取り上げ続けられただろうか？　福島原発が壊れず、影響が首都圏に及ばなかったら、「3・11」はいまでも人々の注目を引いていたか。福岡や仙台なんてきっと簡単に忘れられたに違いない。多数の日本人にとって人ごとだから。これが地方で起こっていれば、東京の人たちは「あら可愛そうね」で終わっただろう。さて明日の電車が待っている。

逆を想像してみる。東京発のメディアが連日騒ぐのだけど、おそらく多くの地方にとってこれは人ごとなのではないか。「3・11」が東京を抱きしめたからこそ、ここまで大騒ぎするのだと、みんなどこか心の底で思っている。

人ごとに違いないから、外国人は先を争って日本から脱出した。日本への訪問もキャンセルした。台湾の人が石垣への旅行をキャンセルしたり、釜山の人が対馬に行かないというのは笑い話ではすまない。私たちが北米東海岸の事故なのに西海岸への旅行を自粛したことを思いだそう。風評被害をなんとかしろって。自分たちのことだろうに、人ごとのように言うなよ。しかも国に頼むな。甘えれば国は助けてくれるって？　きっとまた裏切られるぜ。私たちは今、チェルノヴィリを、非効率で情報を隠すソ連だから、あいつら技術がないからなあ、と人ごとのように嗤った報いを受けている。

自分たちで向き合って責任を引き受けようとしない住民ばかりの国に未来などない。この国はもう一度、焼け野原からやり直すしかないのだろう。戦争も二度負ければ、身にしみるだろう。考えれば考えるほど絶望ばかりが深まっていく。

東北自治政府の樹立を望む

龍谷大学教授／島嶼経済論
松島泰勝

日本という国は自らの国民を守りうるのか。日常生活では国家の存在を感じることはあまりないが、非常時において国家が国民を守りうるかどうかが試される。大震災発生時の政府の混乱や情報隠しが国民の不安を増し、被害を大きくさせた。東京電力は賠償を不十分にしか行わず、国も東京電力を指導しきれていない。原子炉からは今も放射性物質の放出が続いており、首相の「終息宣言」をまともに信じる国民はいない。被災県から他県への人の移動も止まらず、このままでは被災地のコミュニティが崩壊するおそれがある。三〇兆円超の「復興市場」も、被災地外の企業が受注するという植民地経済が強化されようとしている。

国家は迅速に危機的状況を把握し、危機や不安が社会全体に広がらないようにあらゆる手段を講じなければならない。大震災から一年たっても、被災地は多くの課題を抱え、被災民は将来に希望を見出せない混乱状況が今でも続いている。国民を愚民視して、重要なことを何も伝えない政府と国民は思っており、国への信頼は地に落ちた。

これまで東北は首都圏の周辺として位置付けられてきた。労働者、食糧、自動車部品や電子部品、紙、電力等を首都圏に供給する役割が押し付けられてきた。井上ひさしは『吉里吉里人』の中で東北人に次のように語らせている。「『国益の為だ、増産すろ!』『国益の為だ、減反すろ!』『国益の為だ、広域営農団地ば作れ、企業化すろ、機械化すろ、大型化すろ、単作化すろ!』『国益の為だ、吉里吉里牧場ば潰すて東北縦貫路ば拵えんぞ!』『国益の為だ、村有林ば、伐り拓いで東北新幹線ばぶっ通すぞ!』『国益の為だ、山ば削って観光道路にすっつォ!』『国益の為だ、隣の定内町と合併したらどんだ?』『国益の為だ、北上川の上流の工場排水でお前達の村の川水ば少し濁っても我慢すんだぞ!』」(『吉里吉里人』上、一五四頁)。国益とは何か。それは東京人、首都圏民の利益でしかない。

琉球も常に日本の末端として扱われてきた。日本政府と日本人は米軍による抑止力で自らの安全を確保するが、基地被害の負担を回避し、これからも基地を琉球に押し付けようとしている。琉球人は「琉球差別」と叫び、米軍基地の日本への移動を求めている。電力の大量消費地である東京に原発はない。東京を中心とする首都圏の人間は犠牲を福島に強いて電力という利益を得てきたのである。明らかな「福島差別」である。「国益」という言葉で東北人、福島人を脅し、騙し、搾取し、被害を与えてきた。

このような従属関係から東北が脱するには、どうすればいいのだろうか。現在、東京政府内に設立された復興庁は、各省庁から職員が集められた縦割りの組織であり、被災地自治体に煩雑な文書提出を求めている。例えば宮城県から出された復興交付金申請の四割以上を復興庁が却下した。中央集権体制が日本の危機を深くしている。現場を知らない東京から東北に指令を出すという体制であり、内閣府沖縄担当部局（旧沖縄開発庁）によって琉球を支配・管理する植民地構造と同じである。復興を名目にして、東京の政府や企業が利権を狙って東北に対する支配・搾取システムを強化している。東北人は黙って耐え続けなければならないのか。

東京による鉄鎖を断ち切るためには、自らの政府を創る必要がある。もともと東北は面積が広く、自然が豊かで食糧が豊富な地域であり、後藤新平、宮沢賢治等の逸材の宝庫でもある。豊かであるからこそ、東北は東京から狙われてきたのである。まず、東北自治政府は、有為の人間を地域内から集め、東北復興を目的にした大調査機関を発足させる。学際的で徹底的な調査に基づき、東北を中心においてアジア太平洋、ユーラシアとの連携を目指す新たな復興計画をつくる。内政自治権・外交権を有する東北自治政府がこの復興計画を断固として実行に移す。東北は、東京から政治的、経済的、財政的、精神的に独立し、自らの足で立つ。東京政府からヒト、モノ、カネが供与される官治ではなく、東北の自治によってしか復興は実現しない。東北人の不幸を前提とする東京中心体制を終焉させなければならない。

吉里吉里人は次のように語っている。「わたしたちはもう東京からの言葉で指図をされるのはことわる。わたしたちの言葉でものを考え、仕事をし、生きていきたい。わたしたちがこの地で百姓として生きるかぎり、吉里吉里語はわたしたちの皮膚であり、肉であり、骨であり、つまりはわたしたち自身なのだ」（同上書、一〇六頁）。

独自な歴史、言語、文化を有し、大和政権の侵略を受け、東京の政府や企業による支配下におかれた東北人は、国際法により保障された人民の自己決定権をもっている。東京政府が危機を終息させることができず、民に希望を与えられない以上、東北人は自らの力で地域を復興させ、原発依存社会から脱する道を歩む必要があると、植民地支配下にある琉球の人間の一人として私は言いたい。

海外からみた震災後の日本

東短リサーチ（株）チーフエコノミスト／金融市場・金融政策
加藤　出

東北出身のため、私の親族や知人の中で、東日本大震災により亡くなった人、精神的、身体的、経済的被害に苦しんでいる人は多い。震災から一年が経った三月中旬に宮城県を訪ねたが、石巻では「復興の進捗はまだゼロ%」という厳しい声が聞こえた。女川では、住居を津波で失った人の比率が高いため、地元の人同士が久しぶりに外出時に出会うと、「お宅はどこの仮設（住宅）です？」という挨拶が交わされている。

被災者を支援しつつ、遅々として進まない復興の原因を解きほぐしていかなければならない。また、筆者のように首都圏に住む人間は、「我々が使う電力のために福島の人々が苦難に陥った」という認識を持ち続けることも必要である。

ここでは以下、日本の現状を相対化して捉えるために、筆者が普段仕事で接している外国の人々から聞いた震災後の日本、および日本人の印象について触れてみたいと思う。

福島第一原発が最初に爆発したのは二〇一一年三月一二日（土）だった。東京にいた金融市場関連の欧米人の多くは翌日から一斉に国外へ脱出を始めた。本国から連れてきた家族と同居していた人ほど不安、恐怖が強かったようだ。踏みとどまっていた人でも、福島の二度目の爆発の映像を見て、「もう耐えられない」と言って飛び立っていった。

一時とはいえ日本から出て行った彼らを、「薄情」と非難することはできないように思われる。日本語が不自由な彼らは欧米のマスメディアの情報を見て判断していた。今にして思えば、「大本営発表」しか伝えなかった日本の大手メディアよりも、『ニューヨーク・タイムズ』など海外メディアの方が、事態を遥かに正しく伝えていた。日本人の多くは現実には職場を放棄することはできなかったとは思われるが、放射線の情報が適切に公表されていたら、時間帯によっては外出を控えるといった対応はとれたはずである。危機時の政府の公表、報道のあり方は今後の大きな課題である。

海外に脱出した外国人の金融関係者の多くは、アジアの関連会社で待機していた。幸い一〜二週間で彼らの多くは戻ってきたが、もし原発の状況がもう一段階悪化していたら、東京金融市場のかなりの部分は香港市場やシンガポール市場に移転していただろう。それは雇用機会や多くのビジネス・チャンスが日本から流出することを意味する。同様のリスクに直面した業種は他にも多くあっただろう。現代においては、通信システムが整備されていれば、必ずしも東京にいなくてもできる仕事は多いからである。

フランスやドイツの空港では、一時、日系エアラインで日本から来た乗客とその手荷物に対して放射線検査が行われていた（入国に五〜六時間かかったという話も聞こえた）。筆者は訪問先で会った人から嫌な思いを受けたことはなかったが、放射線を気にして日本への出張を不安に感じる人は昨年は少なくなかった。あるドイツ人は、上海に行く予定を、「日本の原発の影響が怖い」という理由でキャンセルしていた。

原発事故後の東京に長期的に住むことが、どういう影響を健康に及ぼすのかは筆者にもよく分からない。しかし、海外からの出張者が数日から数週間滞在したところで、実際上の問題はないはずである。過剰な恐怖感を持たれては、日本経済にとってマイナスとなる。

そこで、個人的にガイガーカウンターを購入し、主要国の金融センターを出張で訪れるときには、中央銀行の前で放射線量を計測して、比較することにした。この一年でECB、イングランド銀行、フランス銀行、オランダ銀行、FRB、ニューヨーク連銀、中国人民銀行の前で計測したが、それらの数値は、日本銀行本店の前とほとんど同じである。微力ではあるが、海外出張時にはそのデータを見せて、「どうぞ日本に来てください」と金融市場関係者にアピールするようにしている。

なお、フランクフルトのECB前にいたとき、通行人の初老の男性から「君は放射線を計っているのか。数値はどうだね?」と英語で尋ねられた。驚いて「は、はい、平常です」と答えると、彼は安心した顔で去っていった。他の街ではそのようなことはなかった。その小型の地味な機器が放射線を計るものだと気づかれたこと自体が驚きである。ドイツの人々はチェルノブイリ事故の記憶を鮮烈に持っていることが理解できた。

震災後に暴動や大規模な略奪は起こさずに、支えあって整然と耐えた日本人の姿に感銘を受けた海外の人は、私の知人の中にも多くいる。震災によって日本政府の債務は一段と膨張したが、それでも日本国債が海外の投機家から売り仕掛けられずに済んでいるひとつの理由は、そこにあると考えられる。国民性の印象は、実は国債の利回りに大きな影響を与える。ポルトガル国債の金利は、昨年一一月頃から大幅な低下を見せた。欧州大陸の多くの市場関係者が、「ポルトガル人はギリシャ人と異なって財政支出カットにまじめに耐えている」と評価しているからである。

しかし一方で、日本人に対して、「耐え忍ぶだけでなく、議論をぶつけあって行かなければ、次のものは生まれてこない」と助言してくれる声もあることを意識する必要がある。

Photo by Ichige Minoru

あとがき

「昨年三月一一日一四時四六分、太平洋三陸沖を震源としたマグニチュード九・〇という巨大地震が発生した。地震を引き起こした断層のずれは、南北に五〇〇キロ、東西に二〇〇キロにも及び、被害は広範囲に及んだ。さらに各地に大津波が押し寄せ、甚大な被害をもたらした。そこに追い打ちをかけるように福島第一原発で大事故が発生した。この震災による死者は一万五八五四人、行方不明者は三〇八九人に達し（三月二八日現在、警視庁発表）、さらにいまだ帰宅できない人々も多く、避難者数は、三四万一四一一人に達している（一月二六日現在、政府の東日本大震災復興対策本部発表）。

あれから早や一年になろうとしている。だが、津波の被害に見舞われた多くの地域では、いまだ復旧・復興の見通しすら立っていない。とりわけ福島第一原発事故については、政府の〝事故収束〟宣言にもかかわらず、いまだ溶解した核燃料がどのような状態でどこにあるのかすら分かっていない。つまり事故は〝現在進行形〟で続いていると言わざるを得ない。こうした状況下で、放射能に汚染された周辺地域では、復興どころか、避難民が無事、自宅に戻れるかすら見通せない。除染によって生じる放射性廃棄物の貯蔵・処分場所も定まっていない。さらに地元産品の放射能汚染と風評被害のダブルパンチで被災地の地元経済は壊滅的な被害を被っている。

この間、震災をめぐって多種多様な言説がメディアを賑わした。だが、政府だけでなく、こうしたメディアの姿勢にも問題はなかっただろうか。連日の膨大な震災報道にもかかわらず、原発事故による放射能汚染のリスクといった肝心な情報ほど、周辺住民や国民に伝えられなかったからだ。

未曾有の大災害から一年。今、われわれは一人一人、この3・11の教訓をどう受けとめ、どうこれから生きる指針にするかが問われているのではないか。」

以上のような趣旨で、今春の『環』誌に特集を組んだ。現在種々の分野の第一線で社会的に活躍しておられる一〇六人の詩人、作家、歌手、政治家、ジャーナリスト、建築家、歴史学・哲学・宗教学・教育学・民俗学・言語学・医学・物理学・生物学・科学史・経済学・国際政治学・政治学・社会学等々の方々の文章をいただいた。なかには、この間にお亡くなりになった方もいる。

昨年の3・11から早や一年半の歳月が経とうとしている。また、東日本大震災で犠牲になられた方々の二回目のお盆である。これからを生きる一人一人の方々の参考になれば幸いである。

藤原書店編集部

3・11と私《わたし》——東日本大震災《ひがしにほんだいしんさい》で考《かんが》えたこと

2012年 8 月30日　初版第 1 刷発行©

著　者　石牟礼道子ほか

発行者　藤原良雄

発行所　株式会社　藤原書店

〒 162-0041　東京都新宿区早稲田鶴巻町 523
電　話　03（5272）0301
ＦＡＸ　03（5272）0450
振　替　00160 - 4 - 17013
info@fujiwara-shoten.co.jp

印刷・製本　中央精版印刷

落丁本・乱丁本はお取替えいたします
定価はカバーに表示してあります

Printed in Japan
ISBN978-4-89434-870-7

専門家がいち早く事故分析

福島原発事故はなぜ起きたか

井野博満・後藤政志・瀬川嘉之
井野博満編

「福島原発事故の本質は何か。制御困難な核エネルギーを使いこなせるという過信に加え、利権にむらがった人たちが安全性を軽視し、とられるべき対策を放置してきたこと。想定外でもなんでもない」（井野博満）。何が起きているか、果して収束するか、大激論！

Ａ５並製　二二四頁　**一八〇〇円**
（二〇一一年六月刊）
◇978-4-89434-806-6

「東北」から世界を変える

「東北」共同体からの再生

〈東日本大震災と日本の未来〉

川勝平太＋東郷和彦＋増田寛也

「地方分権」を軸に政治の刷新を唱える静岡県知事、「自治」に根ざした東北独自の復興を訴える前岩手県知事、国際的視野からあるべき日本を問うてきた元外交官。東日本大震災を機に、これからの日本の方向を徹底討論。

四六上製　一九二頁　**一八〇〇円**
（二〇一一年七月刊）
◇978-4-89434-814-1

東北人自身による、東北の声

鎮魂と再生

〈東日本大震災・東北からの声100〉

赤坂憲雄編
荒蝦夷＝編集協力

「東日本大震災のすべての犠牲者たちを鎮魂するために、そして、生き延びた方たちへの支援と連帯をあらわすために、この書を捧げたい」（赤坂憲雄）——それぞれに「東北」とゆかりの深い聞き手たちが、自らの知る被災者の言葉を書き留めた聞き書き集。東日本大震災をめぐる記憶／記録の広場へのささやかな一歩。

Ａ５並製　四八八頁　**三二〇〇円**
（二〇一二年三月刊）
◇978-4-89434-849-3

〝原理〟が分かれば、除染はできる

放射能除染の原理とマニュアル

山田國廣

住宅、道路、学校、田畑、森林、水系……さまざまな場所に蓄積した放射能から子供たちを守るため、現場で自ら実証実験した、「原理的に可能な放射能除染」の方法を紹介。責任はどこにあるか。誰が行うか。中間貯蔵地は、仮置き場は……。「除染」の全体像を描く。

Ａ５並製　三二〇頁　**二五〇〇円**
（二〇一二年三月刊）
◇978-4-89434-826-4

1989年11月創立 1990年4月創刊

一九九五年二月二七日第三種郵便物認可　二〇一二年八月一五日発行（毎月一回一五日発行）

月刊
機
2012
8
No. 245

発行所　株式会社 **藤原書店**©
〒一六二‐〇〇四一　東京都新宿区早稲田鶴巻町五二三
電話　〇三・五二七二・〇三〇一（代）
FAX　〇三・五二七二・〇四五〇
◎本冊子表示の価格は消費税込の価格です。

編集兼発行人
藤原良雄
頒価 100円

フィリピンのバギオで戦死した天性の詩人、竹内浩三の決定版、遂に刊行！

戦死やあはれ

——新発見の作品を加え、新編集した『定本 竹内浩三全集』刊行——

▲竹内浩三が自らユーモラスに描いた自画像

名作「骨のうたう」を残した戦没学生の詩、随筆、小説、まんが、シナリオ、手紙、そして軍隊時代に秘かに書いた「筑波日記」等を集大成した『定本 竹内浩三全集 戦死やあはれ』（小林察編）が、八月十五日を期して刊行される。

一九八四年の『竹内浩三全集』（全二巻）、続く二〇〇一年の『竹内浩三全作品集 日本が見えない』から十一年。その後新しく発見された作品群を完全網羅し、次代への読者のために、新たに構成・編集した決定版である。

編集部

● 八月号目次 ●

『定本 竹内浩三全集 戦死やあはれ』巻頭にかかげる四編の詩は、一九四五（昭和二十）年、フィリピンの戦場に消えた竹内浩三の代表作であり、戦後の日本人への遺言状のように思われる。

竹内浩三は、幼いころからひたすら芸術を愛し、宇治山田中学時代には、手書きのマンガ雑誌をつくり、当時の世相を風刺する絵や文章を発表していた。一九四〇（昭和十五）年四月、日本大学専門部映画科に入学して、東京での自由な学生生活を謳歌したが、翌年二十歳の誕生日に友人に贈った詩「**五月のように**」は、彼の唯一の青春讃歌となった。同年十二月八日、日本は第二次世界大戦に突入。一九四二（昭和十七）年四月の徴兵検査で、半年後に学生服を軍服に着替えることが決定すると、中学時代の友人と同人誌『伊勢文学』を創刊、自分の手で印刷・製本しながら、詩や小説を叩きつけるように書き残した。

しかし、当時の国粋思想や軍国主義教育による検閲の眼は厳しく、彼独自の本音を吐露した作品は公表できなかった。「**骨のうたう**」は、戦後に友人によって遺作として発表されたものであり、「**よく生きてきたと思う**」と「**日本が見えない**」は、ドイツ語教科書の余白に書かれたまま、戦後六十年間姉の書庫の中で眠っていた。これらの詩は、戦死という不条理な死を国家によって強制された若者たちが、希望と絶望の交錯する中でいかに悶え苦しんでいたかを、無数の無言の魂に代わって語りかけてくる。

小林 察

（こばやし・さとる／大阪学院大学元教授）

五月のように

竹内浩三

なんのために
ともかく　生きている
ともかく

どう生きるべきか
それは　どえらい問題だ
それを一生考え　考えぬいてもはじまらん
考えれば　考えるほど理屈が多くなりこまる

こまる前に　次のことばを知ると得《とく》だ
歓喜して生きよ　ヴィヴェ・ジョアイユウ
理屈を言う前に　ヴィヴェ・ジョアイユウ
信ずることは　めでたい

真を知りたければ信ぜよ
そこに真はいつでもある

弱い人よ
ボクも人一倍弱い
信を忘れ
そしてかなしくなる

信を忘れると
自分が空中にうき上って
きわめてかなしい
信じよう
わけなしに信じよう
わるいことをすると
自分が一番かなしくなる
だから
誰でもいいことをしたがっている
でも　弱いので

ああ　弱いので
ついつい　わるいことをしてしまう
すると　たまらない
まったくたまらない

自分がかわいそうになって
えんえんと泣いてみるが
それもうそのような気がして
あゝ　神さん
ひとを信じよう
ひとを愛しよう
そしていいことをうんとしよう

青空のように
五月のように
みんなが
みんなで
愉快に生きよう

よく生きてきたと思う

竹内浩三

よく生きてきたと思う
よく生かしてくれたと思う
ボクのような人間を
よく生かしてくれたと思う

きびしい世の中で
あまえさしてくれない世の中で
よわむしのボクが
とにかく生きてきた

とほうもなくさびしくなり
とほうもなくかなしくなり
自分がいやになり
なにかにあまえたい

ボクという人間は
大きなケッカンをもっている
かくすことのできない
人間としてのケッカン

その大きな弱点をつかまえて
ボクをいじめるな
ボクだって　その弱点は
よく知ってるんだ

とほうもなくおろかな行いをする
とほうもなくハレンチなこともする
このボクの神経が
そんな風にする

みんながみんなで
めに見えない針で
いじめ合っている
世の中だ

おかしいことには
それぞれ自分をえらいと思っている
ボクが今まで会ったやつは
ことごとく自分の中にアグラかいている

そしておだやかな顔をして
人をいじめる
これが人間だ
でも　ボクは人間がきらいにはなれない

もっとみんな自分自身をいじめてはどうだ
よくかんがえてみろ
お前たちの生活

なんにも考えていないような生活だ
もっと自分を考えるんだ
もっと弱点を知るんだ

ボクはバケモノだと人が言う
人間としてなっていないと言う
ひどいことを言いやがる
でも　本当らしい

どうしよう
ひるねでもして
タバコをすって
たわいもなく
詩をかいていて
アホじゃキチガイじゃと言われ
一向くにもせず
詩をかいていようか
それでいいではないか

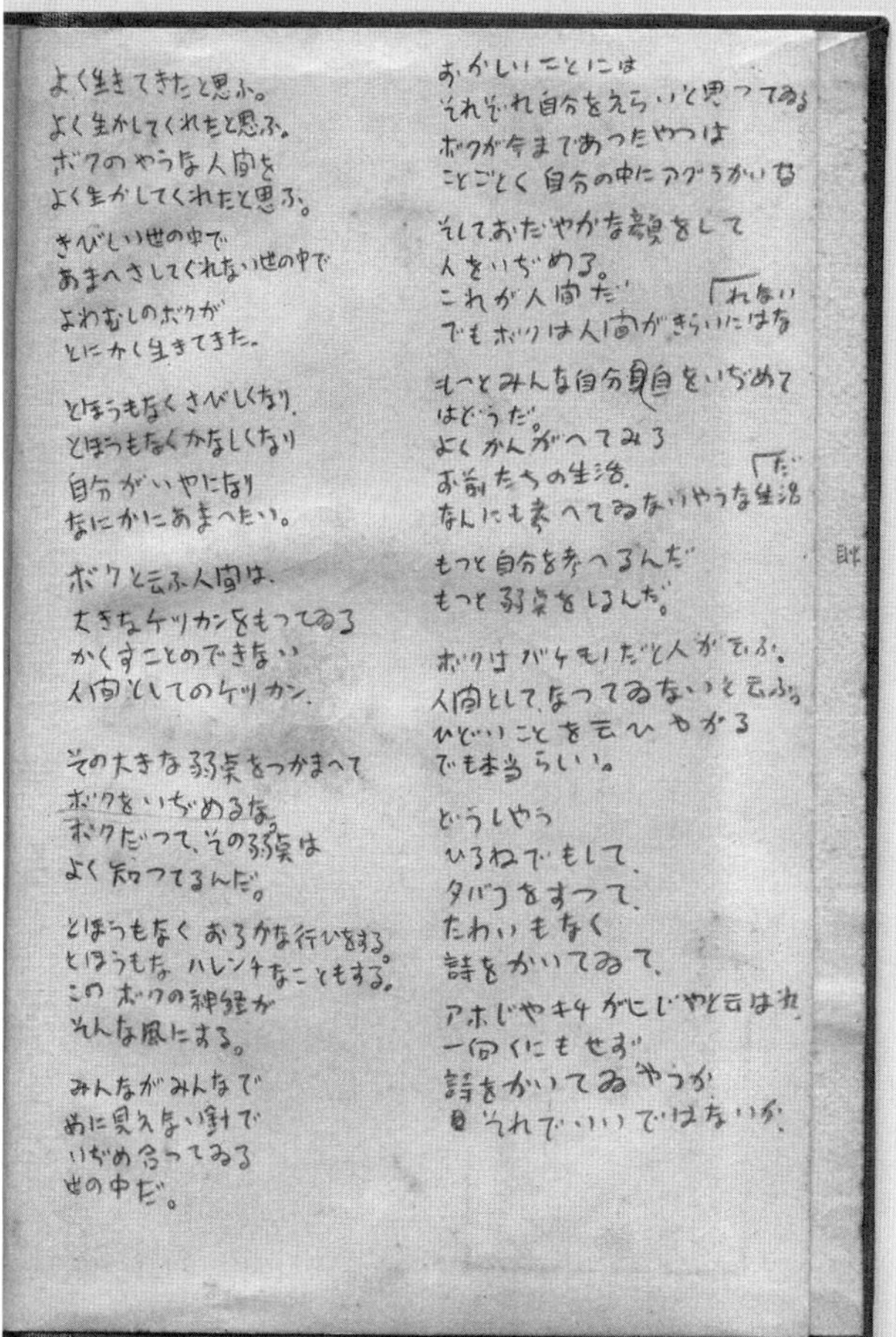
よく生きてきたと思ふ。
よく生かしてくれたと思ふ。
ボクのやうな人間を
よく生かしてくれたと思ふ。

きびしい世の中で
あまへさしてくれない世の中で
よわむしのボクが
とにかく生きてきた。

とほうもなくさびしくなり
とほうもなくかなしくなり
自分がいやになり
なにかにあまへたい。

ボクと云ふ人間は
大きなケッカンをもつてゐる
かくすことのできない
人間としてのケッカン

その大きな弱点をつかまへて
ボクをいぢめるな
ボクだつて、その弱点は
よく知つてるんだ。

とほうもなくおろかな行ひをする
とほうもなハレンチなこともする。
この ボクの神経が
そんな風にする。

みんながみんなで
めに見えない針で
いぢめ合つてゐる
世の中だ。

おかしいことには
それぞれ自分をえらいと思つてゐる
ボクが今まであつたやつは
ことごとく自分の中にアグラをかいてゐる

そしておだやかな顔をして
人をいぢめる。
これが人間だ
でもボクは人間がきらいにはなれない

もつとみんな自分自身をいぢめて
はどうだ。
よくかんがへてみろ
お前たちの生活
なんにも考へてゐないやうな生活だ

もつと自分を考へるんだ
もつと弱点をしるんだ。

ボクはバケモノだと人が云ふ。
人間としてなつてゐないと云ふ。
ひどいことを云ひやがる
でも本当らしい。

どうしやう
ひるねでもして
タバコをすつて
たわいもなく
詩をかいてゐて
アホじゃキチガイじゃと云はれ
一向にもせず
詩をかいてゐやうか
それでいいではないか。

寛政から天保を駆け抜けた風雲児。その栄光と没落！

天草の生んだ豪商、石本平兵衛

河村哲夫

鳥居耀蔵の策動

高野長英（一八〇四―五〇）という人物がいる。

江戸後期の蘭学者で、幕府目付鳥居《とりい》耀蔵《ようぞう》（一七九六―一八七三）が仕組んだ「蛮社の獄」に巻き込まれ、天保十（一八三九）年五月に投獄された人物である。

長英が江戸小伝馬町の牢獄に入牢して三年余、天保十三（一八四二）年八月二十三日に、おなじ牢獄に一人の男が収監された。やはり、鳥居耀蔵が仕掛けた「長崎の獄」（高島秋帆事件）に巻き込まれ、長崎から唐丸《とうまる》駕籠《かご》に乗せられて、江戸まで運ばれてきた人物であった。

牢屋にぶち込まれたとき、その男は白髪頭を振り乱し、ひげも伸び放題で、立って歩くことができず、這って進んだ。衰弱がひどく、ときおり痙攣をおこしていた。

それでもシャバにいたときは律義者であったらしく、懸命に牢名主の方に這い寄っていった。そして、高野長英という牢名主に、ぶるぶる震える手で襟のなかから取り出した小判を献上した。

この人物こそ、石本《いしもと》平兵衛《へいべえ》（一七八七―一八四三）である。

投獄されたとき、石本平兵衛は五十六歳であった。息子の勝之丞《かつのじょう》も連座させられ、ともに江戸まで運ばれたが、過酷な長旅のため衰弱激しく、二カ月後の十月に三十六歳の若さで病死している。

翌年の三月には、高島《たかしま》秋帆《しゅうはん》（一七九八―一八六六）がやはり長崎から唐丸駕籠で護送され、小伝馬町の牢獄に収監されている。「高島流」とよばれる西洋兵術を編み出した人物で、前年の五月には幕府の命令によって、徳丸ヶ原（東京都板橋区高島平）の幕府練兵場で西洋式砲術の大演習を実施したばかりであった。幕府はその威力に驚き、秋帆に賞詞を授けるとともに、秋帆らが用いた大砲などを五百両で買い上げたほどである。

高島秋帆と石本平兵衛は、長崎における商売上のよきパートナーであった。二人はオランダから大量の兵器を輸入し、薩摩や佐賀など九州・西日本の諸藩に売りさばいていた。

鳥居耀蔵は、高島秋帆を追い落とすため、石本平兵衛父子を微罪で逮捕させ、唐丸駕籠という過酷極まりない乗り物に乗せて、一カ月かけて江戸に送還させた。それ自体が苛烈な拷問であった。

水野忠邦の裏切り

この当時の老中首座は、水野忠邦（一七九四―一八五一）であった。

▲石本平兵衛（1787-1843）

石本平兵衛は、水野忠邦に対して唐津藩主時代から多額の献金をつづけていた。

唐津から浜松に移ったのち、水野忠邦は寺社奉行、大坂城代、京都所司代、西丸老中、本丸老中と順調に昇格していったが、石本平兵衛は常に水野忠邦を資金面で支えつづけた。

石本平兵衛は水野忠邦がただちに救出してくれるものと信じていた。ところが、水野忠邦からは何の音沙汰もない。それどころか、鳥居耀蔵らの厳しい尋問がつづくばかりである。ついに、石本平兵衛は水野忠邦から切り捨てられたことを悟った。

石本平兵衛は、翌年の天保十四（一八四三）年三月二十八日、五十七歳で獄死した。死ぬ間際、一般囚人から隔離されて揚屋《あがりや》に収監されていた石本平兵衛は、ひそかに財産目録の覚書を作成し、残った子供たちにすべての商売をやめるよう遺言を残した。

財産目録には、諸大名への貸付額二十万両、商人への貸付額二十万両、貿易用資金五十万両、国内用取引資金三十五万両、持ち船価格（朱印状権利金含む）二十五万両、製蝋工場三万両、造船所一万両、塩田二万両、大坂支店三十万両、長崎支店三十万両、江戸支店二十万両などと記載されていた。このほか、柳川、人吉、八代、京都などにも支店を設けており、江戸には約百軒の貸家も保有していた。天草には膨大な田畑を保有し、人吉、熊本、島原、柳川その他の地域に山林を保有していた。

遺産総額は約三百万両に達したが、最盛期には五百万両を超える資産を保有していたといわれる。江戸幕府の財政規模が三百五十万両ほどといわれているから、石本平兵衛が保有した資産のすさまじさがわかるであろう。一時期、三井、住友、鴻池に次ぐ四大財閥にまで昇り詰めた天下の大商人であった。

鳥居耀蔵の讒言を受け入れて石本平兵衛を切り捨てた水野忠邦も、まもなく鳥居耀蔵に裏切られた。腹心に裏切られた水野忠邦は、石本平兵衛の死後わずか半年で老中の座を追われた。そして、高島秋帆や石本平兵衛らに対する「長崎の獄」などの責任を問われ、失意のうちに世を去っている。

石本家に残された膨大な史料

昭和二十六（一九五一）年八月三日、天草御領《ごりょう》の石本家に九州大学の調査団が来訪した。

平兵衛の末裔である石本利彦氏が九州大学法学部に在学中、その母君のミサヲ氏が何かの折に、「天草御領の石本家の土蔵に膨大な古文書が残されています」と、九州大学教授の吉田道也氏に告げられたのがその発端であったという。

吉田道也氏はじめ宮本又次氏、秀村選三氏などの九州大学研究者が石本家の土蔵に立ち入ったが、「その土蔵の二階一杯にぎっしりと詰まった文書の山にはちょっと手の出しようがなかった。あたかも天草における史料の宝庫に入ったとでもいいたかった」（宮本又次氏）という。

昭和二十八年、秀村選三氏や武野要子氏などによってふたたび現地調査がおこなわれた。その後、約三万点余の「石本家文書」は九州大学に寄贈され、九州文化史研究所において調査・研究がおこなわれ、その成果は『九州文化史研究所紀要』のなかで逐次発表されている。また、平成十五年には、『九州文化史研究所所蔵古文書目録』（二十一―二十三）が発刊され、「石本家文書」全体の目録が整理されている。しかし、九州大学による長年の調査・研究によっても、膨大な「石本家文書」の全貌を明らかにするには至っていない。

商人の頂点を極める

石本平兵衛は、江戸時代という身分制度を基本としたきわめて自由度の低い社会のなかで、その商才を存分に発揮し、さまざまな障壁を乗り越え、頂点を極めた稀有な人物であった。

江戸時代、江戸幕府を頂点とする支配体制の下、全国には藩という半独立国家が配置され、士農工商という身分制度を前提に、農民の年貢米に依存した重農主義体制を構築する一方で、藩の運営や藩士・藩民の暮らしに必要な物資を調達するため、藩内の生産物を全国の流通の一大拠点である大坂に運んで貨幣と交換した。

藩と藩との関係はきわめて閉鎖的で、住民の直接的な相互交流も商取引も許されていなかった。ある藩で余剰生産物が生じても、それを近隣の藩に直接売り込むことはできないし、物資が欠乏しても、近隣の藩から直接調達することはできなかった。このような状況をみて、石本平兵衛は、藩相互の直接取引をもくろんだのである。そのため、藩の産物を取り扱うことができる御用商人資格を次々に獲得し、藩と藩との直接取引をおこない、膨大な利益を得ている。

また、長崎においてオランダ・中国との貿易の入札に参加できるのは、唐紅毛《とうこうもう》取引入札株を保有する特定の商人——本商人に限られていた。石本平兵衛は、これまたさまざまな手段を弄して、この特権的資格の獲得に成功している。さらには、全国的な規模で利益を獲得するため、石本平兵衛はついに幕府の勘定所御用《かんじょうしょごよう》達《たし》という最大の特権も獲得している。

その比類なきエネルギーの源泉は、いったいいかなるものであったのか。平兵衛はどこへ向かって進もうとしたのであろうか。

これまで、島津重豪《しげひで》（一七四五—一八三三）・調所笑左衛門《ずしょしょうざえもん》（広郷《ひろさと》。一七七六—一八四九）が実施した薩摩藩の財政改革、水野忠邦が主導した「天保の改革」、鳥居耀蔵が引き起こした「長崎の獄（高島秋帆事件）」などについては、多くの学術研究書が刊行されている。小説などでも、しばしば取り上げられている。

しかしながら、石本平兵衛のことに触れ、あるいは論じたものは、ほとんど皆無といっていい。もちろん九州大学における「石本家文書」の研究、商業資本家たる石本家、その雇用関係などについては相当緻密に研究されているが、石本平兵衛個人に光を当てたものではない。また、平兵衛と薩摩藩や人吉藩との関係、幕府勘定所御用達になった経緯などを論じたものはあるが、あくまで平兵衛の生涯の部分的なものにとどまる。したがって、石本平兵衛という人物について、ほとんど発信されない結果となっている。

本書は、石本平兵衛を歴史の闇のなかから掘り起こし、それに光を当てようとする、無謀ともいえる企てである。

（かわむら・てつお／作家、九州・アジア史研究家）

天草の豪商・石本平兵衛 1787-1843

口絵四頁

河村哲夫

四六上製　五一二頁　三九九〇円

論争を呼んだ『黒いアテナ』批判の反批判、完結編！

『黒いアテナ』批判に答える

金井和子

ギリシア文化のハイブリッド的性格とアフリカ中心主義

バナールは彼に向けられた批判に沈黙や無視で応ずるのではなく、積極的に反論に打って出たが、これは彼が反対陣営との対話促進を目指したからというだけではない。対話の前提である「黒いアテナ・プロジェクト」の主張が、多くの「誤解」を生んでいると考えたからだ。一般に、書物をどう読むかは読み手の自由であり、読み手の関心もさまざまなので、場合によっては、読み手の「思い込み」による批判は珍しくない。「思い違い」や「深読み」という場合もある。バナールはこのような読み手——とりわけ批判的読み手——の「反応」を放置せず、批判者の論点を分類・吟味して腑分けしたうえで、それに逐一反論し、自らの主張を鍛えていく道を選択した。

バナールが批判者らの主張を分類・吟味し、料理する手際や、個別の論点における彼の論理は本文にゆずるが、ここでは二つだけあげよう。一つは、彼がギリシア文化の特徴は「純粋さ」にあるのではなく、「ハイブリッド性」にあると理解し、それを高く評価している点である。いいかえれば、バナールは、ギリシア文化がエジプトとレヴァントという「先進」文明からの借り＝恩恵をもとに発達した混合文化だったと主張することによって、文化の混交がもたらす豊かな実りと革新の重要性に注目している。第二に、彼はすべてをアフリカに還元させるアフリカ中心主義と一体化するのではなく、それとは明確に距離を保っている。しばしばバナールの批判者は、『黒いアテナ』の主張を極端なアフリカ中心主義を主張するジョージ・M・ジェイムズの『盗まれた遺産』と同一の論理だと主張するが、この批判はバナールにとって大きな誤解だった。彼は「ヨーロッパ」が「アフリカ」の文化を盗んだと考えているのではなく、独占したと主張している（にすぎない）。

ともあれ、本書では、バナールの主張

と批判者の批判、さらにバナールの反批判が展開され、読者に豊富な判断材料を提供している。読者はまちがいなく、バナールと反バナールのわくわくする知的論争の臨場感と緊張感を味わうだろう。

『黒いアテナ』の余波とバナールの問題提起

バナールは、通常、潜在的に豊かな実りをもたらす思想に対する主流派の反応には、無視↓却下↓攻撃↓吸収　の四段階のプロセスがあるという。本書の執筆段階では、「黒いアテナ・プロジェクト」にたいする主流派の反応は、『「黒いアテナ」再考』（レフコヴィッツ他編）の反撃が示すような第三段階の「攻撃」から、第四段階の「吸収」段階にあるようだ。確かに、いまでは、ギリシア文化に与えたエジプトとレヴァントの影響を西欧世界は無視することができなくなっている。最近では、一般人を対象とする歴史書や美術書の解説にも、ギリシアとエジプトやレヴァントとの関係が言及され、バナールの主張は「吸収」されつつある。

▲ペプロスのコレー、前530年頃

西欧近代がギリシア文化の起源について「捏造」したというバナールの衝撃的問題提起は、他の歴史記述や「神話」の再検討に確実に拡がっている。最近、イスラエルの歴史家シュロモー・サンドが著した『ユダヤ人の起源——歴史はどのように創作されたのか』（表題の邦訳は高橋武智監訳で二〇一〇年に出版された。原書のヘブライ語原題は『いつ、いかにしてユダヤ人はつくりだされたか?』）は、ユダヤ民族という概念がどのように「発明」されたのかを詳細にまた説得的に明らかにし、大きな反響を呼んでいる。

「極東」の日本では、『黒いアテナ』への反応は欧米に比べて乏しいが、『黒いアテナ』第二巻が出版されて以降、第一巻の出版やシンポジウムの開催が続き、着実に関心が高まっている。学会では研究者の報告もある。たとえば、桜井万里子「古代ギリシアの遺産の継承について——『ブラック・アテナ』の余波のなかで考える」(この報告は『メトロポリタン史学』(第六号、二〇一〇年一二月）に収録されている）など。さらに、本年七月には、大英博物館に所蔵されている古代ギリシア彫刻は、実は彩色されていたのだが、表面の彩色を削り取り、「白い」彫像として展示されていたことを暴露したテレビ番組（NHKスペシャル「知られざる大英博物館——古代ギリシャ「白い」文明の真実」）が放映された。

　西欧近代の思想的枠組みのほころびや「近代化」の限界が言われて久しい。とりわけ西洋世界以外で「近代化」した優等生の日本で、近代の科学技術がもたらした大量生産、大量消費、大量廃棄の「便利」な生活の矛盾と軋轢があらわになってきていた。このような状況のなかで、二〇一一年三月一一日に東北地方太平洋沖大地震と津波が発生し、東京電力福島第一原子力発電所に過酷事故が起きた。その深刻な被害はいまなお進行中である。放射性廃棄物の処理問題ひとつをとっても、気の遠くなるような長い年月かかる難問を私たちはどう「解決」するのか。自然災害と人災というすさまじい惨禍によって、私たちはこれまでの考え方、生き方、暮らし方でよいのか、大きな課題をつきつけられ、反省を迫られている。新世紀と新千年紀を迎えて十年余。私たちが歴史の転換点にいることはまちがいない。

　バナールの問題提起の一つは、ヨーロッパの近代思想を再検討し、その傲慢を正すことだった。実際、ヨーロッパは世界に先駆けて「近代」を達成し、武力と経済力にものを言わせて非ヨーロッパ地域を「植民地化」し、世界中に「近代化」を強制した。世界中が、否応なく近代化を押しつけられたのである。経済成長が際限なくつづくという、幻想と神話をもたらした近代のパラダイム転換に直面しているいま、古典古代理解の〈アーリア・モデル〉神話を否定し、近代思想の再検討をはやくから提起したバナールの問題意識が示唆するものは大きく深い。

「黒いアテナ・プロジェクト」翻訳の生みの親

　「黒いアテナ」プロジェクトが論ずる諸学問分野の専門家でない私に、専門家でないからこそできる仕事だと、翻訳を強く勧められたのは恩師の故小田実先生だった。しかし、痛恨極まりないことだが、小田先生は二〇〇七年七月に他界された。お元気なら、本書の完成を誰よりも喜んでくださったにちがいない。生前、この訳書をご覧にいれられなかったのは本当に残念である。その小田先生は、最後の旅で黒海沿いの町、トルコのトラブゾンを訪れられた。この町とこの訳業には不思議な暗合がある。

　多岐にわたる難解なテーマや文章を追う訳業は、クセノポンが『アナバシス』で著したギリシア軍の苦難の行軍によく似ていた。『アナバシス』には、ギリシア軍の兵士たちが故郷へ帰る途中、急峻な山道をのぼる山越えのさきに、光る海面がひろがる黒海を目にして、『海《タラッタ》だ、海《タラッタ》だ』と欣喜雀躍する有名な場面がある。兵士たちは、海を望む地点にようやくたどり着き、アナトリアの内陸や山中を彷徨した苦労の多い長い行軍に一区切りついたことを知った。兵士たちが足を踏みならして喜ぶさまで地鳴りが起き、彼らのうしろを行軍していたクセノポンは、すわ、敵の襲来かと誤解するほどの轟音だったと記している。

　果てしなく続くように思われた長いトンネルをようやく抜けた兵士たちの安堵は訳業を終えた私の安堵に重なる。兵士の眼の先には、間違いなく、黒海の海面とトラペズスの町が拡がっていた。トラペズスは現在のトルコの町トラブゾン。小田先生が最後に訪れられた町。帰国後入院された病床で書かれた未完の絶筆「トラブゾンの猫」の舞台（この作品の未定稿は鶴見俊輔・小田実著『オリジンから考える』岩波書店、二〇一一年に収録されている）。

　山越えを終えたギリシア人兵士たちは帰還の途中だが、私の「黒いアテナ・プロジェクト」の翻訳の旅もまだ終わらない。いま、「黒いアテナ・プロジェクト」の最終巻『黒いアテナ』第三巻の翻訳途上である。小田先生の旅はトラブゾンで終わったが、私は旅を続けよう。

（かない・かずこ／翻訳家）

未曾有の大震災から一年半。今われわれは、この震災をどう受けとめて生きるのか。

3・11と私
——東日本大震災で考えたこと——

花を奉る

作家　石牟礼道子

今後、時代はどういう方向に進みゆくのか。私の思うには、もっと厳しい混沌とした状態に陥ってゆくのではないかと。だが、その混沌はある意味無駄ではないとも思う。これを潜《くぐ》って、そこから何かを見つけ出すのではないか。今後、文明は明らかにこれまでと異質なものになっていくと思う。

一国の文明の解体と創世が同時に来るような。それがいまという時ではなかろうか。解体、そして絶滅に向かうかもしれない。そうだとしても、他者を思いやる心を抱きながら、心の手を取り合って亡びたいと思う。

都市文明ではない何か。この頃、念頭に来るのは、とある像である。草の露で深々と浄められたような野原である。幽かな道も見える。

「動くガレキ」!?

写真家　大石芳野

犬や猫などのペットはレスキュー隊が何度も立ち入って保護している。彼らもいのちある生き物だから当然のことだ。けれど、経済動物である牛や豚などにはいのちがないかのごとく、放射能に汚染されたから無用だという。確かに消費者からすれば放射能に汚染された肉やミルクは受け入れがたい。だからといって、国や県が積極的に推し進めている「殺処分」はこのままでいいのだろうか。

「動くガレキという扱いです」と、ある畜産農家の人は怒りを込めて言う。「飼い主としての誇りや意地を持ち続けたい」との願いが伝わってくるのだが、一方で牧場主たちが「殺処分」に応じ始めている。その理由は「疲れた」「もう、頑張りきれない」「とうとう折れてしまった」といった疲弊の声だ。

さまざまな意見が現地で聞かれるが、人びとがふと不安を漏らすのは、「動くガレキの先に自分たちがいるのではないか」ということだ。「殺処分」という恐ろしい言葉を平然と使う側にとっての牛は邪魔以外の何ものでもない。釈然としないなかにあっても、強い引力はやがてぐんぐんと人びとを引っ張っていく。反対するといかがわしい者といわんばかりの態度になるのはこれまでの歴史が、いえ、まだ歴史にもなっていない実態が示しているのではないだろうか。

震災復興とそのミッション

慶應義塾大学法学部教授／前総務大臣　片山善博

本来、復興のための予算は震災発生後の早い時期に編成しておくべきだった。このたびの復興は、被災地の各市町村が中心となってその青写真を描くことからしか始まらない。この財源について国がどれほど提供できるのかをあらかじめ示しておくのが復興予算であり、それはできるだけ早く決めておく必要がある。自治体はそれを見て「腹づもり」ができ、例えば被災者に対し自信を持って「高台移転」を勧め、被災した町の「ゾーニング」の手続きにもとりかかれるからだ。

果たして、政府が本格的な復興予算を編成したのは、復興増税の方針が決まった一一月で、被災から既に八カ月も経過していた。自治体の復興作業もそれまで「おあずけ」を食らわされていたことになる。

なにゆえに本格補正予算はかくも遅れたのか。筆者は総務大臣として閣議などの場でしばしば補正予算を早期に編成するよう促した。しかし、野田財務大臣は「財源がないのに復興予算を組むのは無責任だ」との主張を繰り返すばかり。そこで菅総理にもその旨訴えたが、苦渋に満ちた表情をするだけで、事態は変わらなかった。

結局、残念ながら政府の方針は「増税なくして、復興なし」であった。被災者の皆さんの不安を安心に、絶望を希望に換えるには、一日も早く予算を組まなければならないはずなのに、ミッションを弁えていなかったのである。今日被災地の復興が思うように進んでいない実情を聞くにつけ、閣僚として力が及ばなかったことに内心忸怩たる思いを禁じ得ないでいる。

ある隣人の衷心

韓国・詩人　高《コ》銀《ウン》

古代東洋の聖賢たちの知恵やそこに基礎を置く天人合一の自然思想などは、アジア近代の賤民的膨脹論理の前ではみすぼらしく色褪せていっている。かえってこのようなアジアの自画像は、西欧の二元的社会が自然と環境を自浄的に管理する人為的先進性に対して一つの羞恥となってしまうだろう。

日本の美は、日本の近代化の標本でもあった原発の破局の前で、その最初の犠牲であるしかないのではないか。韓国の春夏秋冬、その青春・朱夏・白秋・玄冬の天然色のある自然秩序は、韓国の原子力にたいする自慢心によって死んだ季節になってしまうのだろうか。

「ウォール街を占領しよう！」と言う掛け声の時代である。共に「原発を占領しよう！　共にそれを廃棄しよう！」原発こそが最高善の正反対、まさに最高悪であるからだ。死であるからだ。

韓成禮《ハンソンレ》訳

どうしてこんなことに

作家　**津島佑子**

日本やほかのアジア諸国にとって不幸だったのは、西欧から突然ぶつけられた近代文明を表向きの面でしかとらえることができなかったところにあるのではないか、と私には思えてならない。（中略）日本は「近代化」にはげみ、猛スピードで成功したものの、早速、富岡製糸工場の奴隷的労働の問題が起き、足尾銅山の鉱毒問題も起きてしまった。戦争に突入しても、原爆をふたつ落とされて無条件降伏に至っても、日本社会の基本的な「誤解」は変わらなかった。

今度の3・11で私たちの目の前に露わになったのは、そうした日本のゆがんだ「近代化」だったのではないか。社会の仕組みを変えるには、これまでの概念を根本から問い直さなければならない。（中略）小説家だって、当然、例外ではない。今の日本では、作家がマスメディアに依存する要素が高くなっている問題をどう考えればよいのか。産業革命に少しでもブレーキをかけたくて『チャタレー夫人の恋人』を書いたD・H・ロレンスという作家、あるいは『死刑囚最後の日』を書いて死刑廃絶を訴えたヴィクトル・ユーゴーというフランスの作家の存在が、今、しきりに思いだされてならない。

被災動物救出活動から見えてきたこと

財団法人日本動物愛護協会理事長、臨時災害時動物救援本部・本部長　**中川志郎**

あの大災害発生から一年、地震や津波の爪痕は未だに生々しく残っているけれど、復興への道が徐々に開かれつつある。しかし、原発事故がもたらした福島の放射能被害は深く沈潜しながらいまだに収束には程遠い。多くのペットや家畜が死に、生き残った動物たちも放射能内部被曝をかかえて、その行く末さえ計り知れない。

野生動物たちも、同様の被害を受けていることは想像に難くないけれど、野生動物たちには囲われなければならない不自由さはなく、天然の餌料を選択摂取する自由も残され、自己責任で生きてゆく高い能力も与えられている。

野生動物の持つ多様で高度な自然への適応性を奪い、人間に好都合な行き過ぎた改良?を加え、動物としてのQOLを根こそぎ変化させたのは私たち人間に他ならない。もし、百歩譲ってそれにも理屈があるとすれば、今回のような大災害の時にも、人間の責任において、彼らに犠牲を強いるようなことは決して許されることではない、という創造者の自覚があってのことではあるまいか。

（二〇一二年七月一六日、間質性肺炎で死去されました。）

今ここを充実して生きる

JT生命誌研究館館長／生命誌　**中村桂子**

今ここにあることを大切にし、今を充実させようと思う。それは私だけに閉じこもることではない。自らの中にある長い時間やさまざまな関係性に眼を向けることであり、そこには過去や未来、地球の反対側に暮らす人、更には宇宙までが入りこんでいる。そこから人類の出発点にあったとされる分かち合い、助け合いを広げていくことである。それには、まず一極集中に象徴される数や量への指向を止め、地域を生かす社会を作ることだ。お互いに分かち合って暮らすことのできるコミュニティの成員は一五〇人とされる。もちろん今これを単位とせよとは言わない。しかし、小さなコミュニティが存在し、それが積み重なって地球にまで広がっていくのが暮らしであり、グローバルと言われて上から振り回されるものではないことは確かだ。

食べ物、健康、住まい、環境、エネルギー、文化（知や美）の基本を小さな地域の自然に合わせて作るだけの余裕と知恵を、今私たちは持っているはずである。充実した今を積み重ねてこそよい未来がある。

（構成・編集部）

リレー連載 今、なぜ後藤新平か 83

文明の素養をもった政治家

松葉一清

文化都市パリを甦らせた政策

一九八一年にフランス大統領に就任したフランソワ・ミッテランは、押し寄せる米国文化のあおりを受け、世界の文化首都から転落しかかっていたパリを、文化施設整備の都市政策「グラン・プロジェ」によって甦らせた。目標に据えたのは一九八九年の「フランス革命二百年」。この年の七月十四日、パリ祭に居合わせたわたしは、街頭を埋めつくす市民の熱気に酔った。秀逸な都市政策がひとをいかに昂揚させ、結束させるかという証を目の当たりにしたからである。

「ルーブル美術館」をガラスのピラミッドで一新し、閉鎖されていた鉄道駅を印象派のための「オルセー美術館」に仕立て直すなど、十指にあまる文化施設の再生・新築が、パリを世界の文化人の関心の中心に押し戻した。この夏もパリ祭の現場にいたが、四半世紀近くを経ても、ミッテランのパリは維持され、文化施設は大賑わいだった。

二十三年前のパリ祭の日、バブル真っ只中の日本を思いながら、わたしは嘆いていた。日本には都市と建築、つまり文明に対しての歴史的素養と現代感覚を併せ持った政治家はいないのかと。そして、その嘆息は、海外で際立った都市政策の現場に出くわすたびに胸中から発せられ、後藤新平の存在まで遡って、しばし憂いが解けるということを繰り返してきた。やれば出来るのではないか、日本の政治家も。そういう政治家を日本の土壌でも育てることは可能なのではないかと。

後藤を育てた明治の指導者たち

東北に生まれた後藤が、多くの明治の指導者層の「意図」のもとに育っていった軌跡をたどると、ひとりの前途有為の人材をまるでリレーでもするかのように育成した「集団意志」に驚嘆させられる。ミュンヘンで医学博士号を取得、台湾で公衆衛生に目覚めさせ、満州で都市造営・運営の実地経験を積ませ……。どうみても不作為とは思えない綿密なプログラムのもとで、後藤はやがて自ら東京市長となる道を選択、力量をたのまれて帝都復興院総裁となった。

　明治の開国と迫り来る欧米列強への危機感がそうさせたのだろうか。児玉源太郎にしても、必ずしもフランス流の「ノブレス・オブリージュ」が身につく出自ではなかったが、後藤を抜擢起用して都市と建築に造詣の深い不世出の政治家に育て上げた。それはやはり明治という時代が持っていた国家意識や国家のための人材のあり方などの「見識」が、後藤の一身に注がれた結果と見なせよう。

▶ドイツ留学から帰国した頃の後藤新平。

後藤を信頼した市民

　ヨーロッパなら次代を担う上級階層の子弟が「グランドツアー」と称して、ローマに滞在して、文明とはなんたるかを学ぶ社会的習慣がある。そんな用意のない明治の日本は、国家とその担い手たちが、後藤を留学させ、外地で指導者として経験を積ませて「都市と建築の素養を誇る政治家」をつくり上げた。

　その人的投資が、関東大震災の復興事業で見事に役に立った。そして、もうひとつすばらしいことは、その後藤に対して市民もまた「都市と建築のエキスパート」として敬愛の念を抱いていたことだ。添田さつきの演歌「復興節」の次の歌詞を口ずさむ度に、わたしは戦前という時代のある種の「行儀のよさ」を再認識する。それぞれの階層が相互信頼のもとに全力を発揮し得た社会こそが、後藤の指導下に関東大震災からの復興をなし遂げた原動力だった。

　銀座街頭　泥の海
　種を蒔こうといふたも夢よ　アラマ
　オヤマ
　帝都復興善後策
　路もよくなろ街もよくなろ電車も安く
　なろ
　新平さんに頼めば　エーゾエーゾ

（まつば・かずきよ／武蔵野美術大学教授）

Le Monde

■連載・『ル・モンド』紙から世界を読む　113

ハイデルベルク・アッピール

加藤晴久

六月二〇〜二二日、ブラジルのリオ・デ・ジャネイロ市で開催された「国連持続可能な開発会議」の略称は《Rio+20》。一九九二年、リオで開かれた「地球サミット」（環境と開発に関する国連会議）から二〇年目だからだ。

その地球サミット前日の九二年六月一日、「ハイデルベルク・アッピール」が発表された。会議に参加する諸国の元首・首相、各界の指導者に対し、「科学と産業の発展に反対する非理性的なイデオロギー」にとらわれている環境保護主義者たちへの警戒を呼びかけたものであった。

各国メディアが大きく報じた。数十人のノーベル賞受賞者を含む数百人の著名な科学者、経済学者、知識人が署名していたからである。ハンス・ベーテ（物理学賞）、ライナス・ポーリング（化学賞・平和賞）、イリヤ・プリゴジン（化学賞）、ジャン＝マリ・レーン（化学賞）、ピエール＝ジル・ド・ジェンヌ（物理学賞）、エリ・ヴィーゼル（平和賞）。ウンベルト・エーコの名もある。フランス人ではレイモン・バール（経済学）、ハルーン・タジエフ（火山学）、エルヴェ・ルブラ（人口学）、ヨネスコ（劇作家）。さらにはコレージュ・ド・フランス教授のマルク・フュマロリ（文芸史）。そしてピエール・ブルデュー！

翌九三年三月時点で署名者が二五〇〇人に増えたこのアッピールの延長線上で、「諸国政府に一連の問題に関して堅固な環境科学の成果を具申する」ことを目的とする「科学的エコロジー国際センター」がパリに設立され、定期的に国際シンポジウムを開催した。

ところがアメリカの裁判所に提出されたフィリップ・モリス社の内部文書から、このアッピールは始めから最後まで、アスベスト産業とタバコ産業のコンサルタントであるフランスの「経済社会コミュニケーションズ社」が仕組んだものであることが判明した。シンポジウムに参加した科学者たちは関連業界から研究費や顧問料をもらっている人たちだった。

六月一七／一八日付『ル・モンド』の記事を紹介した。

（かとう・はるひさ／東京大学名誉教授）

リレー連載　いま「アジア」を観る　115

「サヨンの鐘」の記憶と喪失

小西潤子

「あれは違う」「間違っている」――サヨンの親族という三人のタイヤル族の老人は、流暢な日本語でまくし立てた。二〇一二年三月九日、台湾原住民と接する機会を設けてくれたのは、国立政治大学の張中復准教授。旧南洋群島の歌以外には予備知識のなかった私は、ただ彼らの話しぶりに圧倒された。

その後、サヨンの話はとても有名だと知った。下村作次郎氏（『「サヨンの鐘」関係資料集』緑蔭書房　二〇〇七年）によると、一九三八年山奥深くの集落リヨヘンから日本人警手の田北正記が応召され、台風の中で荷物運搬した一七歳のサヨン・ハヨンが激流に飲まれた。一九四一年台湾総督長谷川清が「愛国乙女サヨンの鐘」を贈呈し、サヨンの悲劇は愛国美談として歌や演劇、美術、文芸、映画、教科書などの題材となり、広まったという。

鐘は教育所に設置されていたが、一九五八年リヨヘン全四五戸の金岳への集団移転で喪失。現在の「サヨンの鐘」は一九九八年設置されたもので、チャイム音に続いて日本語の《サヨンの歌》（西條八十作詞、古賀政男作曲）、同じメロディによる中国語の《月光小夜曲》を全曲流す。二曲で、七分以上かかる。

先の老人たちは、求めに応じて《サヨンの歌》を四番までうたいきった。機会があるごとに、みんなでうたうという。彼らが不満とするのは、延々と繰り返し耳にする歌やサヨンの愛国美談化ではなく、現行の鐘と設置場所らしい。

「サヨンの鐘」の小説には、鹿の声、山の小鳥の声、粟餅を搗く乙女の歌声、木を伐る音、口琴の哀音……とサヨンが聞いたはずのさまざまな音が描写されている。かつて鐘は、自然音と生活音とが調和したリヨヘンの音風景の中で、時や節目を刻んでいた。一方、増幅された機械仕掛けの再生音は、リヨヘンの音の記憶と結びつかない。サヨンの鐘の音風景は、人々の記憶からも失われようとしている。同じ日の夕方、オルゴール音を多重に響かせて、ゴミ収集車が莎韻《サヨン》記念公園の横を通っていった。

（こにし・じゅんこ／静岡大学教授）

連載 女性雑誌を読む 52

『女の世界』(六)

尾形明子

田村俊子

明治末から大正期、新聞、雑誌といった活字媒体は、今の私たちが想像する以上に、一般の人びと、とりわけ女性に身近な存在だった。明治三〇年代に急増した高等女学校は、「良妻賢母」を掲げてはいたが、知識と教養を身に着けた若い女性を輩出した。にもかかわらず、その後の進路はきわめて限られていて、多くは家庭に入るしかない。彼女たちは、家事・育児の合間に手にすることができ、知的好奇心をも満足させてくれる雑誌を求めていた。女性雑誌の隆盛をささえたのは、こうした女性たちだった。

『女の世界』(一九一五・五)創刊号は好調な滑りだしを見せ、とくに田村俊子へのインタビューに対する反響が大きかった。「誓言《せいごん》」「木乃伊《ミイラ》の口紅」「炮烙《ほうらく》の刑」——と、自我に覚醒し、自由奔放に女としての命を燃焼させる主人公を描いた田村俊子は、その美貌とあいまって、当時もっとも人気のある作家だった。

が、現実の俊子が、インタビューに応えて、自分の家庭のありさまを赤裸々に語り、夫を「家長」の「私」に従う「気の毒な存在」と発言するや、女性たちは猛然と反発した。『女の世界』は次号を田村俊子の小特集にする。さらにインタビューし、面白おかしく記事をまとめ、俊子の小説「明日」を掲載した。新聞社に勤める二人の女性記者を描いた短篇だった。

本文中に玄関前の俊子の立ち姿、口絵に書斎での写真が掲げられる。『女の世界』のカメラマンが撮ったいきさつは、インタビューに詳しいが、現在流布している写真よりもはるかにすっきりとしている。同じ号に長谷川時雨の俊子評が載り、「眼の美しい方」で「ふっくらした中に、どこか鋭い処《ところ》が」あり、花にたとえるなら、薔薇よりももっと艶な「熱い国の花」のようだと語っている。

さらに翌七月号では、立花貞世が「エライ女と其夫の関係」を書き、俊子はそんなにエライ女なのかと反駁している。

(おがた・あきこ/近代日本文学研究家)

二〇一二年六月号の本連載50回の記述に誤りがありました。お詫びして訂正いたします。
有島武郎序文→有島武郎跋文
田山花袋跋文→田山花袋序文
梅原龍三郎装幀→岸田劉生装幀
(中段左から四・五行目)

■連載・生きる言葉　63

日本人の中国認識

粕谷一希

よく考えてみれば、日本人の中国認識はかなり偏っている。史上の人物に限っていうなら、諸葛孔明は知っていても、李鴻章を知らない現代日本人は少なくあるまい。そうした偏りは、専門の学問の範疇ですら例外ではない。諸葛亮の伝記は、内藤湖南、植村清二ら名だたる歴史家が著している。しかし李鴻章はどうか。少なくとも戦後は誰も書いていない。しかしどちらがいまの日本にも大きな影響を与えたのかは、火を見るよりも明らかである。これではまことに困るのである。
(岡本隆司『李鴻章』岩波新書、序文、V頁。)

著者岡本氏の指摘はすべて当っている。かつて明治生れの人々は、日清・日露戦争は自衛戦争であることを信じて疑わなかった。「君死にたまふことなかれ」の与謝野晶子も満洲の話になると意見が変ったという。もちろん、自衛戦争の面はあったが、日清も日露も「勝った、勝った」と言いすぎたのである。三国干渉には「臥薪嘗胆」、日本海海戦と奉天会戦には「列強に伍した」と表現した。

私などは昭和の子、支那事変の初期のころの小学生が「李、李、李鴻章の禿頭」という戯れ歌を歌っていた。要するに日清戦争以後、侮中国（中国を侮辱する）態度を養われていたのである。小山豊太郎というテロリストがピストルで李大使の頬をぶち抜いたことも、李鴻章がその弾を抜かないで交渉に応じたことなどまで本書で知った始末である。

日本は勝つことだけ考えて相手がどういう人物かに関心がなかった。陸奥宗光が『蹇蹇録』の著者であることを知っても、「アジアの稀有の人物」である李鴻章の横顔すら知る気がなかった。同じように小村寿太郎を知っていても、相手のウィッテの人物を学んでいる人間は少ない。

日露戦争は東郷平八郎と乃木希典、秋山真之と秋山好古しか知らなかった。日本はそのまま、第二次世界大戦までできてしまった。太平洋戦争もハワイ・マレー沖会戦とシンガポール陥落ですむと思っていたのではないか。ガダルカナルの転進、アッツ島、サイパン島の玉砕、沖縄玉砕と特攻出撃。大都市空爆と新型爆弾。『次の一戦』の水野広徳は、第一次世界大戦の惨禍を見て平和派になった人、『中央公論』の常連筆者だった。

（かすや・かずき／評論家）

連載　風が吹く　54

引く手あまたの日々

高 英男氏　14

山崎陽子

若い頃の高英男さんのもてはやされようは、今のアイドルの比ではなかったと、当時を知る人の誰もがいう。シャンソンのステージ、ラジオ、テレビは言うに及ばず、映画にも引く手あまたで、日劇ミュージックホールのヌードダンサーに囲まれてのショウから、新派の大女優・水谷八重子の相手役を演じたり、菊田一夫作・演出の東宝ミュージカルスには、昭和三十一年の第一回目から、八回まで出演している。

東宝ミュージカルスの出演者は、私たちにとっては、名前だけは知っているが、もはや歴史上？の人物といっていいほどの絢爛豪華な顔ぶれである。

古川ロッパ、エノケン（榎本健一）、三木のり平、柳家金語楼……といった錚々たる喜劇人たちに、女優は、雪村いずみ、越路吹雪、花柳小菊……綺羅、星の如きメンバーの中で、演劇畑出身ではない高さんが、どんなに苦労を重ねたか、想像に難くない。

水谷八重子の蝶々夫人の相手役ピンカートンを演じていた時、掛け持ちだったテレビの仕事が停電のために遅れた。車の中で衣装を着替えてNHKから新橋演舞場まで駆けつけたが、ついに間にあわず……四十五秒の遅れでピンカートン到着せぬまま幕という〝新派開闢《かいびゃく》以来の不祥事〟となったそうで、「人気があるからっていい気になるな」という周囲の冷たいまなざしと、ある先輩の執拗な嫌味に、思わず「頭下げて頼むから出てるんだ。悔しかったら、掛け持ちで二つの劇場大入りにしてみろってんだ！」と叫んでしまった。「若気の至りの傲慢さ、未だに恥じています。今思えば、むしろ感謝していますよ」

東宝ミュージカルスの方は、菊田一夫の台本が初日の直前まで届かない。当時はガリ版刷りだから一枚ずつ濡れたのが届く。皆、青くなり、泣き喚く女優さんもいたという。高さんは、歌も覚えなくてはならないので、台詞を覚える間もなく開幕。武士の装束のまま立ちすくんでいると、エノケンが台本を広げてひれ伏し「お武家様は、こう仰りたいのでは」と読み上げる。高さんは「さよう」「次は、こうこうで」「その通り」それで一幕を乗り越えたとか。（やまざき・ようこ／童話作家）

連載 帰林閑話 212

吐月

一海知義

吐月と書いて、「月を吐く」と読む。美しい月と、吐くというはげしい言葉の、アンバランスがおもしろい。

諸田玲子に『月を吐く』という時代小説があり、次のようにいう。

「吐月峰柴屋寺――寺の名にあえて〝吐く〟という言葉を使ったのはなぜか。徐々に月が昇るさまを見るのではない。山を覆う竹の葉が風になびき、頂《いただ》きが覗いたそのとき、たったいま吐き出されたばかりであるかのように、月が全容を現わす。その一瞬を見るために、わざわざ東山の前方に竹林を配した。……」

この「吐月峰柴屋寺」は、日本の寺院だが、「吐月」という言葉は、唐詩に見える。杜甫の「月」と題する五言律詩の首聯《しゅれん》（第一、二句）にいう。

四更《しこう》 山 月を吐き
残夜 水 楼に明らかなり

「四更」は、夜を五分した第四の時刻。午前二、三時頃。

「吐月」は、杜甫のほか李白、岑参《しんじん》などの唐詩に見え、さらにさかのぼって、六朝・梁《りょう》の呉均《ごきん》の詩にすでに見える。

宋の蘇軾《そしょく》（号は東坡《とうば》）は、杜甫の句がよほど気に入ったのか、「江月」と題する五言古詩の連作五首を作り、その引《いん》（序文）にいう。

「杜子美《しび》（杜甫の字《あざな》）云う、四更山月を吐き、残夜水楼に明らかなり、と。此《こ》れ殆ど古今の絶唱なり。その句に因りて五首を作る。」

そして次のような五首を並べる。最初の二句ずつを示すと、

A 一更山月を吐き
玉塔微瀾《さざなみ》に臥す

B 二更山月を吐き
幽人方《まさ》に独夜

C 三更山月を吐き
栖鳥《せいちょう》また驚起す

D 四更山月を吐き
誰《た》が為《ため》に明らかなる

E 五更山月を吐き
窓迴《はる》かに室幽幽たり

東坡の杜甫への傾倒ぶりと、一方「遊び心」もうかがえる詩である。

（いっかい・ともよし／神戸大学名誉教授）

七月新刊・好評既刊書

「日本とは何か」を問うことは、「アメリカとは何か」を問うこと

環 学芸総合誌・季刊 【歴史・環境・文明】 Vol.50 '12 夏号

〔特集〕アメリカとは何か——Ch・ビーアドを軸に
Ch・A・ビーアド(丸茂恭子編訳)/開米潤/入江昭/阿部直哉/(インタビュー)阿川尚之
同時代人によるビーアド評価
M・ジョセフソン/R・ホフスタッター/H・K・ビール/H・J・ラスキ
〈ビーアド没10年記念座談会〉蠟山政道+高木八尺+鶴見祐輔+松本重治+(司会)前田多門
Ch・ビーアド『ルーズベルトの責任』を読む
岡田英弘/小倉和夫/小倉紀蔵/川満信一/榊原英資/新保祐司/中馬清福/西部邁/松島泰勝/三輪公忠/渡辺京二
〈資料〉ビーアドの歴史関連著作の販売部数/アメリカ史略年表

〈シンポジウム〉東日本大震災と後藤新平
青山佾+赤坂憲雄+北原糸子+陣内秀信+増田寛也+(司会)橋本五郎
金時鐘さん、高見順賞受賞　金時鐘/鵜飼哲
〈インタビュー〉E・トッド
(聞き手　I・フランドロワ/訳・石崎晴己)
〈インタビュー〉K・サリバン(解説・高橋弘司)
〈小特集〉ピエール・ブルデュー没10年
櫻本陽一/倉方健作

〈書評・書物の時空〉岡田英弘/星寛治/角山榮/鈴木順子/桐原健真/後田多敦
〈新連載〉山田國廣/新保祐司/赤坂憲雄
〈連載〉石牟礼道子/金子兜太/小島英記/古庄弘枝/小倉和夫/尾形明子/河津聖恵/能澤壽彦
菊大判　四四八頁　三七八〇円

"真の国際人"初の全体像

新渡戸稲造 1862-1933
我、太平洋の橋とならん

草原克豪

『武士道』で国際的に名を馳せ、一高校長として教育の分野でも偉大な事績を残す。国際連盟事務次長としてはユネスコにつながる仕事、帰国後は世界平和の実現に心血を注いだ。戦前を代表する教養人であり、"真の国際人"新渡戸稲造の全体像を初めて描いた画期的評伝。

四六上製　五三六頁　口絵八頁　四四一〇円

石牟礼道子がめざした「最後の人」

〈石牟礼道子全集・不知火〉(全17巻・別巻一)
17 詩人・高群逸枝 エッセイ 2001-2002

石牟礼道子　解説=臼井隆一郎

「わたしは彼女(高群逸枝)をみごもり/彼女はわたしをみごもり/つまりわたしは　母系の森の中の産室にいるようなものだ」(石牟礼道子)

〔月報〕桑原史成・中村健・大石芳野・山形健介　〔第15回配本〕
A5上製布クロス装貼函入　六〇二頁　口絵二頁　八九二五円

各紙誌で絶賛された好評既刊書

ルーズベルトの責任 上下
日米戦争はなぜ始まったか
Ch・A・ビーアド　開米潤監訳
A5上製　四三二/四四八頁　各四四一〇円

アラブ革命はなぜ起きたか
デモグラフィーとデモクラシー
E・トッド　石崎晴己訳・解説
四六上製　一九二頁　二一〇〇円

コモディティ戦争
ニクソン・ショックから四十年
阿部直哉
四六上製　二八〇頁　二五二〇円

豊かさのなかの自殺
Ch・ボードロ+R・エスタブレ
山下雅之・都村聞人・石井素子訳
四六上製　三二〇頁　三四六五円

植物たちの私生活
李承雨　金順姫訳
四六変上製　二九六頁　二九四〇円

第六回後藤新平賞授賞式・二〇一二年度「後藤新平の会」シンポジウム

〈後藤新平賞本賞〉細川護熙氏（元内閣総理大臣）
〈シンポジウム〉「チャールズ・ビーアドと後藤新平」

二〇一二年七月一五日、神田・学士会館において第六回後藤新平賞授賞式と二〇一二年度「後藤新平の会」シンポジウム「チャールズ・ビーアドと後藤新平」が開催された。

今回の後藤新平賞本賞は元内閣総理大臣の細川護熙氏に贈呈された。その選考理由は熊本県知事時代の「アートポリス構想」による文化的街づくり、首相としての国づくり、東日本大震災後の復興事業の推進などが評価されてのことだ。

受賞者細川護熙氏に代わって出席されスピーチされた細川佳代子氏

今年のシンポジウムは、東京市政改革や関東大震災後の復興を通じて後藤新平と深い関わりがあった米国の政治学者・歴史家のチャールズ・ビーアドを取り上げ、日米関係や後藤の世界認識に迫ろうという企画であった。

橋本五郎氏（読売新聞特別編集委員）をコーディネーターに、まず**青山佾氏**（明治大学大学院教授）が元東京都副知事の経験も踏まえて後藤の東京復興思想に言及され、ついでビーアドの問題作『ルーズベルトの責任』（藤原書店刊）の監訳者であるジャーナリストの**開米潤氏**がビーアドの生涯と思想について紹介、**阿川尚之氏**（慶應義塾大学教授）は米国憲法史の視点からビーアドの抵抗の精神に着目、**細谷雄一氏**（慶應義塾大学教授）は一九世紀の世界史を背景に後藤とビーアドの出会いの歴史的条件を考察された。

小倉和夫氏（青山学院大学特別招聘教授）は元外交官・外交史家の視角から『ルーズベルトの責任』をめぐって、国家戦略と市民、戦争の大義名分、歴史家の役割とは何かといった点について問題提起をされた。「討論」の部では、橋本氏からビーアドから何を学ぶべきかとの問い掛けがなされ、多角的なビーアド論から日米・日中関係にまで議論が展開された。詳細は『後藤新平の会会報』に掲載予定。

（春山明哲）

読者の声

植物たちの私生活■

▼『生の裏面』を読み、李承雨作品のファンになりました。本作にも圧倒され、改めて凄い作家だと感じました。作家御本人に感想を英文で送りたいのですが、ご教示頂きたいです。宜しくお願い致します。

（会社員　**西野有希**　27歳）

金子みすゞ　心の詩集■

▼とても感動しました。特に「大漁」。

（北海道　内科医　**高橋篤**　64歳）

▼七月の暑い日、民放で「金子みすゞ物語」が放映された。感動。というのは数年前、みすゞのふるさとを訪れた思い出。山口県の不便な各駅停車での終着駅だった。持っているのはこの日の旅のパンフレットだけだった。読み直そうと思ってCD付の『金子みすゞ心の詩集』を買った。また感動。本も立派。おすすめ。

（滋賀　主婦　**久保穂子**　48歳）

福島原発事故はなぜ起きたか■

▼原子力推進学者達にごまかされない様に、本書を購入しました。読みでがありました。

（茨城　定年農業　**竹永尚義**　64歳）

長谷川時雨作品集■

▼女流の先駆け　長谷川時雨

フェミニスト、女流作家の元祖。本家本元は平塚雷鳥《らいてう》であると、一般的に信じられており、又有名すぎるきらいがある。しかし、〈現代女性文学の母〉を語る尾形明子（『長谷川時雨作品集』編者）の言葉を拝借するまでもなく、女流文学なるものを洞察した人間であるならば、林芙美子、吉屋信子、岡本かの子他、もの書き女性たちに絶大な影響力を、雑誌『女人芸術』を通じて与え、明治・大正・昭和の三代に亘って人づくりを実践した時雨を知るだろう。ゆえに、与謝野晶子は雷鳥のエゴイズムを批判すれど、時雨の情愛の深き江戸っ子気質を賛美している。こうした女流作家の文学が刊行されるのは、喜ばしいことであり、教養としての文学が深く息づいているのは、感無量でもあるのだ。

（埼玉　文芸評論家&デザイナー　**蓮坊公爾**　62歳）

〈新版〉愛と友情のボストン■

▼まことに素晴しいの一言につきる。下半身麻痺という、大きな障害にもかかわらず残された機能を最大限に発揮し、アメリカというバリアフリーの環境の中で、明るく存分に生をたのしむ著者の生きざまに感動大也。そして尚、日本にあって、バリアフリーや障害者向けのスポーツ等を大きく変えようという努力に頭の下る思いだ。藤原書店の出版物はこうした良書が数多いので、先ず本を購入する時には書店で選んでいる読書仲間に絶対におすすめの一冊である。

（千葉　主婦歌人　**土岐恭子**　77歳）

『機』二〇一二年七月号■

▼『機』の最終頁の「出版随想」は、いつも関心をそそられる内容である。そのときどきのアクチュアルな事象をよませる硬質な表現で、きりきざむ如くの文体に魅かれる。今回の吉田秀和、永畑道子、そしてそれにまつわる加藤周一のこと、おもしろく拝読しました。故・林光（作曲家）の選集のようなものがあれば（出されれば）などと思います。

（香川　**西一**　77歳）

▼歴史の中で人間は成長し変わる。精神科臨床四〇年の実践の中で時間軸が根本であると確信するに至る。年金生活者となり、時間に余裕があり、評論に力を入れる。他分野の学習のためおたよりします。

（群馬　**宮真人**）

▼基本的に理系的視点で藤原書店の本を読んでいるつもりだが、科学の歴史を逆に辿っていくとある時点で理系なのか文系なのかわからなくなってしまう。この意味で**『女の皮膚の下』**は面白かった。粒子論哲学が医学に応用されていたという事実は、人間のマンネリスムをよく表している。現在の複雑系科学も、研究者が考えるほど普遍的ではないかも知れない。（新潟　**三浦綱太**　26歳）

※みなさまのご感想・お便りをお待ちしています。お気軽に小社「読者の声」係まで、お送り下さい。掲載の方には粗品を進呈いたします。

書評日誌（七・一〜七・三〇）

(書) **書評**　(紹) **紹介**　(記) **関連記事**
(テ) **紹介、インタビュー**

七・一　(テ)ＮＨＫ Ｅテレ「日本人は何を考えてきたのか第５回　東と西をつなぐ――内村鑑三と新渡戸稲造」

七・二〜六　(紹)日本経済新聞「地中海」（「やさしい経済学」／「危機・先人に学ぶブローデル　①歴史学に新機軸②三つの時間③経済発展の不均衡④自足できる世界⑤にじむ愛国心」／山内昌之）

七・五　(記)東京新聞（夕刊）（永畑道子）（「文化」／「作家・永畑道子さんを悼む」／尾形明子）

七・六　(記)熊本日日新聞（永畑道子）（「永畑道子さんを悼む」／河野信子）

七・九　(記)毎日新聞（野間宏の会）（「文化」／「震災後　文学の役割とは」／棚部秀行）
(テ)ＴＢＳ「金子みすゞ物語」

七・一五　(紹)日本経済新聞「コモディティ戦争」（「読書」）

七・一六　(書)ＡＥＲＡ「美人の歴史」（「AERIAL」）

七・二〇　(紹)週刊金曜日「近代日本最初の『植民地』沖縄と旧慣調査一八七二―一九〇八」（「本箱」／白井基夫）

七・二一　(紹)図書新聞（「二〇一二年上半期読書アンケート」）「美人の歴史」（小倉孝誠）「墓のない女」（澤田直）

七・二二　(書)朝日新聞「植物たちの私生活」（「読書」／「絶望の奥から紡ぐ家族の物語」／いとうせいこう）
(書)東京・中日新聞「朱子学化する日本近代」（「読む人」／「西洋化という通説を否定」／平川祐弘）

七・二三　(記)毎日新聞「トラテロルコの夜」（「文化」／「新世紀世界文学ナビ　スペイン語圏二二　エレナ・ポニアトウスカ」／「二つのジャンルの往還運動」／野谷文昭）

七・二七　(書)週刊朝日「コモディティ戦争」（「革命の引き金にもなる国際商品の争い」／成毛眞）

七・二九　(書)毎日新聞「豊かさのなかの自殺」（「社会学の視点で発生率変動の要因を探る」／養老孟司）

七・三〇　(紹)日本経済新聞「アラブ革命はなぜ起きたか」（「私の履歴書」／「若手社員と『読書会』開催」／茂木友三郎）

七月号　(書)産業新潮「金子みすゞ心の詩集」（「今月の本棚」）

八月号　(紹)オール讀物「風俗研究」（「男の分別学」／「正しい歩き方大研究　バルザックも〝どや顔〟で考察していた」／東海林さだお）
(書)サンデー毎日「日本人の遺書」（「〝涼〟を呼ぶ『夏の一冊』」・「本誌連載陣二六人の厳選イチオシ本」／牧太郎）

九月号　(記)歴史通「ルーズベルトの責任」（「これで確定！ルーズベルトの陰謀」／「まず日本に撃たせろ！」／開米潤）

九月新刊

＊タイトルは仮題

立憲君主制国、日本のゆくべき道

皇室典範と君主制の擁護

市村真一

「立憲君主制」に依って立つ日本において、天皇、宮家をどう捉えるか。女帝容認論、女性宮家などの話題に揺れる今、皇統を継ぐために、養子等を禁じる現在の皇室典範をどう調整してゆくべきか。経済学の大家が、君主制として国民を守り文化を支えてきた日本国のあり方を改めて考え直す、憂国の書。

政治家の肉声から描く戦後政治史

戦後政治の裏面史

―政治記者の取材メモより

老川祥一

佐藤栄作以来の自民党政権から民主党政権に至るまで、第一線の政治部記者として間近に接してきた歴代首相・政治指導者が、大事件・政変などに直面して思わず吐露した「ことば」を通じて、政治家の器量と、政治というものの真髄に迫る戦後政治の裏面史。

甘粕の最期を看取った男、長谷川濬の初の評伝！

満洲浪漫

長谷川濬が見た夢

大島幹雄

長谷川四兄弟（海太郎、潾二郎、濬、四郎）の中で最も光の当てられない三男、濬（しゅん）。大川周明の後ろ盾で満洲に渡り、戦前の大ベストセラー『偉大なる王』を翻訳、その著者バイコフに「我が息子」と呼ばれ、そして甘粕正彦の最期を看取った男である。一三〇冊にのぼるノートからその魂の遍歴をえぐり出す、初の評伝。

第5回河上肇賞本賞受賞作！

シモーヌ・ヴェイユ 犠牲の思想

鈴木順子

ヴェイユが繰り返した「犠牲」概念を通じて、共同体及び「人間」の外部に排除された存在に常に目を向け、「他者を生かすこと」を追究した生涯と、最晩年の到達点に迫る。

〈都市〉と〈災厄〉をめぐる問題圏のゆくえを検証

社会思想史研究36号

特集＝〈都市〉と〈災厄〉をめぐって

社会思想史学会編

過去にも思考の触媒となってきた災厄や開発などによる都市の大規模な変動。都市社会学からのアプローチも視野に入れつつ、〈都市〉と〈災厄〉をめぐる問題圏のゆくえについて思想史的な観点からの検証を試みる。

8月の新刊

タイトルは仮題、定価は予価。

定本 竹内浩三全集 戦死やあはれ ＊
小林察編
A5上製貼函入 七六〇頁 口絵一六頁 九九七五円

3・11と私 東日本大震災で考えたこと ＊
藤原書店編集部編
赤坂憲雄／石牟礼道子／片山善博／川勝平太／子安宣邦／辻井喬／松岡正剛／渡辺京二他
四六上製 四〇八頁 二九四〇円

『黒いアテナ』批判に答える㊦ ＊
M・バナール 金井和子訳
A5上製 三六八頁 四七二五円

天草の豪商・石本平兵衛 *1787-1843* ＊
河村哲夫
四六上製 五一二頁 口絵四頁 三九九〇円

近刊

皇室典範と君主制の擁護 ＊
市村真一

戦後政治の裏面史 ＊
一政治記者の取材メモより
老川祥一

満洲浪漫 長谷川濬が見た夢 ＊
大島幹雄

シモーヌ・ヴェイユ 犠牲の思想 ＊
第5回河上肇賞本賞
鈴木順子

社会思想史研究36号 ＊
〈特集〉＝〈都市〉と〈災厄〉をめぐって
社会思想史学会編

好評既刊書

『環』歴史・環境・文明 ㊿ 12・夏号 ＊
〈特集 アメリカとは何か ——チャールズ・ビーアドを軸に〉
入江昭／開米潤／阿川尚之／小倉和夫／西部邁／渡辺京二／川満信一／新保祐司／三輪公忠／岡田英弘 ほか
菊大判 四四八頁 三七八〇円

新渡戸稲造 *1862-1933* ＊
我、太平洋の橋とならん
草原克豪
生誕一五〇周年記念出版 口絵八頁
四六上製 五三六頁 四四一〇円

〈石牟礼道子全集・不知火〉(全17巻・別巻一)
17 詩人・高群逸枝 ＊ [第15回配本]
石牟礼道子 〈解説〉臼井隆一郎
[月報]桑原史成／中村健／大石芳野／山形健介
A5上製布クロス装貼函入 六〇二頁 八九二五円

『黒いアテナ』批判に答える㊤
M・バナール 金井和子訳
A5上製 四七二頁 五七七五円

貨幣主権論
M・アグリエッタ＋A・オルレアン編
坂口明義監訳 中野佳裕・中原隆幸訳
A5上製 六五六頁 九二四〇円

豊かさのなかの自殺
Ch・ボードロ＋R・エスタブレ
山下雅之・都村聞人・石井素子訳
四六上製 三二〇頁 三四六五円

易を読むために
易学基礎講座
黒岩重人
四六上製 二八〇頁 二九四〇円

音楽の殿様・徳川頼貞
一五〇〇億円の〈ノーブレス・オブリージュ〉
村上紀史郎
生誕一二〇周年記念 口絵八頁
四六上製 三五二頁 三九九〇円

朱子学化する日本近代
小倉紀蔵
A5上製 四五六頁 五七七五円

植物たちの私生活
李承雨 金順姫訳
四六変上製 二九六頁 二九四〇円

小国大輝論
西郷隆盛と縄文の魂
上田篤
四六上製 二八〇頁 二三一〇円

＊の商品は今号に紹介記事を掲載しております。併せてご覧戴ければ幸いです。

書店様へ

▼7／1(日)『毎日』絶賛書評に続き、7／22(日)『朝日』でもいとうせいこうさんが**李承雨『植物たちの私生活』**を「一度読み始めたら止まらないのではないか」と絶賛書評！ 昨年刊行の代表作**『生の裏面』**と並べてぜひ！▼7／15(日)『日経』に続き、『週刊朝日』7／27号で成毛眞さんが**『コモディティ戦争』**を「必読といってもよい読み物」と絶賛大書評！ 米国の干ばつが深刻化し、シカゴ商品取引所の先物相場は連日過去最高値を更新中。日本はトウモロコシの約9割、大豆は6割強、小麦も5割強を米国産輸入に頼っており、まさに世界が「コモディティ戦争」の様相を呈する現在、ぜひ大きくフェア展開を！▼7／29(日)『毎日』では、**Ch・ボードロ＋R・エスタブレ『豊かさのなかの自殺』**を養老孟司さんが「多くの人に読んでもらいたい書物として本書を推薦したい」と大きく紹介！▼7／23(月)『毎日』「新世紀・世界文学ナビ」欄で、**E・ポニアトウスカ『トラテロルコの夜』**を野谷文昭氏が「日本でも今こそ読まれるべき」と大きく紹介！ (営業部)

出版随想

骨のうたう

竹内浩三

戦死やあわれ
兵隊の死ぬるや　あわれ
遠い他国で　ひょんと死ぬるや
だまって　だれもいないところで
ひょんと死ぬるや
ふるさとの風や
こいびとの眼や
ひょんと消ゆるや
国のため
大君のため
死んでしまうや
その心や

白い箱にて　故国をながめる
音もなく　なんにもなく
帰っては　きましたけれど
故国の人のよそよそしさや
自分の事務や女のみだしなみが大切で
骨は骨　骨を愛する人もなし
骨は骨として　勲章をもらい
高く崇められ　ほまれは高し
なれど　骨はききたかった
絶大な愛情のひびきをききたかった
がらがらどんどんと事務と常識が流れ
故国は発展にいそがしかった
女は　化粧にいそがしかった

ああ　戦死やあわれ
兵隊の死ぬるや　あわれ
こらえきれないさびしさや
国のため
大君のため
死んでしまうや
その心や

（一九四二・八・三作）

▼まもなく日本国初の敗戦を記念する日がやってくる。この戦争で前途ある多くの若者のいのちが失われた。竹内浩三もその一人である。先の詩は、『定本竹内浩三全集　戦死やあはれ』編者の小林察氏によると、「学生最後の夏休みであり、出征の二ヶ月前」だという。二一歳の若者が死を覚悟して戦地に出陣する前の詩。骨となって還って来て、その骨の眼で自分の故国日本を見つめる。ユーモアや機知に富む若者、戦争が大嫌いな若者、その若者たちを追い詰めていったわが祖国。

▼その同じ国が、敗戦後も竹内浩三の預言どおり、発展に忙しく今日まで来た。被爆国が被曝国になった。お笑いではない。前者は、他国との戦争により他国から。後者は、自国の人災の結果引き起こされたものだ。しかし、この国はこれに懲りずに、停止していた原発を再稼働させ、今後もその時機を窺っている。そして「事務と常識が流れ」て「がらがらどんどんと」この国は壊れてゆく。それでもこの国はやり続けるのだろうか？

▼ひょっとしたらこの国は、戦前から一向にその方向は変わらず、滅亡に向かってまっしぐらに進んでいるのかもしれない。

だから、一年に一度でいい。八月一五日だけでも静かに自分が今立っている所を確認したいのだ。こういう思いは、拙一人だけではあるまい。合掌。（亮）